56

À LIRE

après 250 heures de français

Auteurs et œuvres choisis et
présentés par Amr Helmy Ibrahim (B.E.L.C.)

CLÉ INTERNATIONAL
79, avenue Denfert-Rochereau 75014 Paris
Présentation et vente aux enseignants
18, rue Monsieur-le-Prince 75006 Paris

SOMMAIRE

INTRODUCTION

_____ À L'ÉTUDIANT

Ce livre est un second recueil de textes tirés de romans ou de nouvelles écrits par des auteurs français modernes. Vous y ferez connaissance avec neuf écrivains, la plupart toujours vivants, quelques-uns morts depuis peu. Nous les avons choisis pour leur célébrité, leur originalité, leur capacité à dire simplement des choses difficiles à dire.

Le but de ce livre est de vous donner l'envie, après avoir lu l'extrait, de lire l'œuvre entière dont il est tiré.

Lisez les textes dans l'ordre où ils se trouvent. De cette façon, vous rencontrerez moins de difficultés. Lorsque vous serez capable de lire tous les textes sans regarder les explications, vous pourrez lire les textes de présentation qui s'adressent au professeur.

Si vous avez fait plus de 250 heures de français vous n'aurez pas besoin de dictionnaire pour lire les textes ou les présentations des auteurs et des œuvres et vous n'aurez pas non plus besoin de professeur pour répondre aux questions.

Cet ouvrage a pour but, comme le précédent, de faire connaître et surtout de faire lire dans le texte intégral des auteurs français qui ont marqué et marquent encore une fraction plus ou moins importante du public des lecteurs de littérature.

Les passages que nous avons choisis sont dans l'ensemble plus longs que dans l'ouvrage précédent. Ils permettent donc une lecture qui se rapproche encore plus de la lecture « réelle ». D'autre part, il nous est arrivé cette fois de ne rien dire de la manière dont se termine une histoire, voire de susciter systématiquement la curiosité de l'étudiant. Il ne faut en effet pas perdre de vue que l'objectif de l'ouvrage est de faire lire l'intégralité de l'œuvre dont l'extrait est tiré et même d'amener l'étudiant à découvrir un auteur et souhaiter se familiariser avec différents aspects de sa production.

Les textes ont été choisis en fonction de différents critères. Nous avons dû renoncer à des textes ou à des auteurs qui abusent du clin d'œil, de l'allusion ou de la connotation d'aspects trop précisément datés de l'actualité sociale et politique voire mondaine de la France. Nous avons également dû renoncer à des textes qui pouvaient heurter trop brutalement les convictions profondes d'un trop grand nombre de personnes. Nous avons enfin exclu les textes où il était impossible, de notre point de vue ou du point de vue de l'auteur ou de l'éditeur, de découper un passage sans dénaturer le sens de l'œuvre.

Les mots ou expressions que nous avons choisi d'expliquer sont :

1) Ceux qui appartiennent à un vocabulaire spécialisé (celui d'une profession mais aussi éventuellement d'un groupe social ou d'un domaine particulier d'activité même si ce dernier ne s'identifie pas forcément avec une profession)

2) Ceux dont l'usage est lié à une époque ou à une région

3) Ceux dont la signification dans le texte est étroitement liée à une connotation culturelle spécifiquement française

4) Ceux qui ne prennent leur sens que par référence à un lieu, un événement ou un personnage consacrés par l'histoire ou l'actualité françaises.

5) Ceux que le contexte discursif n'explique pas ou ne désambiguïse pas mais qui, néanmoins, occupent dans le texte une position « stratégique » au carrefour de recoupements que nous estimons indispensables à la perception du sens global d'un passage.

Il nous est arrivé de redonner des explications que nous avions déjà données dans notre À LIRE précédent mais dans l'ensemble nous avons considéré que le vocabulaire expliqué dans cet ouvrage était acquis.

Le sens donné pour un mot est, naturellement, celui qu'il a dans le texte mais il arrive que nous donnions aussi une autre de ses significations lorsque cette dernière est la plus courante. Parfois c'est le dessin qui nous a paru donner la meilleure explication. Quelquefois une traduction (*all* pour l'allemand, *ang* pour l'anglais, *esp* pour l'espagnol et *ital* pour l'italien), une manière comme une autre de vous inviter à ne pas hésiter à donner l'équivalent d'un mot difficile dans la langue maternelle de vos élèves toutes les fois où cela vous sera possible et d'avoir recours au dessin ou au mime plutôt que de vous lancer dans des explications métalinguistiques, toujours difficiles à suivre en raison de leur abstraction.

Les questions qui suivent certains textes ne sont pas tant des éléments de contrôle qu'une manière d'amener l'étudiant à relire sous un nouvel angle le texte et susciter en lui des associations qui l'aideront à en ressentir l'actualité. Elles peuvent être pour le professeur l'occasion de développer des aspects culturels, historiques ou sociaux de l'œuvre.

Nous avons, toutes les fois où cela était possible, remplacé une biographie de dictionnaire par un texte de l'auteur lui-même sur sa vie ou son œuvre. Il nous semble essentiel de montrer aux élèves ou aux étudiants que la production littéraire n'est pas simplement un type particulier d'écriture et que l'auteur au sens fort de ce terme n'est pas quelqu'un d'ordinaire qui se livrerait à la profession d'écrire comme on se livre à n'importe quelle profession. Il y a une magie, un mystère, un caractère sacré de la création en général et de la création artistique en particulier qu'il faut essayer de transmettre. Il n'y a pas pour ce type de transmission de technique reconnue et privilégiée si ce n'est d'être attentif à la forme d'un texte, aux détails choisis par l'auteur pour parler d'une chose de telle manière plutôt que de telle autre, aux relations plus ou moins discrètes que l'écriture tisse avec le souvenir des cultures qui l'ont constituée.

Nos auteurs n'ont pas grand-chose en commun si ce n'est que ce sont des écrivains pour qui chaque mot compte. Ils ne produisent pas de la littérature au kilomètre et même ceux qui, comme Giono, ont une production relativement abondante et se sont vus obligés de vivre de leur plume et d'accepter des « commandes », gardent cette originalité de style et comme dirait Gracq de « ton » qui fait que leurs textes sont reconnaissables très vite quel que soit le sujet qu'ils abordent.

Quelques très grands écrivains de ce siècle, Louis-Ferdinand CÉLINE bien entendu, mais aussi François MAURIAC, Louis ARAGON, Pierre DRIEU LA ROCHELLE, Paul ÉLUARD, André BRETON, Georges BATAILLE manquent pour différentes raison à l'appel. Il y a aussi des textes qui nous tenaient à cœur d'auteurs que nous avons choisis mais que nous n'avons pas pu publier. Problèmes bien connus d'espace et d'édition. Nous avons enfin estimé qu'il serait injuste de saupoudrer ce petit recueil de quelques textes policiers, d'espionnage ou de science-fiction à un moment où de très grands écrivains ont révélé dans ces domaines un talent indiscutable. Il en va de même du roman historique, un genre de plus en plus prisé par les Français qui a, lui aussi, révélé de très grands talents.

L'AUTEUR ET SON ŒUVRE ———————— HENRI MICHAUX

Poète, peintre et quelque peu musicien, grand voyageur dans tous les sens du terme, Henri MICHAUX, mort à 85 ans le 20 octobre 1984, a donné de lui-même à l'âge de 59 ans une biographie qui informe aussi bien sur sa vie que sur son style.

Nous reprendrons donc en grande partie son texte intitulé « Quelques renseignements sur cinquante-neuf années d'existence » que nous compléterons. (Les dates et le texte en retrait par rapport à la marge sont de nous.)

1899	Naissance dans une famille bourgeoise.
24/5	Père ardennais.
Namur	Mère wallonne.
	Un des grands-parents, qu'il n'a pas connu, d'origine allemande.
	Un frère, son aîné de trois ans.
	Lointaine ascendance espagnole.
1900	Indifférence.
à 1906	Inappétence[1].
Bruxelles	Résistance.

---

[1] **inappétence :** manque d'appétit mais aussi manque de désir en général.

8

Inintéressé.
Il boude la vie, les jeux, les divertissements
et la variation.
Le manger lui répugne.
Les odeurs, les contacts.

Anémie[2].
Rêves, sans images, sans mots, immobile.
Il rêve à la permanence, à une perpétuité
sans changement.
Sa façon d'exister en marge, sa nature de
gréviste fait peur ou exaspère.
On l'envoie à la campagne.

Putte-Grasheide 1906 à 1910	Hameau situé dans la Campine. Cinq ans en pension. Pensionnat pauvre, dur, froid. Études en flamand. Ses condisciples sont fils et filles de petits paysans.

Secret.
Retranché.
Honteux de ce qui l'entoure, de tout ce qui
l'entoure, de tout ce qui, depuis sa venue
au monde, l'a entouré ; honteux de lui-
même, de n'être que ce qu'il est, mépris
aussi pour lui-même et pour tout ce qu'il
connaît jusqu'à présent.
Il continue à avoir le dégoût des aliments,
les fourre enveloppés de papier dans ses
poches et, une fois dehors, les enterre.

1911 à 1914 Bruxelles	Retour à Bruxelles. Sauvé ! Il préfère donc une réalité à une autre. Les préférences commencent. Attention, tôt ou tard, l'appartenance au monde se fera. Il a douze ans. Combats de fourmis dans le jardin.

---

2 anémie : diminution du nombre de globules rouges dans le sang
ce qui a pour conséquence la pâleur, la fatigue, des troubles
digestifs, etc.

Découverte du dictionnaire, des mots qui n'appartiennent pas encore à des phrases, pas encore à des phraseurs, des mots et en quantité, et dont on pourra se servir soi-même à sa façon. Études chez les Jésuites.

Avec l'aide de son père, il s'intéresse au latin, belle langue, qui le sépare des autres, le transplante : son premier départ. Aussi le premier effort continu qui lui plaise. Musique, un peu.

1914
à 1918
Bruxelles

Cinq ans d'occupation allemande. Première composition française. Un choc pour lui. Tout ce qu'il trouve en son imagination ! Un choc même pour le professeur qui le pousse vers la littérature. Mais il se débarrasse de la tentation d'écrire, qui pourrait le détourner de l'essentiel. Quel essentiel ? Le secret qu'il a depuis sa première enfance soupçonné d'exister quelque part et dont visiblement ceux de son entourage ne sont pas au courant.

Lectures en tous sens. Lectures de recherche pour découvrir les siens, épars dans le monde, ses vrais parents, pas tout à fait parents non plus cependant, pour découvrir ceux qui, peut-être, « savent » (Hello[3], Ruysbroeck[4], Tolstoï, Dostoïevsky). Lecture des Vies des saints des plus surprenants, des plus éloignés de l'homme moyen.

Après son baccalauréat, l'Université étant fermée à cause de l'Occupation, deux années de lectures, de bricolage intellectuel.

1919

Prépare un diplôme de médecine mais ne se présente pas aux examens.

---

[3] **Hello :** Ernest HELLO, écrivain politique catholique français (1828-1885).

[4] **Ruysbroeck :** Johanes van RUYSBROECK, théologien mystique flamand (1293-1381). Partiellement traduit en français en 1891 par Maeterlinck.

1920
Boulogne-
sur-Mer
Embarque comme matelot, sur un cinq-mâts schooner.

Rotterdam *Deuxième embarquement. Sur le Victorieux, un dix mille tonnes, d'une belle ligne, que les Allemands viennent de livrer à la France. On est quatorze dans un petit poste d'équipage, à l'avant.*
Camaraderie étonnante, inattendue, fortifiante. Brême, Savannah, Norfolk, Newport-News, Rio de Janeiro, Buenos Aires.
Au retour à Rio, l'équipage qui se plaint d'être mal nourri refuse de continuer et en bloc se fait porter malade. Par solidarité, il quitte avec eux le navire... manquant aussi de la sorte le naufrage qui aura lieu vingt jours plus tard au sud de New York.

1921 *Le désarmement mondial des bateaux (ex-transports de troupes et de vivres) est à son maximum. Impossible de trouver un engagement. La grande fenêtre se referme. Il doit se détourner de la mer.*
Retour à la ville et aux gens détestés.
Dégoût.
Désespoir.
Métiers et emplois divers, médiocres et médiocrement exercés.

1922
Bruxelles
Lecture de Maldoror[5]. Sursaut... qui bientôt déclenche en lui le besoin, longtemps oublié, d'écrire.
Premières pages. Franz Hellens puis Paulhan y voient quelque chose, d'autres n'y voient rien.
Toujours réticent. Il n'aimerait pas « devoir » écrire.
Ça empêche de rêver. Ça le fait sortir, il préfère rester lové.
Belgique définitivement quittée.

---

[5] **Maldoror :** « Les chants de Maldoror » œuvre principale d'Isidore Ducasse mieux connu sous son pseudonyme de Comte de LAUTRÉAMONT (né à Montevideo en 1846 – mort à Paris en 1870). Redécouvert par les surréalistes qui en font l'un des pères de la poésie et de l'écriture moderne.

1924   *Il écrit, mais toujours partagé.*
Paris   *N'arrive pas à trouver un pseudonyme qui l'englobe, lui, ses tendances et ses virtualités.*
Il continue à signer de son nom vulgaire, qu'il déteste, dont il a honte, pareil à une étiquette qui porterait la mention « qualité inférieure ». Peut-être le garde-t-il par fidélité au mécontentement et à l'insatisfaction.

1925   *Klee, puis Ernst, Chirico... Extrême surprise. Jusque-là, il haïssait la peinture et le fait même de peindre, « comme s'il n'y avait pas encore assez de réalité, de cette abominable réalité, pensait-il. Encore vouloir la répéter, y revenir ».*
Emplois divers. Quelque temps dans une maison d'édition, au service de la fabrication.

    Enseignant puis secrétaire du poète Jules Supervielle.

1927   *Voyage d'un an en Équateur.*
Quito

1928   *Paris.*

1929   *Mort de son père. Dix jours plus tard, mort de sa mère.*
Voyages en Turquie, Italie, Afrique du Nord...
Il voyage contre.
Pour expulser de lui sa patrie, ses attaches de toutes sortes et ce qui s'est en lui et malgré lui attaché de culture grecque ou romaine ou germanique ou d'habitudes belges. Voyages d'expatriation.
Le refus pourtant commence à céder un peu au désir d'assimilation. Il aura beaucoup à apprendre à s'ouvrir. Ce sera long.

    Il écrit Ecuador-Journal de voyage *et* Mes Propriétés.

1930-1931 *Enfin* son *voyage.*
En Asie *Les Indes, le premier peuple qui, en bloc, paraisse répondre à l'essentiel, qui dans l'essentiel cherche l'assouvissement, enfin un peuple qui mérite d'être distingué des autres.*
L'Indonésie, la Chine, pays sur lesquels il écrit trop vite[6], dans l'excitation et la surprise émerveillée d'être touché à ce point, pays qu'il lui faudra méditer et ruminer ensuite pendant des années.

1932 *Lisbonne-Paris.*

1935 *Montevideo, Buenos Aires.*

Il écrit La nuit remue.

1936 Voyage en Grande Garabagne.

1937 *Commence à dessiner autrement que de loin. Première exposition (Galerie Pierre, à Paris).*

1938 *Il écrit* Plume *« un personnage falot qui incarne l'angoisse de vivre, mais où l'humour tempère la cruauté du monde ».*

1939 *Brésil (Minas Geraes et État de Rio).*

1940 *Retour à Paris. En juillet, l'exode.*
janvier *Saint-Antonin. Ensuite le Lavandou.*

1941-1942 *Le Lavandou avec celle qui sera bientôt sa femme.*

Il écrit Au Pays de la Magie *et* Exorcismes.

1943 *Retour à Paris, Occupation allemande (la seconde).*

---

[6] *Un Barbare en Asie*

1944	Mort de son frère.
	Il écrit **La Vie dans les Plis**.
1945	Affaiblie par les restrictions alimentaires, sa femme contracte la tuberculose. Ensemble à Cambo. Amélioration.
1947	Presque la guérison. Voyages de convalescence et d'oubli des maux en Égypte.
Février 1948	Mort de sa femme des suites d'atroces brûlures.
	Il écrit **Ailleurs**.
1950	**Passages**. « J'écris pour me parcourir. Peindre, composer, écrire : me parcourir. Là est l'aventure d'être en vie. En somme, depuis plus de dix ans je fais surtout de l'occupation progressive. »
1951-1952-1953	Il écrit de moins en moins, il peint davantage.
	Série de dessins à l'encre de Chine.
1955	Naturalisé français.
1956	Première expérience de la mescaline.
1957	Expositions aux États-Unis, à Rome, à Londres. Se casse le coude droit. Ostéoporose. Main inutilisable. Découverte de l'homme gauche. Guérison. Et maintenant ? Malgré tant d'efforts en tous sens, toute sa vie durant pour se modifier, ses os, sans s'occuper de lui, suivent aveuglément leur évolution familiale, raciale, nordique.
	Il écrit **L'Infini turbulent**.

1961	Connaissance par les gouffres : *« Les drogues nous ennuient avec leurs paradis. Qu'elles nous donnent plutôt un peu de savoir. Nous ne sommes pas un siècle à paradis ».*
1965	*Refuse le Grand Prix national des Lettres.* Le musée national d'Art moderne consacre une exposition à l'ensemble de son œuvre graphique.
1969	Façons d'endormi, Façons d'éveillé.
1975	Idéogrammes en Chine.
1981-1982	Chemins cherchés, chemins perdus, transgressions. Poteaux d'angle.
1985	*(Posthume)* Déplacements, Dégagements.

On peut lire parmi ses derniers écrits : « J'ai cessé depuis vingt ans de me tenir sous mes traits... je regarde facilement un visage comme si c'était le mien. »

MA VIE S'ARRÊTA

J'étais en plein océan. Nous voguions[1]. Tout à coup le vent tomba. Alors l'océan démasqua[2] sa grandeur, son interminable solitude.

Le vent tomba d'un coup, ma vie fit « toc ». Elle était arrêtée à tout jamais. Ce fut une après-midi de délire, ce fut une après-midi singulière, l'après-midi de « la fiancée se retire ».

Ce fut un moment, un éternel moment, comme la voix de l'homme et sa santé étouffe sans effort les gémissements des microbes affamés, ce fut un moment, et tous les autres moments s'y enfournèrent[3], s'y envaginèrent[4], l'un après l'autre, au fur et à mesure qu'ils arrivaient, sans fin, sans fin, et je fus roulé dedans, de plus en plus enfoui[5], sans fin, sans fin.

(Lointain intérieur, p. 17, Éd. Gallimard, coll. nrf, 1963)

UN HOMME PAISIBLE

Étendant les mains hors du lit, Plume fut étonné de ne pas rencontrer le mur. « Tiens, pensa-t-il, les fourmis l'auront mangé... » et il se rendormit.

Peu après, sa femme l'attrapa et le secoua : « Regarde, dit-elle, fainéant !⁶ Pendant que tu étais occupé à dormir, on nous a volé notre maison. » En effet, un ciel intact s'étendait de tous côtés. « Bah, la chose est faite », pensa-t-il.

Peu après, un bruit se fit entendre. C'était un train qui arrivait sur eux à toute allure. « De l'air pressé qu'il a, pensa-t-il, il arrivera sûrement avant nous » et il se rendormit.

Ensuite, le froid le réveilla. Il était tout trempé de sang. Quelques morceaux de sa femme gisaient près de lui. « Avec le sang, pensa-t-il, surgissent toujours quantité de désagréments ; si ce train pouvait n'être pas passé, j'en serais fort heureux. Mais puisqu'il est déjà passé... » et il se rendormit.
– Voyons, disait le juge, comment expliquez-vous que votre femme se soit blessée au point qu'on l'ait trouvée partagée en huit morceaux, sans que vous, qui étiez à côté, ayez pu faire un geste pour l'en empêcher, sans même vous en être aperçu. Voilà le mystère. Toute l'affaire est là-dedans.
– Sur ce chemin, je ne peux pas l'aider, pensa Plume, et il se rendormit.
– L'exécution aura lieu demain. Accusé, avez-vous quelque chose à ajouter ?
– Excusez-moi, dit-il, je n'ai pas suivi l'affaire. Et il se rendormit.

(Un certain Plume, pp. 139-140.)

LA NUIT DES BULGARES

– Voilà, on était sur le chemin du retour. On s'est trompé de train. Alors, comme on était là, avec un tas de Bulgares, qui murmuraient entre eux on ne sait pas quoi, qui remuaient tout le temps, on a préféré en finir d'un coup. On a sorti nos revolvers et on a tiré. On a tiré précipitamment⁷, parce qu'on ne se fiait pas à eux. Il était préférable de les mettre avant tout hors de combat. Eux, dans l'ensemble, parurent étonnés, mais les Bulgares, il ne faut pas s'y fier.

– À la station prochaine montent quantité de voyageurs, dit le chef du convoi. Arrangez-vous avec ceux d'à côté (et il désigne les morts) pour n'occuper qu'un compartiment. Il n'y a plus aucun motif maintenant pour que *vous* et *eux* occupiez des compartiments distincts.
Et il les regarde d'un air sévère.

– Oui, oui, on s'arrangera ! Comment donc ! Bien sûr ! Tout de suite !

Et vivement ils se placent auprès des morts et les soutiennent.

Ce n'est pas tellement facile. Sept morts et trois vivants. On se cale entre des corps froids et les têtes de ces « dormeurs » penchent tout le temps. Elles tombent dans le cou des trois jeunes hommes. Comme des urnes[8] qu'on porte sur l'épaule, ces têtes froides. Comme des urnes grenues[9], contre les joues, ces barbes dures, qui se mettent à croître tout à coup à une vitesse redoublée.

La nuit à passer. Puis on tâchera de déguerpir[10] au petit matin. Peut-être le chef du convoi aura-t-il oublié. Ce qu'il faut, c'est rester bien tranquille. Tâcher de ne pas réveiller son attention. Rester serrés comme il a dit. Montrer de la bonne volonté. Le matin, on s'en ira en douce. Avant d'arriver à la frontière, le train ralentit ordinairement. La fuite sera plus facile, on passera un peu plus loin par la forêt avec un guide.

Et il s'exhortent[11] aussi à la patience.

Dans le train, les morts sont bien plus secoués que les vivants. La vitesse les inquiète. Ils ne peuvent rester tranquilles un instant, ils se penchent de plus en plus, ils viennent vous parler à l'estomac, ils n'en peuvent plus.

Il faut les mener durement et ne pas les lâcher un instant ; il faut les aplatir contre les dossiers, l'un à sa gauche, l'autre à sa droite, s'écraser dessus mais c'est leur tête alors qui cogne.

Il faut les tenir fermement, ça c'est le plus important.

– Un de ces Messieurs ne pourrait-il pas faire place à cette vieille dame que voici ?

Impossible de refuser. Plume prend sur ses genoux un mort (il en a encore un autre à sa droite) et la dame vient s'asseoir à sa gauche. Maintenant, la vieille dame s'est endormie et sa tête penche. Et sa tête et celle du mort se sont rencontrées. Mais seule la tête de la dame se réveille, et elle dit que l'autre est bien froide et elle a peur.

Mais ils disent vivement qu'il règne un grand froid.

Elle n'a qu'à toucher. Et des mains se tendent vers elle, des mains toutes froides. Peut-être ferait-elle mieux d'aller dans un compartiment plus chaud. Elle se lève. Elle revient ensuite avec le contrôleur. Le contrôleur veut vérifier si le chauffage fonctionne normalement. La dame lui dit : « Touchez donc ces mains. » Mais tous crient : « Non, non, c'est l'immobilité, ce sont des doigts endormis par l'immobilité, ce n'est rien. Nous avons tous assez chaud, ici. On transpire, tâtez ce front. À un endroit du corps, il y a transpiration, sur l'autre règne le froid, c'est l'immobilité qui veut ça, ce n'est rien d'autre que l'immobilité. »

– Ceux qui ont froid, dit Plume, qu'ils s'abritent la tête dans un journal. Ça tient chaud.

Les autres comprennent. Bientôt tous les morts sont encapuchonnés dans des journaux, encapuchonnés dans du blanc, encapuchonnés bruissants. C'est plus commode, on les reconnaît tout de suite malgré l'obscurité. Et puis la dame ne risquera plus de toucher une tête froide.

Cependant monte une jeune fille. On a installé ses bagages dans le couloir. Elle ne cherche pas à s'asseoir, une jeune fille très réservée, la modestie et la fatigue pèsent sur ses paupières. Elle ne demande rien. Mais il faudra lui faire place. Ils le veulent absolument, alors ils songent à écouler leurs morts, les écouler petit à petit. Mais tout bien considéré, il vaudrait mieux essayer de les sortir immédiatement l'un après l'autre, car à la vieille dame on pourra peut-être cacher la chose, mais s'il y avait deux ou trois personnes étrangères cela deviendrait plutôt difficile.

Ils baissent la grande vitre avec précaution et l'opération commence. On les sort jusqu'à la ceinture, une fois là on les fait basculer. Mais il faut bien plier les genoux pour qu'ils n'accrochent pas – car pendant qu'ils restent suspendus, leur tête donne des coups sourds sur la portière, tout à fait comme si elle voulait rentrer.

Allons ! Du courage ! Bientôt on pourra respirer à nouveau convenablement. Encore un mort, et ce sera fini. Mais le froid de l'air qui est entré a réveillé la vieille dame.

Et entendant remuer, le contrôleur vient encore vérifier par acquit de conscience[12] et affectation de galanterie[13], s'il n'y aurait pas à l'intérieur, quoiqu'il sache pertinemment[14] le contraire, une place pour la jeune fille qui est dans le couloir.

– Mais certainement ! Mais certainement ! s'écrient-ils tous.

– C'est bien extraordinaire, fait le contrôleur..., j'aurais juré...

– C'est bien extraordinaire, dit aussi le regard de la vieille dame, mais le sommeil remet les questions à plus tard.

Pourvu que dorme maintenant la jeune fille ! Un mort, il est vrai, ça s'ex-pliquerait déjà plus aisément que cinq morts. Mais il vaut mieux éviter toutes les questions. Car, quand on est questionné, on s'embrouille[15] faci-lement. La contradiction et les méfaits[16] apparaissent de tous côtés. Il est toujours préférable de ne pas voyager avec un mort. Surtout quand il a été victime d'une balle de revolver, car le sang qui a coulé lui donne mauvaise mine.

Mais puisque la jeune fille dans sa grande prudence ne veut pas s'endormir avant eux, et qu'après tout la nuit est encore longue, et qu'avant 4 h 1/2, il n'y a pas de station, ils ne s'inquiètent pas outre mesure, et cédant à la fatigue, ils s'endorment.

Et brusquement Plume s'aperçoit qu'il est quatre heures et quart, il réveille Pon... et ils sont d'accord pour s'affoler. Et sans s'occuper d'autre chose que du prochain arrêt et du jour implacable[17] qui va tout révéler, ils jettent vivement le mort par la portière. Mais comme déjà ils s'épongent[18] le front, ils sentent le mort à leurs pieds. Ce n'était donc pas lui qu'ils ont jeté. Comment est-ce possible ? Il avait pourtant la tête dans un journal. Enfin, à plus tard les interrogations ! Ils empoignent le mort et le jettent dans la nuit. Ouf !

Que la vie est bonne aux vivants. Que ce compartiment est gai ! Ils réveillent leur compagnon. Tiens, c'est D... Ils réveillent les deux femmes.

– Réveillez-vous, nous approchons. Nous y serons bientôt. Tout s'est bien passé ? Un train excellent, n'est-ce pas ? Avez-vous bien dormi au moins ? Et ils aident la dame à descendre, et la jeune fille. La jeune fille qui les regarde sans rien dire. Eux restent. Ils ne savent plus que faire. C'est comme s'ils avaient tout terminé.

Le chef du convoi apparaît et dit :

– Allons, faites vite. Descendez avec vos témoins !

– Mais nous n'avons pas de témoins, disent-ils.

– Eh bien, dit le chef du convoi, puisque vous voulez un témoin, comptez sur moi. Attendez un instant de l'autre côté de la gare, en face des guichets. Je reviens tout de suite, n'est-ce pas. Voici un laissez-passer. Je reviens dans un instant. Attendez-moi.

Ils arrivent, et une fois là, ils s'enfuient, ils s'enfuient.

Oh ! vivre maintenant, oh ! vivre enfin !

(Un certain Plume, pp. 153 à 158. Éd. Gallimard, coll. nrf. 1963.)

1 voguer : naviguer, avancer sur l'eau.

2 démasquer : montrer, « faire tomber un masque ».

3 s'enfourner : entrer comme on entre dans un four, se fourrer, s'introduire entièrement.

4 s'envaginer : entrer comme on entre dans un vagin (sexe de la femme) s'introduire intimement.

5 enfoui : enfoncé, enterré. Ici, avec le monde par-dessus.

6 fainéant :paresseux, bon à rien.

7 précipitamment : vite, tout d'un coup, sans réfléchir.

8 une urne : un vase – Plus précisément le vase où l'on met les cendres d'un mort.

9 grenu : dont on sent le grain au toucher.

10 déguerpir : s'en aller très vite.

11 s'exhorter : s'encourager par des paroles. Le verbe a généralement un sens « moral »...

12 par acquit de conscience : pour avoir la conscience tranquille, pour se dire qu'on a fait tout ce qui était possible.

13 par affectation de galanterie : pour faire semblant d'être aimable.

14 pertinemment : avec compétence, ici, très bien.

15 s'embrouiller : ne plus savoir ce qu'on dit. Mélanger les choses. Se contredire.

16 un méfait : une mauvaise action, un crime.

17 implacable : qui ne pardonne pas, que rien ne peut calmer.

18 s'éponger : essuyer la transpiration qui coule sur son front comme si on utilisait une éponge.

QUESTIONS

1 Plume est-il drôle, indifférent, méchant, innocent ? Argumentez votre réponse par des passages précis.

2 Le temps occupe une place très importante dans ces trois passages. Relevez les situations où il est un « personnage » à part entière et faites-en le « portrait ».

3 Y a-t-il une morale ou une philosophie que l'on puisse tirer d'« Un homme paisible » ? Sinon comment s'y exprime l'humour du poète ?

4 « Oh ! vivre maintenant, oh ! vivre enfin ! » Nous partageons le soulagement de Plume et pourtant il y a en lui dans ce passage comme dans beaucoup d'autres un assassin. Comment expliquez-vous cela ?

5 Construisez une petite histoire sur le modèle d'« Un homme paisible ».

L'AUTEUR ——————————— *MARGUERITE YOURCENAR*

*Marguerite de Crayencour – Yourcenar est une ana-
gramme de Crayencour – née à Bruxelles en 1903 d'un
père français et d'une mère belge qu'elle perd très tôt
est décédée en décembre 1987.
Son père lui assure une éducation aristocratique : elle
aura des précepteurs de langues, effectuera de longs
séjours en Angleterre, en Italie, en Suisse et en Grèce,
et se formera aux « humanités » dans des conditions
qui rappellent celles des grands érudits de la Renais-
sance.*

*C'est la première et la seule femme à siéger à l'Acadé-
mie française (de 1980 à 1987). Ses dons d'écrivain se
sont manifestés très tôt. Elle publie à 18 ans son premier
recueil de poèmes et son premier roman* Alexis ou le
Traité du vain combat *(1929), où les critiques voient
l'influence d'André Gide – qu'elle a connu –, lui assure
une célébrité qui ira toujours grandissant.*

*Son œuvre, très abondante, touche à des domaines très
différents mais comporte une constante qui fait son originalité : réécrire l'histoire, rendre la vérité du réel par
le biais de la fiction et de l'imaginaire. Un imaginaire
très précisément documenté. Ainsi dans les* Mémoires
d'Hadrien *(1951) l'empereur romain Hadrien, parvenu
à la fin de sa vie, analyse la décadence de l'Empire en
écrivant ses mémoires imaginaires tandis que dans*
L'Œuvre au noir *(1968) c'est un « médecin, alchimiste,*

philosophe » dont la biographie imaginaire servira à reconstituer et à critiquer l'univers de connaissances et de valeurs qui s'est mis en place en Europe au XVIe siècle.

Marguerite Yourcenar réécrit, remanie, modifie souvent ses propres œuvres en suivant l'évolution des idées mais en essayant toujours de garder un certain recul historique et une ouverture sur des cultures non occidentales, celles de la Chine et du Japon notamment.

L'une de ses œuvres, Le Coup de grâce *(1939 et 1953), a été portée à l'écran par le grand metteur en scène allemand Volker Schlöndorff en 1976. Elle a obtenu plusieurs prix littéraires : Fémina en 1968 pour l'*Œuvre au noir, *Grand Prix national des Lettres en 1974 pour l'ensemble de son œuvre, Grand Prix de l'Académie française en 1977.*

Naturalisée américaine en 1924, elle a beaucoup enseigné aux États-Unis et a fini par se fixer dans l'île de Mount-Desert dans le Maine.

L'ŒUVRE CHOISIE

« Comment Wang Fô fut sauvé » est une nouvelle tirée du recueil Nouvelles orientales *paru pour la première fois en 1938 et réédité en 1963 (Gallimard/Collection « L'Imaginaire »).*

L'une des qualités d'un grand écrivain est de savoir raconter. Marguerite Yourcenar raconte merveilleusement et elle le fait d'autant mieux que ce qu'elle raconte est à mi-chemin de l'histoire réellement vécue et d'une histoire fabriquée de toutes pièces. Dans ses grands romans – qui sont aussi souvent des romans assez longs – son imagination est entièrement au service de ce que l'on pourrait appeler « un effet de réalité », une « impression de vérité historique ». Pour y arriver elle fait attention aux détails des décors, des vêtements, des habitudes mais c'est surtout par son style qu'elle rend le mieux l'ambiance d'une époque ou d'une situation. Elle dit les choses de la façon dont on imagine que ses personnages auraient parlé s'ils pouvaient le faire.

Cela, on s'en doute, suppose un long travail de l'écriture et peut donner des phrases difficiles, des mots et des expressions rares. Les Nouvelles orientales *ont les qualités du genre sans en avoir les défauts. Elles se laissent lire avec beaucoup de facilité. Le style y « coule de source » et c'est « en toute simplicité » que nous sommes transportés, « dépaysés ». C'est aussi en toute simplicité que ces nouvelles et notamment celle que nous avons choisie explorent les pouvoirs de l'œuvre d'art. Ici il s'agit de la peinture et bien entendu, à travers le récit qui en est fait, de la littérature.*

COMMENT WANG-FÔ FUT SAUVÉ

Le vieux peintre Wang-Fô et son disciple[1] Ling erraient[2] le long des routes du royaume de Han.

Ils avançaient lentement, car Wang-Fô s'arrêtait la nuit pour contempler les astres, le jour pour regarder les libellules[3]. Ils étaient peu chargés, car Wang-Fô aimait l'image des choses, et non les choses elles-mêmes, et nul objet au monde ne lui semblait digne d'être acquis, sauf des pinceaux, des pots de laque et d'encres de Chine, des rouleaux de soie et de papier de riz. Ils étaient pauvres, car Wang-Fô troquait[4] ses peintures contre une ration de bouillie de millet et dédaignait les pièces d'argent. Son disciple Ling, pliant sous le poids d'un sac plein d'esquisses[5], courbait respectueusement le dos comme s'il portait la voûte céleste[6], car ce sac, aux yeux de Ling, était rempli de montagnes sous la neige, de fleuves au printemps, et du visage de la lune d'été.

Ling n'était pas né pour courir les routes au côté d'un vieil homme qui s'emparait[7] de l'aurore et captait le crépuscule. Son père était changeur d'or ; sa mère était l'unique enfant d'un marchand de jade[8] qui lui avait légué ses biens en la maudissant parce qu'elle n'était pas un fils. Ling avait grandi dans une maison d'où la richesse éliminait les hasards. Cette existence soigneusement calfeutrée[9] l'avait rendu timide : il craignait les insectes, le tonnerre et le visage des morts. Quand il eut quinze ans, son père lui choisit une épouse et la prit très belle, car l'idée du bonheur qu'il procurait à son fils le consolait d'avoir atteint l'âge où la nuit sert à dormir. L'épouse de Ling était frêle comme un roseau, enfantine comme du lait, douce comme la salive, salée comme les larmes. Après les noces, les parents de Ling poussèrent la discrétion jusqu'à mourir, et leur fils resta seul dans sa maison peinte de cinabre[10], en compagnie de sa jeune femme, qui souriait sans cesse, et d'un prunier qui chaque printemps donnait des fleurs roses. Ling aima cette femme au cœur limpide comme on aime un miroir qui ne se ternirait[11] pas, un talisman qui protégerait toujours. Il fréquentait les maisons de thé pour obéir à la mode et favorisait modérément les acrobates et les danseuses.

Une nuit, dans une taverne, il eut Wang-Fô pour compagnon de table. Le vieil homme avait bu pour se mettre en état de mieux peindre un ivrogne ; sa tête penchait de côté, comme s'il s'efforçait de mesurer la distance qui séparait sa main de sa tasse. L'alcool de riz déliait la langue de cet artisan taciturne[12], et Wang ce soir-là parlait comme si le silence était un mur, et les mots des couleurs destinées à le couvrir. Grâce à lui, Ling connut la beauté des faces de buveurs estompées[13] par la fumée des boissons chaudes, la splendeur brune des viandes inégalement léchées[14] par les coups de langue du feu, et l'exquise roseur des taches de vin parsemant les nappes comme des pétales fanés. Un coup de vent creva la fenêtre ; l'averse entra dans la chambre. Wang-Fô se pencha pour faire admirer à Ling la zébrure livide de l'éclair[15], et Ling, émerveillé, cessa d'avoir peur de l'orage.

Ling paya l'écot[16] du vieux peintre : comme Wang-Fô était sans argent et sans hôte[17], il lui offrit humblement[18] un gîte[19]. Ils firent route ensemble ; Ling tenait une lanterne ; sa lueur projetait dans les flaques des feux inattendus. Ce soir-là, Ling apprit avec surprise que les murs de sa maison n'étaient pas rouges, comme il l'avait cru, mais qu'ils avaient la couleur d'une orange prête à pourrir. Dans la cour, Wang-Fô remarqua la forme délicate d'un arbuste, auquel personne n'avait prêté attention jusque-là, et le compara à une jeune femme qui laisse sécher ses cheveux. Dans le couloir, il suivit avec ravissement la marche hésitante d'une fourmi le long des crevasses de la muraille, et l'horreur de Ling pour ces bestioles[20] s'évanouit. Alors, comprenant que Wang-Fô venait de lui faire cadeau d'une âme et d'une perception neuves, Ling coucha respectueusement le vieillard dans la chambre où ses père et mère étaient morts.

Depuis des années, Wang-Fô rêvait de faire le portrait d'une princesse d'autrefois jouant du luth[21] sous un saule[22]. Aucune femme n'était assez irréelle pour lui servir de modèle, mais Ling pouvait le faire, puisqu'il n'était pas une femme. Puis Wang-Fô parla de peindre un jeune prince tirant de l'arc au pied d'un grand cèdre[23]. Aucun jeune homme du temps présent n'était assez irréel pour lui servir de modèle, mais Ling fit poser sa propre femme sous le prunier du jardin. Ensuite, Wang-Fô la peignit en costume de fée parmi les nuages du couchant, et la jeune femme pleura, car c'était un présage[24] de mort. Depuis que Ling lui préférait les portraits que Wang-Fô faisait d'elle, son visage se flétrissait[25], comme la fleur en butte au vent chaud ou aux pluies d'été. Un matin, on la trouva pendue aux branches du prunier rose : les bouts de l'écharpe qui l'étranglait flottaient mêlés à sa chevelure ; elle paraissait plus mince encore que d'habitude, et pure comme les belles célébrées par les poètes des temps révolus. Wang-Fô la peignit une dernière fois, car il aimait cette teinte verte dont se recouvre la figure des morts. Son disciple Ling broyait les couleurs, et cette besogne exigeait tant d'application qu'il oubliait de verser des larmes.

Ling vendit successivement ses esclaves, ses jades et les poissons de sa fontaine pour procurer au maître des pots d'encre pourpre qui venaient d'Occident. Quand la maison fut vide, ils la quittèrent, et Ling ferma derrière lui la porte de son passé. Wang-Fô était las d'une ville où les visages n'avaient plus à lui apprendre aucun secret de laideur ou de beauté et le maître et le disciple vagabondèrent ensemble sur les routes du royaume de Han.

Leur réputation les précédait dans les villages au seuil des châteaux forts et sous le porche[26] des temples où les pèlerins inquiets se réfugient au crépuscule. On disait que Wang-Fô avait le pouvoir de donner la vie à ses peintures par une dernière touche de couleur qu'il ajoutait à leurs yeux. Les fermiers venaient le supplier de leur peindre un chien de garde et les seigneurs voulaient de lui des images de soldats. Les prêtres honoraient Wang-Fô comme un sage ; le peuple le craignait comme un sorcier[27]. Wang se réjouissait de ces différences d'opinions qui lui permettaient d'étudier autour de lui des expressions de gratitude[28], de peur, ou de vénération[29].

Ling mendiait la nourriture, veillait sur le sommeil du maître et profitait de ses extases[30] pour lui masser les pieds. Au point du jour, quand le vieux dormait encore, il partait à la chasse de paysages timides dissimulés derrière des bouquets de roseaux. Le soir, quand le maître, découragé, jetait ses pinceaux sur le sol, il les ramassait. Lorsque Wang était triste et parlait de son grand âge, Ling lui montrait en souriant le tronc solide d'un vieux chêne ; lorsque Wang était gai et débitait des plaisanteries, Ling faisait humblement semblant de l'écouter.

Un jour, au soleil couchant, ils atteignirent les faubourgs de la ville impériale, et Ling chercha pour Wang-Fô une auberge où passer la nuit. Le vieux s'enveloppa dans des loques[31], et Ling se coucha contre lui pour le réchauffer, car le printemps venait à peine de naître, et le sol de terre battue était encore gelé. À l'aube, des pas lourds retentirent dans les corridors de l'auberge, on entendit les chuchotements effrayés de l'hôte, et des commandements criés en langue barbare. Ling frémit, se souvenant qu'il avait volé la veille un gâteau de riz pour le repas du maître. Ne doutant pas qu'on ne vînt l'arrêter, il se demanda qui aiderait demain Wang-Fô à passer le gué du prochain fleuve.

Les soldats entrèrent avec des lanternes. La flamme filtrant à travers le papier bariolé jetait des lueurs rouges ou bleues sur leurs casques de cuir. La corde d'un arc vibrait sur leur épaule, et les plus féroces poussaient tout à coup des rugissements sans raison. Ils posèrent lourdement la main sur la nuque de Wang-Fô, qui ne put s'empêcher de remarquer que leurs manches n'étaient pas assorties[32] à la couleur de leur manteau.

Soutenu par son disciple, Wang-Fô suivit les soldats en trébuchant[33] le long des routes inégales. Les passants attroupés se gaussaient[34] de ces deux criminels qu'on menait sans doute décapiter[35]. À toutes les questions de Wang, les soldats répondaient par une grimace sauvage. Ses mains ligotées[36] souffraient, et Ling désespéré regardait son maître en souriant, ce qui était pour lui une façon plus tendre de pleurer.

Ils arrivèrent sur le seuil du palais impérial, dont les murs violets se dressaient en plein jour comme un pan de crépuscule[37]. Les soldats firent franchir à Wang-Fô d'innombrables salles carrées ou circulaires dont la forme symbolisait les saisons, les points cardinaux, le mâle et la femelle, la longévité[38], les prérogatives[39] du pouvoir. Les portes tournaient sur elles-mêmes en émettant une note de musique et leur agencement était tel qu'on parcourait toute la gamme en traversant le palais de l'Est au Couchant. Tout se concertait pour donner l'idée d'une puissance et d'une subtilité[40] surhumaines, et l'on sentait que les moindres ordres prononcés ici devaient être définitifs et terribles comme la sagesse des ancêtres. Enfin, l'air se raréfia ; le silence devint si profond qu'un supplicié[41] même n'eût pas osé crier. Un eunuque[42] souleva une tenture ; les soldats tremblèrent comme des femmes, et la petite troupe entra dans la salle où trônait le Fils du Ciel.

C'était une salle dépourvue[43] de murs, soutenue par d'épaisses colonnes de pierre bleue. Un jardin s'épanouissait de l'autre côté des fûts[44] de marbre, et chaque fleur contenue dans ses bosquets appartenait à une espèce rare apportée d'au-delà les océans. Mais aucune n'avait de parfum, de peur que la méditation du Dragon Céleste ne fût troublée par les bonnes odeurs. Par respect pour le silence où baignaient ses pensées, aucun oiseau n'avait été admis à l'intérieur de l'enceinte[45], et on en avait même chassé les abeilles. Un mur énorme séparait le jardin du reste du monde, afin que le vent, qui passe sur les chiens crevés et les cadavres des champs de bataille, ne pût se permettre de frôler la manche de l'Empereur.

Le Maître Céleste était assis sur un trône de jade, et ses mains étaient ridées comme celles d'un vieillard, bien qu'il eût à peine vingt ans. Sa robe était bleue pour figurer l'hiver, et verte pour rappeler le printemps. Son visage était beau, mais impassible comme un miroir placé trop haut qui ne refléterait que les astres et l'implacable ciel. Il avait à sa droite son Ministre des Plaisirs Parfaits, et à sa gauche son Conseiller des Justes Tourments. Comme ses courtisans, rangés au pied des colonnes, tendaient l'oreille pour recueillir le moindre mot sorti de ses lèvres, il avait pris l'habitude de parler toujours à voix basse.

— Dragon Céleste, dit Wang-Fô prosterné, je suis vieux, je suis pauvre, je suis faible. Tu es comme l'été ; je suis comme l'hiver. Tu as Dix Mille Vies ; je n'en ai qu'une, et qui va finir. Que t'ai-je fait ? On a lié mes mains, qui ne t'ont jamais nui.
— Tu me demandes ce que tu m'as fait, vieux Wang-Fô ? dit l'Empereur.

Sa voix était si mélodieuse qu'elle donnait envie de pleurer. Il leva sa main droite, que les reflets du pavement de jade faisaient paraître glauque[46] comme une plante sous-marine, et Wang-Fô, émerveillé par la longueur de ces doigts minces, chercha dans ses souvenirs s'il n'avait pas fait de l'Empereur, ou de ses ascendants[47], un portrait médiocre qui mériterait la mort. Mais c'était peu probable, car Wang-Fô jusqu'ici avait peu fréquenté la cour des empereurs, lui préférant les huttes[48] des fermiers, ou, dans les villes, les faubourgs des courtisanes et les tavernes le long des quais où se querellent les portefaix[49].

— Tu me demandes ce que tu m'as fait, vieux Wang-Fô ? reprit l'Empereur en penchant son cou grêle vers le vieil homme qui l'écoutait. Je vais te le dire. Mais, comme le venin[50] d'autrui ne peut se glisser en nous que par nos neuf ouvertures, pour te mettre en présence de tes torts, je dois te promener le long des corridors de ma mémoire, et te raconter toute ma vie. Mon père avait rassemblé une collection de tes peintures dans la chambre la plus secrète du palais, car il était d'avis que les personnages des tableaux doivent être soustraits à la vue des profanes, en présence de qui ils ne peuvent baisser les yeux. C'est dans ces salles que j'ai été élevé, vieux Wang-Fô, car on avait organisé autour de moi la solitude pour me permettre d'y grandir. Pour éviter à ma candeur[51] l'éclaboussure[52] des âmes humaines, on avait éloigné de moi le flot agité de mes sujets futurs, et il n'était permis à personne de passer devant mon seuil, de peur que l'ombre de cet homme ou de cette femme ne s'étendît jusqu'à moi. Les quelques vieux serviteurs qu'on m'avait octroyés se montraient le moins possible ; les heures tournaient en cercle ; les couleurs de tes peintures s'avivaient[53] avec l'aube et pâlissaient avec le crépuscule. La nuit, quand je ne parvenais pas à dormir, je les regardais, et, pendant près de dix ans, je les ai regardées toutes les nuits. Le jour, assis sur un tapis dont je savais par cœur le dessin, reposant mes paumes vides sur mes genoux de soie jaune, je rêvais aux joies que me procurerait l'avenir. Je me représentais le monde, le pays de Han au milieu, pareil à la plaine monotone et creuse de la main que sillonnent les lignes fatales des Cinq Fleuves. Tout autour, la mer où naissent les monstres, et, plus loin encore, les montagnes qui supportent le ciel. Et, pour m'aider à me représenter toutes ces choses, je me servais de tes peintures. Tu m'as fait croire que la mer ressemblait à la vaste nappe d'eau étalée sur tes toiles, si bleue qu'une pierre en y tombant ne peut que se changer en saphir, que les femmes s'ouvraient et se refermaient comme des fleurs, pareilles aux créatures qui s'avancent, poussées par le vent, dans les allées de tes jardins, et que les jeunes guerriers à la taille mince qui veillent dans les forteresses des frontières étaient eux-mêmes des flèches qui pouvaient vous transpercer le cœur. À seize ans, j'ai vu se rouvrir les portes qui me séparaient du monde : je suis monté sur la terrasse du palais pour regarder les nuages, mais ils étaient moins beaux que ceux de tes crépuscules. J'ai commandé ma litière : secoué sur des routes dont je ne prévoyais ni la boue ni les pierres, j'ai parcouru les provinces de l'Empire sans trouver tes jardins pleins de femmes semblables à des lucioles[54], tes femmes dont le corps est lui-même un jardin. Les cailloux des rivages m'ont dégoûté des océans ; le sang des suppliciés est moins rouge que la grenade figurée sur tes toiles ; la vermine des villages m'empêche de voir la beauté des rizières ; la chair des femmes vivantes me répugne comme la viande morte qui pend aux crocs des bouchers, et le rire épais de mes soldats me soulève le cœur. Tu m'as menti, Wang-Fô, vieil imposteur : le monde n'est qu'un amas de taches confuses, jetées sur le vide par un peintre insensé, sans cesse effacées par nos larmes. Le royaume de Han n'est pas le plus beau des royaumes, et je ne suis pas l'Empereur. Le seul empire sur lequel il vaille la peine de régner est celui où tu pénètres, vieux Wang, par le chemin des Mille Courbes et des Dix Mille Couleurs. Toi seul règnes en paix sur des montagnes couvertes d'une neige qui ne peut fondre, et sur des champs de narcisses[55] qui ne peuvent pas mourir. Et c'est pourquoi, Wang-Fô, j'ai cherché quel supplice te serait réservé, à toi dont les sortilèges[56] m'ont dégoûté de ce que je possède, et donné le désir de ce que je ne posséderai pas. Et pour t'enfermer dans le seul cachot dont tu ne puisses sortir, j'ai décidé qu'on te brûlerait les yeux, puisque tes yeux, Wang-Fô, sont les deux portes magiques qui t'ouvrent ton royaume. Et puisque tes mains sont les deux routes aux dix embranchements qui te mènent au cœur de ton empire, j'ai décidé qu'on te couperait les mains. M'as-tu compris, vieux Wang-Fô ?

En entendant cette sentence, le disciple Ling arracha de sa ceinture un couteau ébréché et se précipita sur l'Empereur. Deux gardes le saisirent. Le Fils du Ciel sourit et ajouta dans un soupir :
– Et je te hais aussi, vieux Wang-Fô, parce que tu as su te faire aimer. Tuez ce chien.
Ling fit un bond en avant pour éviter que son sang ne vînt tacher la robe du maître. Un des soldats leva son sabre, et la tête de Ling se détacha de sa nuque, pareille à une fleur coupée. Les serviteurs emportèrent ses restes, et Wang-Fô, désespéré, admira la belle tache écarlate que le sang de son disciple faisait sur le pavement de pierre verte.
L'Empereur fit un signe, et deux eunuques essuyèrent les yeux de Wang-Fô.
– Écoute, vieux Wang-Fô, dit l'Empereur, et sèche tes larmes, car ce n'est pas le moment de pleurer. Tes yeux doivent rester clairs, afin que le peu de lumière qui leur reste ne soit pas brouillée par tes pleurs. Car ce n'est pas seulement par rancune[57] que je souhaite ta mort ; ce n'est pas seulement par cruauté que je veux te voir souffrir. J'ai d'autres projets, vieux Wang-Fô. Je possède dans ma collection de tes œuvres une peinture admirable où les montagnes, l'estuaire[58] des fleuves et la mer se reflètent, infiniment rapetissés sans doute, mais avec une évidence qui surpasse celle des objets

eux-mêmes, comme les figures qui se mirent[59] sur les parois d'une sphère. Mais cette peinture est inachevée, Wang-Fô, et ton chef-d'œuvre est à l'état d'ébauche. Sans doute, au moment où tu peignais, assis dans une vallée solitaire, tu remarquas un oiseau qui passait, ou un enfant qui poursuivait cet oiseau. Et le bec de l'oiseau ou les joues de l'enfant t'ont fait oublier les paupières bleues des flots. Tu n'as pas terminé les franges du manteau de la mer, ni les cheveux d'algues des rochers. Wang-Fô, je veux que tu consacres les heures de lumière qui te restent à finir cette peinture, qui contiendra ainsi les derniers secrets accumulés au cours de ta longue vie. Nul doute que tes mains, si près de tomber, ne trembleront sur l'étoffe de soie, et l'infini pénétrera dans ton œuvre par ces hachures du malheur[60]. Et nul doute que tes yeux, si près d'être anéantis, ne découvriront des rapports à la limite des sens humains. Tel est mon projet, vieux Wang-Fô, et je puis te forcer à l'accomplir. Si tu refuses, avant de t'aveugler, je ferai brûler toutes tes œuvres, et tu seras alors pareil à un père dont on a massacré les fils et détruit les espérances de postérité. Mais crois plutôt, si tu veux, que ce dernier commandement n'est qu'un effet de ma bonté, car je sais que la toile est la seule maîtresse que tu aies jamais caressée. Et t'offrir des pinceaux, des couleurs et de l'encre pour occuper tes dernières heures, c'est faire l'aumône d'une fille de joie à un homme qu'on va mettre à mort.

Sur un signe du petit doigt de l'Empereur, deux eunuques apportèrent respectueusement la peinture inachevée où Wang-Fô avait tracé l'image de la mer et du ciel. Wang-Fô sécha ses larmes et sourit, car cette petite esquisse lui rappelait sa jeunesse. Tout y attestait une fraîcheur d'âme à laquelle Wang-Fô ne pouvait plus prétendre, mais il y manquait cependant quelque chose, car à l'époque où Wang l'avait peinte, il n'avait pas encore assez contemplé de montagnes, ni de rochers baignant dans la mer leurs flancs nus, et ne s'était pas assez pénétré de la tristesse du crépuscule. Wang-Fô choisit un des pinceaux que lui présentait un esclave et se mit à étendre sur la mer inachevée de larges coulées bleues. Un eunuque accroupi à ses pieds broyait les couleurs ; il s'acquittait assez mal de cette besogne, et plus que jamais Wang-Fô regretta son disciple Ling.

Wang commença par teinter de rose le bout de l'aile d'un nuage posé sur une montagne. Puis il ajouta à la surface de la mer de petites rides qui ne faisaient que rendre plus profond le sentiment de sa sérénité. Le pavement de jade devenait singulièrement humide, mais Wang-Fô, absorbé dans sa peinture, ne s'apercevait pas qu'il travaillait assis dans l'eau.
Le frêle canot grossi sous les coups de pinceau du peintre occupait maintenant tout le premier plan du rouleau de soie. Le bruit cadencé des rames s'éleva soudain dans la distance, rapide et vif comme un battement d'aile. Le bruit se rapprocha, emplit doucement toute la salle, puis cessa, et des gouttes tremblaient, immobiles, suspendues aux avirons[61] du batelier. Depuis longtemps, le fer rouge destiné aux yeux de Wang s'était éteint sur le brasier du bourreau. Dans l'eau jusqu'aux épaules, les courtisans, immobilisés par l'étiquette, se soulevaient sur la pointe des pieds. L'eau atteignit enfin au niveau du cœur impérial. Le silence était si profond qu'on eût entendu tomber des larmes.

C'était bien Ling. Il avait sa vieille robe de tous les jours, et sa manche droite portait encore les traces d'un accroc qu'il n'avait pas eu le temps de réparer, le matin, avant l'arrivée des soldats. Mais il avait autour du cou une étrange écharpe rouge.

Wang-Fô lui dit doucement en continuant à peindre :
– Je te croyais mort.
– Vous vivant, dit respectueusement Ling, comment aurais-je pu mourir ?

Et il aida le maître à monter en barque. Le plafond de jade se reflétait sur l'eau, de sorte que Ling paraissait naviguer à l'intérieur d'une grotte. Les tresses des courtisans submergés ondulaient à la surface comme des serpents, et la tête pâle de l'Empereur flottait comme un lotus.
– Regarde, mon disciple, dit mélancoliquement Wang-Fô. Ces malheureux vont périr, si ce n'est déjà fait. Je ne me doutais pas qu'il y avait assez d'eau dans la mer pour noyer un Empereur. Que faire ?
– Ne crains rien, Maître, murmura le disciple. Bientôt, ils se trouveront à sec et ne se souviendront même pas que leur manche ait jamais été mouillée. Seul, l'Empereur gardera au cœur un peu d'amertume[62] marine. Ces gens ne sont pas faits pour se perdre à l'intérieur d'une peinture.

Et il ajouta :
– La mer est belle, le vent bon, les oiseaux marins font leur nid. Partons, mon Maître, pour le pays au-delà des flots.
– Partons, dit le vieux peintre.

Wang-Fô se saisit du gouvernail, et Ling se pencha sur les rames. La cadence des avirons emplit de nouveau toute la salle, ferme et régulière comme le bruit d'un cœur. Le niveau de l'eau diminuait insensiblement autour des grands rochers verticaux qui redevenaient des colonnes. Bientôt, quelques rares flaques brillèrent seules dans les dépressions du pavement de jade. Les robes des courtisans étaient sèches, mais l'Empereur gardait quelques flocons d'écume dans la frange de son manteau.
Le rouleau achevé par Wang-Fô restait posé sur la table basse. Une barque en occupait tout le premier plan. Elle s'éloignait peu à peu, laissant derrière elle un mince sillage qui se refermait sur la mer immobile. Déjà, on ne distinguait plus le visage des deux hommes assis dans le canot. Mais on apercevait encore l'écharpe rouge de Ling, et la barbe de Wang-Fô flottait au vent.
La pulsation[63] des rames s'affaiblit, puis cessa, oblitérée[64] par la distance. L'Empereur, penché en avant, la main sur les yeux, regardait s'éloigner la barque de Wang qui n'était déjà plus qu'une tache imperceptible dans la pâleur du crépuscule. Une buée[65] d'or s'éleva et se déploya sur la mer. Enfin, la barque vira autour d'un rocher qui fermait l'entrée du large ; l'ombre d'une falaise tomba sur elle ; le sillage s'effaça de la surface déserte, et le peintre Wang-Fô et son disciple Ling disparurent à jamais sur cette mer de jade bleu que Wang-Fô venait d'inventer.

(Les Nouvelles orientales,
pp. 11 à 27. Éd. Gallimard, coll. L'Imaginaire, 1963.)

───────── *POUR MIEUX COMPRENDRE* ─────────

1 un disciple : celui qui est à la fois un élève et un admirateur.

2 errer : marcher sans destination précise.

3 une libellule :

4 troquer : échanger.

5 une esquisse : un dessin inachevé que le peintre fait d'habitude avant ses peintures proprement dites.

6 la voûte céleste : le ciel.

7 s'emparer : prendre possession.

8 le jade : pierre précieuse très dure dont la couleur varie d'un vert très clair à un vert sombre.

9 calfeutré : bouché pour empêcher l'air de rentrer. Ici : entouré de confort et de sécurité.

10 le cinabre : produit de couleur rouge.

11 se ternir : perdre son éclat.

12 taciturne : qui ne parle pas beaucoup, qui n'aime pas parler.

13 estompé : voilé, légèrement recouvert par quelque chose qui rend les lignes vagues, les traits imprécis.

14 lécher quelque chose : essuyer quelque chose avec sa langue, passer sa langue sur quelque chose.

15 la zébrure de l'éclair : la rayure, la trace des lignes dessinées par l'éclair.

16 un écot : la part à payer dans un repas collectif.

17 un hôte : la personne qui reçoit une autre personne.

18 humblement : modestement, en montrant qu'on est peu de chose.

19 un gîte : une maison, un endroit pour dormir.

20 une bestiole : une petite bête.

21 un luth : ancien instrument de musique à cordes.

22 un saule : arbre poussant le plus souvent près de l'eau, toujours dans des lieux frais et humides.

23 un cèdre : grand arbre à branches presques horizontales en étages.

24 un présage : un signe qui annonce un événement.

25 se flétrir : perdre sa fraîcheur.

26 le porche d'un temple :

27 un sorcier : *all. :* Hexenmeister - *ang. :* sorcerer - *esp. :* brujo - *ital. :* stregóne.

28 la gratitude : la reconnaissance, le sentiment de vouloir remercier sincèrement quelqu'un pour un service qu'il nous a rendu.

29 la vénération : un très grand respect, proche de l'adoration.

30 l'extase : moment où on est tellement pris par le plaisir de sa rêverie ou de sa concentration que c'est comme si on était absent ou hors de soi.

31 une loque : morceau d'étoffe, de tissu, usé et déchiré.

32 être assorti à quelque chose : aller bien avec, être en harmonie avec quelque chose.

33 trébucher : perdre son équilibre au cours de sa marche comme si on allait tomber.

34 se gausser : se moquer.

35 décapiter quelqu'un : lui couper la tête.

36 ligoté : lié solidement avec une corde.

37 un pan de crépuscule : une partie, un morceau d'une image du coucher du soleil.

38 la longévité : le fait de vivre longtemps, jusqu'à un âge avancé.

39 des prérogatives : les avantages, les privilèges, les droits liés à une fonction, à un pouvoir.

40 une subtilité : une finesse, une intelligence.

41 un supplicié : quelqu'un que l'on torture, à qui on fait subir un supplice, qu'on fait souffrir.

42 un eunuque : un homme châtré – à qui on a enlevé ses organes sexuels – et qui était chargé notamment de garder les femmes des rois.

43 dépourvu de : sans.

44 un fût : un tronc d'arbre. Ici : grosse colonne.

45 une enceinte : un mur qui entoure le jardin.

46 glauque : d'un vert qui rappelle l'eau de mer.

47 les ascendants : les parents ou les grands-parents.

48 une hutte : maison simple et pauvre faite de terre, de bois et de paille.

49 un portefaix : un porteur.

50 le venin : le poison, le produit qui tue.

51 la candeur : l'innocence.

52 une éclaboussure : gouttes d'un liquide salissant. Ici : les blessures, la saleté, les imperfections.

53 s'aviver : devenir plus vif, plus brillant.

54 une luciole : insecte lumineux.

55 un narcisse : fleur blanche ou jaune au parfum très fort.

56 un sortilège : action magique – généralement malfaisante – d'un sorcier.

57 la rancune : désir, insatisfait pendant longtemps, de vengeance.

58 un estuaire : l'endroit où un fleuve s'élargit avant de se jeter dans la mer.

59 se mirer : se refléter, comme dans un « miroir ».

60 les hachures du malheur : les rayures, les traits, les lignes brisées des tremblements dus au malheur.

61 un aviron : sorte de rame.

62 une amertume : un goût désagréable.

63 une pulsation : bruit rythmé.

64 oblitéré : effacé.

65 une buée : vapeur, voile d'humidité.

QUESTIONS

1 Pour faire le portrait d'une princesse, Wang-Fô pense qu'aucune femme n'est assez irréelle pour lui servir de modèle mais que Ling fera très bien l'affaire. Comment expliquez-vous cette contradiction ?

2 Ling a tout vendu pour suivre Wang-Fô et son seul souci est devenu le repos et la sécurité de son maître. Qu'est-ce que, selon vous, le maître lui apporte qui justifie cela ?

3 Comment comprenez-vous cette phrase « Ling avait grandi dans une maison d'où la richesse éliminait les hasards » ?

4 « Ce soir-là, Ling apprit avec surprise que les murs de sa maison n'étaient pas rouges, comme il l'avait cru, mais qu'ils avaient la couleur d'une orange prête à pourrir. » Cherchez autour de vous des exemples d'une transformation pareille du regard que l'on peut porter sur la couleur d'un objet.

5 Peindre un chien de garde pour se protéger, peindre la mer pour naviguer, il n'y a plus dans ce conte de frontière entre la réalité matérielle et la réalité de la peinture. Est-ce que vous suivez l'auteur dans sa volonté d'effacer la barrière qui sépare le monde vécu du monde imaginé ? Comment selon vous passe-t-il de l'un à l'autre ?

6 Commentez ce dialogue :
– Je te croyais mort.
– Vous vivant, dit respectueusement Ling, comment aurais-je pu mourir ?

Albert Cossery est né au Caire le 3 novembre 1913 de parents égyptiens. Il accomplit sa scolarité jusqu'au baccalauréat dans les écoles religieuses chrétiennes d'Égypte. En 1930 il part poursuivre ses études à Paris.

Sa première œuvre, un recueil de poèmes, Les Morsures, *paraît au Caire en 1931. C'est un hommage au héros littéraire de son adolescence : Charles Baudelaire.*

Il s'engage pour toute la durée de la Seconde Guerre mondiale dans la marine marchande où il sera chef steward sur la ligne Port-Saïd/New York. Un travail qui lui fera découvrir les États-Unis et la Grande-Bretagne où il effectue de longs séjours et ne l'empêchera pas de publier, en 1941, un premier recueil de contes, Les Hommes oubliés de Dieu *(édité une première fois au Caire en français, en anglais et en arabe. Édité aux États-Unis par Henry Miller pendant la guerre. Réédité en France à Honfleur chez Oswald en 1971) puis, en 1944, une longue nouvelle,* La Maison de la mort certaine *(éditée au Caire puis rééditée à Paris, chez Charlot en 1947).*

En septembre 1945, il vient s'installer définitivement à Paris où il occupait toujours en 1987 une chambre dans un modeste hôtel de Saint-Germain-des-Prés.

Il a publié depuis la fin de la guerre cinq romans où réapparaissent des thèmes caractéristiques de ce que l'on peut bien appeler une « philosophie de la vie quotidienne » et qui consiste à ne prendre au sérieux que ce qui fait la qualité de l'existence, c'est-à-dire principalement le pouvoir de garder en toute circonstance une distance suffisante vis-à-vis de sa propre vanité et de celle des autres. Voilà pourquoi la seule ambition des personnages de Cossery est de faire durer le temps, notre bien le plus précieux, de prolonger au maximum nos plaisirs, de ne pas s'épuiser dans des conflits perdus d'avance avec les violents, les imbéciles, les « politiques » et les idéologues et, surtout, de rechercher dans la série interminable des méchancetés et des folies humaines le côté par lequel on peut « les tourner en dérision », s'en moquer, en rire et en faire rire ceux qui nous sont sympathiques.

Les titres de ses romans sont révélateurs :

En 1948 Les Fainéants de la vallée fertile *(réédité en 1964 par Robert Laffont – Folio n° 949). L'histoire d'une famille égyptienne villageoise qui cultive la fainéantise comme une plante rare et précieuse...*

En 1955 Mendiants et Orgueilleux *(édité par Juliard et réédité en Livre de Poche puis en Folio n° 1 119). L'enquête sur un crime dévoile la manière avec laquelle l'esprit et l'intelligence du petit peuple du Caire lui permet de résister à toutes les formes d'autorité. Jacques Poitrenaud en a tiré un film, tourné en Tunisie, en 1971, avec le chanteur Georges Moustaki.*

En 1964 La Violence et la Dérision, *l'œuvre que nous avons choisie (rééditée en 1981 à Paris par Jean-Cyrille Godefroy).*

En 1976 Un complot de saltimbanques *(édité par Robert Laffont). Comment, revenu dans sa petite ville avec un diplôme d'ingénieur chimiste, Teymour arrivera-t-il à éviter le travail qu'on lui a préparé et à organiser une vie digne de ce nom...*

En 1984 Une ambition dans le désert.

Presque tous les livres d'Albert Cossery ont été traduits en anglais.

35

L'ŒUVRE CHOISIE

La Violence et la Dérision *a valu à son auteur en 1965 le Prix de la Société des Gens de Lettres. Il pose la question de savoir comment des êtres attachés aux plaisirs simples de la vie et n'ayant ni la volonté de s'enrichir ni celle de « prendre le pouvoir » peuvent, malgré tout, s'offrir le luxe de rire aux dépens d'un dictateur.*

Le roman pourrait bien avoir pour cadre Alexandrie mais la critique d'un régime particulier n'a jamais beaucoup intéressé Cossery qui est très sensible à l'universalité de la bêtise, au caractère souvent méchant et dangereux des fonctionnaires publics, surtout quand ils savent que vous avez besoin d'eux, et à la ressemblance étonnante qu'il y a entre les violents et ceux qui utilisent la violence pour libérer les hommes de la violence...

C'est d'ailleurs peut-être l'école très particulière qui est décrite dans le texte Une classe *qui, encore plus que les épisodes du « complot », révèle la mentalité de résistance dont rêve l'auteur.*

Enfin ce roman voudrait dire qu'il suffit parfois pour montrer la folie ou la bêtise d'une attitude ou d'une idée politique mais peut-être aussi, simplement d'une conduite autoritaire, « d'abonder dans son sens » c'est-à-dire de l'imiter en l'exagérant, en développant au maximum sa propre logique, ses propres idées. Ainsi on la « tourne en dérision ».

36

UN MIRAGE

La journée s'annonçait exceptionnellement torride[1]. Le gendarme qui venait de prendre sa faction[2] au carrefour le plus distingué de la ville, eut soudain l'impression d'être la victime d'un mirage. La sueur qui baignait sa figure maussade[3] et le faisait ressembler à une pleureuse en pleine activité funèbre était certainement la cause de son trouble visuel. Il cligna des yeux à plusieurs reprises, comme pour dégager une perspective plus nette à son optique défaillante, mais ce mince effort n'eut aucun succès. Il sortit alors de sa poche un mouchoir à carreaux rouges et blancs, fait d'une étoffe grossière et aussi sale qu'un torchon, et s'épongea le visage avec énergie. Ayant ainsi éclairci (pour un bref moment) sa vision du monde, il reporta son regard en direction du mirage et il en résulta pour lui un choc. Car ce qu'il voyait – à mesure que les éléments du mirage se précisaient à sa vue – c'était un mendiant, le plus beau qu'il eût aperçu depuis longtemps, confortablement installé à l'angle d'un immeuble cossu[4], de construction récente. Pour comble, cet immeuble abritait une banque et une joaillerie[5], c'est-à-dire deux aspects d'une métaphysique universelle qui exigeaient qu'on les protégeât sans délai de la canaille[6]. Remettant le mouchoir dans sa poche, et clignant toujours des yeux, pour ne pas perdre le bénéfice de sa nouvelle vision, le gendarme chargea droit sur l'impudent[7], mû[8] par des instincts homicides. Depuis un mois, les ordres étaient formels : il fallait débarrasser la ville de cette maudite engeance[9] qui proliférait[10] dans ses artères les plus respectables comme des fourmis sur un gâteau de miel. C'était là, il faut le reconnaître, parmi les nombreuses consignes du nouveau gouverneur – un homme débordant d'initiatives hardies[11] – la plus difficile à exécuter. L'ambition du nouveau gouverneur était d'assainir[12] les rues et de les préserver de tout ce qui pouvait entacher[13] leur honneur ; il parlait des rues comme de personnes morales. Aussi, après les prostituées, les vendeurs aux terrasses des cafés, les ramasseurs de mégots et autres coquins de moindre importance, il s'était attaqué aux mendiants, cette race pacifique mais si fortement enracinée dans le sol, qu'aucun conquérant avant lui n'avait réussi à exterminer. C'était comme s'il eût voulu débarrasser le désert de son sable.

Fonctionnaire zélé[14] d'un état fort, le gendarme s'avança donc vers le mendiant (l'attitude sereine de celui-ci témoignait de sa part d'une sorte de provocation) et commença par l'invectiver[15] suivant les règles d'un art éprouvé. Mais le mendiant ne réagit nullement à ses invectives, pourtant meurtrières. C'était un vieillard affreusement ratatiné, avec une barbe grise qui lui rongeait presque tout le visage, et dont la tête disparaissait sous un turban de forme monumentale. Ses yeux clos, aux bords soulignés d'un large trait noir, lui donnaient une apparence équivoque et efféminée, qui était la plus singulière caractéristique qu'on pût observer chez un mendiant.

De plus, il était vêtu de hardes multicolores d'une extrême fantaisie, qui eussent mieux convenu à un saltimbanque qu'à un homme de sa condition. Cet excentrique vieillard, ancêtre d'une race éternellement poursuivie, semblait plongé dans un sommeil léthargique, que ne parvenait guère à troubler le vacarme assourdissant produit par les nombreux véhicules se frayant un chemin au carrefour. Le gendarme, voyant l'inanité de ses invectives et de ses injonctions, finit par lui donner un coup de pied, puis un second, pour le tirer de cette inertie provocatrice. Il s'apprêtait à lui en donner un troisième, quand il vit le mendiant délaisser sa pose primitive pour s'affaler par terre et prendre l'attitude hautement dédaigneuse d'une créature sans vie. Un moment, le gendarme crut l'avoir tué, et la panique s'empara de lui à l'idée qu'il venait de perdre sa prise. Un mendiant mort, c'était moins que rien ; c'était même un incident à le faire révoquer. Il le lui fallait vivant. Il se pencha sur le vieillard, l'attrapa par son turban, et se mit à le secouer d'une façon insensée et sauvage, comme s'il eût voulu le ressusciter. Cette action irréfléchie fit jaillir l'irréparable : on vit soudain la tête du vieux mendiant se détacher de son cou avec une facilité qui tenait de la magie, et demeurer collée au turban que le gendarme continuait d'agiter dans le vide comme un trophée[16] sanglant. La foule des badauds, qui, depuis un moment, s'était massée autour des deux protagonistes[17] de cette scène, poussa un cri d'horreur et manifesta son indignation par un déluge d'insultes à l'adresse du gendarme. Celui-ci, débarrassé de son trophée, regardait la meute[18] hurlante qui le traitait d'assassin, avec l'air d'une personne affligée de crampes d'estomac. Il fallut un certain temps avant que les esprits échauffés par ce carnage matinal ne se rendissent compte de la supercherie[19]. Car, ce qu'on avait tout d'abord pris pour un mendiant de chair et de sang n'était en réalité qu'un mannequin habilement grimé[20] par un artiste consciencieux, et exposé dans cet endroit respectable avec l'intention évidente de narguer[21] la police. Cette découverte, au lieu d'apaiser la foule, la jeta dans un autre extrême ; elle se mit à ricaner et à se moquer de l'infortuné gendarme encore sous l'effet de la surprise. Devant cette foule hilare[22] dont les quolibets[23] lui transperçaient l'uniforme comme autant de dards[24], le malheureux se saisit de son sifflet réglementaire, et à l'aide de cet instrument, fit entendre une série de sifflements aigus, destinés à ameuter les plus courageux de ses collègues, à l'affût[25] dans les environs. Mais cet appel demeura sans réponse ; d'ailleurs, la foule se dispersait déjà, ayant eu son contentement pour toute la journée. Chacun s'en alla vers ses déboires[26] personnels en commentant l'événement à sa manière, mais toujours avec cet esprit malveillant qui anime la racaille[27], lorsqu'elle se trouve en face d'un représentant de l'ordre tombé dans l'adversité.

(La Violence et la Dérision, *pp. 5 à 9.*)

KARIM

De son sixième étage, comme un explorateur du haut d'une montagne, Karim dominait la ville et ses multiples repaires où s'activait à prospérer la foule des imbéciles et des salopards. Cette vue générale d'une société livrée au plus sanglant brigandage lui procurait un plaisir sans bornes. De plus en plus, il considérait sa nouvelle résidence comme un observatoire où ses facultés d'humour pouvaient s'épanouir en toute liberté.

Il s'accouda au parapet de briques qui bordait la terrasse et fixa la mer. Jusqu'aux lointaines vapeurs qui bouchaient l'horizon, la mer était étale et brillante comme un miroir. À sa droite et à sa gauche, la ville s'étendait, présentant avec ses immeubles modernes aux teintes claires, l'image trompeuse d'une cité florissante. Personne, venant du large, n'aurait pu soupçonner derrière cette façade l'immensité lépreuse[28] des quartiers indigènes[29], avec leurs taudis[30] infects[31] et leur crasse[32] millénaire. Karim sentait la chaleur du soleil sur son torse nu ; il respira fortement, puis se pencha et regarda au-dessus de lui la piste macadamisée[33] de la corniche. Celle-ci longeait le rivage sur plusieurs kilomètres. C'était une large avenue avec une double chaussée, et un trottoir pour les promeneurs qui venaient le soir chercher la fraîcheur de la mer, en décortiquant[34] des graines de pastèque[35]. De nombreuses autos la traversaient à une allure effrénée[36], semblables, vues de là-haut, à des jouets mécaniques détraqués. Parfois, pour le bonheur de Karim, un cocher[37] de fiacre[38] endormi sur son siège, mettait une note humaine dans cette poursuite infernale vers le néant. Mais c'était de plus en plus rare maintenant de voir un homme au repos. La police pourchassait la paresse et la nonchalance[39], les jugeant comme des crimes contre la nation. Toute une civilisation, tout un mode de vie facile et débonnaire[40], tendaient ainsi à disparaître. Sur le trottoir réservé aux promeneurs, seuls quelques passants pressés d'arriver on ne sait où circulaient d'un pas rapide. Il y avait quelque chose de changé dans le paysage ; on n'apercevait pas la moindre trace de vagabond couché au soleil. Aucun corps étendu ou seulement accroupi[41] sur le sol. La mendicité était devenue une affaire clandestine[42]. Où donc se terraient les mendiants ? Il était peu probable qu'ils travaillassent tous en usine. Mais alors ?

Quelle tristesse ! L'absence de mendiants sur la corniche était le signe des temps nouveaux. Ce gouverneur ignare, avec ses idées absurdes, avait réussi à modifier l'aspect fondamental de la ville. Karim se demandait ce qu'il était advenu du mannequin qu'il avait déposé la veille au centre du quartier européen. L'avait-on déjà découvert ? Il regrettait de ne pouvoir assister à la capture du faux mendiant par la police ; il ratait là une belle occasion de rigoler. Peut-être pourrait-il en recueillir quelques échos dans la presse. Ce n'était pas certain. Tous les journaux étaient à la solde[43] du gouverneur ; ils n'oseraient jamais publier une nouvelle qui ferait de lui la risée même des enfants en bas âge. N'importe ! Le gouverneur, lui, sera informé de cette tentative de tourner ses ordres en dérision[44] ; son cerveau obtus allait subir un éclatement. Il ne s'attendait sûrement pas à être combattu d'une façon aussi inusitée. Jusqu'ici, il s'était contenté d'arrêter quelques membres du parti révolutionnaire clandestin qui, depuis des années, servaient de faciles victimes à tout gouverneur au pouvoir. Ayant ainsi démontré sa force, à l'instar[45] de ses glorieux prédécesseurs, et résolu le problème de l'opposition dans les couches laborieuses, le gouverneur se croyait bien à l'abri de toute propagande nuisible à ses intérêts. Il ne connaissait qu'une seule espèce d'esprits subversifs : des individus intransigeants[46] dans leur haine, se glorifiant de leurs actes, et prêts à mourir pour le triomphe du droit et de la justice. Bref, des gens ici, comme lui, se prenaient au sérieux. Comment pouvait-il se douter de l'éclosion[47] dans la ville d'une sorte inconnue de révolutionnaires ; des révolutionnaires narquois et pleins d'humour, qui le considéraient comme un fantoche[48] – lui et ses pareils à travers le monde – et pour qui ses faits et gestes n'étaient que convulsions[49] grotesques et bouffonnes. Aussi, Karim prévoyait pour lui les pires embêtements. Il allait se trouver submergé[50] par un état insurrectionnel d'un genre nouveau, et devant lequel il ne saurait pas de quelle manière réagir. Bien que le faux mendiant fût une farce qui ne manquait pas de drôlerie, ce n'était toutefois qu'une bagatelle[51] comparée à la gigantesque entreprise loufoque[52] qui se préparait. Karim savait que son ami et complice, l'incomparable Heykal, était en train d'élaborer une action, dont la subtilité et l'ampleur souterraine devaient ruiner à jamais l'autorité du gouverneur. À vrai dire, il ignorait l'essentiel de ce qui se tramait ; Heykal étant resté mystérieux sur les détails de cette joyeuse conspiration. Un fait cependant prouvait l'imminence de la lutte insidieuse que Heykal s'apprêtait à livrer. Heykal s'était finalement décidé à rencontrer Khaled Omar, le négociant, et l'avait chargé d'un message pour ce dernier, lui fixant un rendez-vous pour ce soir même. Ce simple rendez-vous signifiait que Heykal avait mûri un plan d'attaque, et qu'il avait besoin de subsides[53] matériels pour le mettre à exécution. Khaled Omar était l'homme dont la fortune et la largeur d'esprit pouvaient lui apporter une aide inappréciable. Donc, ce soir, il y aurait du nouveau.

(La Violence et la Dérison, pp. 19 à 22.)

POUR MIEUX COMPRENDRE

[1] **torride :** chaud.

[2] **prendre sa faction :** prendre son tour de service ; se dit uniquement pour les militaires et les policiers. On dit aussi *être de faction.*

[3] **maussade :** triste.

[4] **cossu :** riche, de luxe.

[5] **joaillerie :** bijouterie, magasin où l'on vend des *joyaux :* objets précieux.

[6] **la canaille :** personnes méprisables, capables d'actions contraires à la morale, dangereuses (voir plus loin *racaille*).

[7] **un impudent :** quelqu'un qui se permet de faire des choses contraires à la *pudeur,* qui manque de respect pour la morale.

[8] **mû :** participe passé de *mouvoir.* Ici, poussé.

[9] **une engeance :** terme péjoratif pour *gens.*

[10] **proliférer :** augmenter très vite.

[11] **hardi :** courageux.

[12] **assainir :** rendre *sain,* nettoyer.

[13] **entacher quelque chose :** lui porter atteinte, le salir.

[14] **zélé :** très consciencieux, faisant son travail avec *zèle* c'est-à-dire avec beaucoup de soin.

[15] **invectiver quelqu'un :** l'insulter.

[16] **un trophée :** objet ayant une importance symbolique pris à un ennemi vaincu (arme, drapeau, etc.). [Voir aussi « La chambre des cartes » dans l'ensemble Julien Gracq.]

[17] **protagoniste :** acteur, personne importante d'une scène.

[18] **la meute :** la masse, le groupe nombreux, serré et menaçant. On dit habituellement « une meute de chiens » ou (voir *Une classe*) « la meute des loups ».

[19] **une supercherie :** une tromperie.

[20] **grimé :** maquillé.

[21] **narguer quelqu'un :** le provoquer par le rire, le sourire ou tout simplement une bonne humeur qui contraste avec l'état de tristesse ou de contrariété où il se trouve.

[22] **hilare :** qui rit.

[23] **un quolibet :** un mot, une expression qui a pour but de ridiculiser ceux à qui il s'adresse.

[24] **un dard :** une petite flèche.

[25] **à l'affût :** dans l'attente d'une occasion pour se manifester, pour intervenir.

[26] **un déboire :** une difficulté, un échec.

[27] **la racaille :** personnes méprisables, malhonnêtes (plus ou moins synonyme de *canaille* avec une plus grande nuance de bassesse et de violence. (Moins familier que canaille.)

[28] **lépreux(se) :** comme rongé par la *lèpre,* pourri, malade.

[29] **un quartier indigène :** un quartier où n'habitent que les gens du pays.

[30] **un taudis :** une maison en très mauvais état.

[31] **infect :** très mauvais, ici très sale.

[32] **la crasse :** la très grande saleté.

[33] **macadamisé :** recouvert avec du *macadam* c'est-à-dire un revêtement dur de petites pierres de sable et souvent de goudron égalisés avec des rouleaux compresseurs.

[34] **décortiquer :** ouvrir puis enlever l'enveloppe dure d'une graine, d'un fruit sec.

[35] **une pastèque :**

36 **une allure effrénée :** une très grande vitesse, une vitesse folle.

37 **un cocher :** le conducteur d'une voiture tirée par un ou plusieurs chevaux.

38 **un fiacre :** sorte de voiture découverte à deux grandes roues pour deux à quatre passagers, tirée par un cheval et conduite par un cocher.

39 **la nonchalance :** mollesse, état d'une personne qui fait tout avec lenteur.

40 **débonnaire :** d'une bonté telle qu'elle devient de la faiblesse. Ici une bonté qui rend les gens inoffensifs.

41 **accroupi :** tenant ses jambes repliées sous lui-même de telle sorte que les fesses touchent les talons.

42 **clandestin(e) :** fait en cachette, contrairement à la loi. Sur un bateau un passager *clandestin* est un passager monté sans billet et en cachette.

43 **être à la solde de quelqu'un :** être payé, entretenu par quelqu'un.

44 **tourner en dérision :** rendre ridicule en provoquant en même temps le mépris. Se moquer en montrant que ceux qui sont importants ou se croient importants ne valent rien en réalité, sont insignifiants. Le tout en faisant rire aux dépens de la personne qu'on attaque.

45 **à l'instar :** comme, en suivant l'exemple de.

46 **intransigeant(e) :** qui n'accepte pas de compromis, qui ne veut pas faire de concessions, qui refuse de négocier, de chercher une solution à mi-chemin.

47 **une éclosion :** une naissance, du verbe *éclore.*

48 **un fantoche :** un mannequin et par extension une personne sans volonté, sans consistance, qui est l'instrument d'une autre.

49 **une convulsion :** un mouvement brusque, bref et incontrôlé.

50 **submergé :** noyé, envahi.

51 **une bagatelle :** une chose sans importance.

52 **loufoque :** fou et comique à la fois.

53 **un subside :** aide, somme d'argent.

QUESTIONS

1 Retrouvez dans le premier texte tous les mots liés d'une façon ou d'une autre au rire et faites une phrase personnelle avec chacun.

2 Imaginez une autre situation que celle décrite dans « Un mirage » où un mannequin pourrait provoquer dans des conditions comiques la colère de quelqu'un qui a de la puissance ou de l'autorité.

3 Toute une civilisation, tout un mode de vie facile et débonnaire, tendaient ainsi à disparaître. Imaginez un peu cette « civilisation », ce « mode de vie ».

4 Imaginez le physique de Karim.

5 Décrivez quelqu'un que vous connaissez qui « se prend au sérieux ».

L'ENQUÊTE

– Tu habites ici depuis longtemps ?

– Une semaine à peu près. Comme tu le vois, je viens de m'installer. J'ai
l'intention de meubler cette pièce d'une façon tout à fait moderne. J'attendais un menuisier mais, malheureusement, il vient de perdre sa femme, et
m'a laissé en panne. Je dois faire appel à un autre.

Le policier poussa un soupir et hocha la tête, comme s'il lui était pénible de
détruire de si belles illusions.

– Tu ferais mieux de t'en abstenir, dit-il.

– Pourquoi ?

– Parce que tu ne peux pas continuer à habiter ici. C'est défendu.

– Comment, défendu ?

Les yeux du policier se rapetissèrent[1], et il se pencha sur Karim comme s'il
allait lui révéler un terrible secret.

– Sais-tu, mon brave, que cet immeuble est situé sur une voie stratégique !

Bien que cette déclaration fut de nature à provoquer l'hilarité, Karim demeura imperturbable[2]. Pas le moindre sourire ne vint égayer[3] son visage.
Au contraire, il parut fortement impressionné par ce qu'il venait d'entendre.
Sur un ton de contrition[4] – celui d'un citoyen intéressé au fonctionnement
des affaires du pays – il répondit :

– La corniche, une voie stratégique ! Je ne le savais pas, Excellence ! Sur
mon honneur, je ne le savais pas.

– Eh bien, je te l'apprends. Sache que la corniche est une voie stratégique
de première importance. Des hommes politiques, des représentants d'États
étrangers, des chefs militaires prestigieux, empruntent quotidiennement cette
voie.

– C'est bien vrai, dit Karim, mais je ne vois pas en quoi cela me concerne.

– Tu ne vois vraiment pas ?

– Non, par Allah ! Je ne vois pas. J'ai beau faire un effort je ne saisis pas.

– Alors je vais être obligé de t'instruire. Voilà : tu es un homme dangereux !

– Moi ! Que me reproche-t-on ?

– Rien pour le moment, admit le policier. N'empêche que tu es sur la liste
noire. On s'est déjà occupé de toi, n'est-il pas vrai ?

– C'est juste. Je ne le nie pas. Mais c'était il y a des années, sous l'ancien
gouvernement.

De nouveau, le policier hocha la tête et prit même un air apitoyé comme si
de pareils arguments étaient moins que stupides. Vraiment, ces révolutionnaires étaient d'une naïveté désarmante.

– Si tu n'aimais pas l'ancien gouvernement, dit-il, il n'y a aucune raison
pour que tu aimes celui d'à présent. Les fortes têtes[5] comme toi, on les
connaît.

L'éclatante justesse de cette sentence stupéfia Karim et le rendit muet pour
un moment. Quoi répondre à cela ? Il n'allait pourtant pas se laisser débor-
der par l'extravagance[6] de ce policier minable[7]. Il fallait tenir jusqu'au bout.
Il protesta de sa bonne foi.

– Quelle erreur, Excellence ! Moi, ne pas aimer le gouvernement ! Mais il faudrait être aveugle pour ne pas l'aimer. Regarde-moi : suis-je aveugle ? Je te dirai franchement que je considère le gouvernement actuel comme mon propre père. Quelle autre preuve puis-je te donner de mon respect pour lui ?

– Au fait, où est-il ton père ?

– Il est mort, répondit Karim. Je suis orphelin.

Soit que l'occasion lui parût inespérée, soit qu'il voulût forcer son rôle de rebelle repenti, Karim se trouva bientôt aux bords des larmes. Plaçant son front entre ses mains, il se mit à marmonner[8], en pleurnichant presque, des bribes de phrases où il était question de sa malchance et des malheurs endurés par lui dès sa plus tendre enfance. L'effort qu'il faisait pour atteindre à ce réalisme de mélodrame, s'il ne convainquit pas entièrement le policier, sembla, pour le moins, l'avoir ébranlé[9]. Il demeurait silencieux, attendant que s'apaisât cette douleur intempestive. Mais Karim lui porta un coup fatal en lui parlant de sa pauvre mère, décédée à la suite d'une maladie étrange (qui ressemblait fort à l'asthme) dont il décrivit les symptômes et les ravages avec la précision d'un médecin patenté[10].

A cette description, une ombre de tristesse voila les yeux du policier ; ses traits prirent une expression désabusée[11] et mélancolique. Il y avait trente ans qu'il pratiquait son métier ; il n'avait plus rien à apprendre sur les vicissitudes de l'existence. Son scepticisme sur les bienfaits de l'ordre, et surtout, son manque total d'ambition, l'avaient maintenu à l'échelon inférieur, dans une profession où le cynisme et la brutalité étaient les seules vertus pour accéder aux grades. De profonds sentiments humanitaires le prédisposaient à la fraternité avec les hommes. Ce jeune homme aurait pu être son fils ; il était touché par sa souffrance, feinte[12] ou réelle.

– De quoi vis-tu ? Tu travailles ?

– Mais certainement, dit Karim. Je suis constructeur.

– Constructeur de quoi ?

– Je construis des cerfs-volants[13].

– Tu te moques de moi.

– Comment oserais-je, Excellence ! Mais c'est la pure vérité. Il n'y a là rien d'extraordinaire. Tu n'as qu'à te rendre compte toi-même. Je vais te montrer quelques spécimens de ma fabrication.

Il se leva vivement et s'approcha du coin de la pièce où étaient rangés des cerfs-volants. Il en prit deux – un dans chaque main – de formes et de couleurs différentes, puis les souleva à bonne hauteur, pour que le policier puisse les admirer à loisir.

– Voilà. Regarde. Tu vois ces cerfs-volants, c'est moi qui les construis. Il n'y en a pas de pareils, même à l'étranger. On m'en commande de toutes les parties du monde. Je vais être bientôt obligé d'engager des aides.

Le policier, qui ne voulait pas encore croire à cette histoire, contemplait les deux cerfs-volants brandis sous ses yeux comme des objets issus d'un rêve. Malgré son désir de rédiger un rapport assez favorable, il voyait bien qu'il ne pourrait jamais y démontrer que la construction des cerfs-volants était un travail honnête. Pourtant, se disait-il, ces cerfs-volants, il y avait sûrement des gens qui les fabriquaient ; ils n'étaient pas un produit de la nature. Mais comment faire admettre à ses supérieurs, qu'un ancien révolutionnaire, un esprit subversif, s'adonnât[14] à cette besogne, sans qu'il soit par là même rendu suspect ?

– Ce n'est pas sérieux, dit-il. Si je mets ça dans mon rapport, c'est moi qui aurait l'air de me moquer des autorités.

– Et pourquoi donc ? Il n'y a là rien de désobligeant[15]. C'est un travail modeste, certes, mais qui procure de la joie à des milliers d'enfants ; les milliers d'enfants qui s'amusent avec ces cerfs-volants. Comment peux-tu me reprocher, Excellence, de m'intéresser à ce qui fait la joie des enfants ? Les enfants, n'est-ce pas, sont les héros de l'avenir. Je reconnais que pour un observateur superficiel, ces cerfs-volants constituent un divertissement puéril. Mais quand on approfondit le problème, on remarque que les enfants qui en font usage, acquièrent dans la pratique de ce sport pacifique, une constitution robuste et une conception saine de la société, qui en feront plus tard des citoyens honorables, respectueux des lois. Bref, comme tu le reconnaîtras aisément, je travaille dans l'intérêt de la nation.

Cette longue tirade[16] fut suivie par le policier avec beaucoup de peine ; ce jeune homme l'étonnait de plus en plus. S'il n'était plus un révolutionnaire, il était du moins fou. Le policier pensait à son rapport ; il entrevoyait des difficultés sans nombre.

– Si je puis me permettre, dit Karim après un silence.

– Je t'en prie.

– As-tu des enfants ?

Voilà qu'il pénétrait dans son intimité, maintenant. Allait-il aussi lui demander si sa femme était jolie !

– Oui, j'ai des enfants. Que Dieu les garde !

– Quel âge ont-ils ?

– L'aîné a treize ans.

– Merveilleuse coïncidence ! Puis-je me permettre alors de leur offrir un de ces cerfs-volants ? Ce sera pour moi un honneur et un plaisir.

Le policier se rebiffa[17], mais d'une manière courtoise, sans ostentation[18].

– Si je ne m'abuse, ceci est une tentative de corruption[19] de fonctionnaire. Je serai contraint de le mentionner dans mon rapport.

– Te corrompre ! s'exclama Karim. Que le ciel m'écrase ! Excellence, tu fais injure à mes sentiments. Crois-moi, j'aime tellement les enfants. Au point que, lorsque j'en vois un, les larmes me viennent aux yeux. Je ne comprends pas comment tu as pu assimiler mon offre à une corruption de fonctionnaire. C'était de ma part un geste instinctif ; mes intentions étaient nobles et pures. Je serais déshonoré si tu rejetais mon humble[20] offrande.

Et, de nouveau, il fit mine de pleurnicher.

L'esprit du policier était soumis à une rude épreuve. Tout ce qui concernait cette enquête se révélait incertain, si éloigné de la paisible routine. Ce jeune homme était-il sincère ? Le policier était près d'en convenir. Jamais l'un de ces révolutionnaires orgueilleux et obstinés, imbus de leur mission de haine et de mort, n'aurait employé un tel langage, ni surtout versé des larmes. Rien qu'à ces signes il était sûr de ne pas se tromper. Mais l'étrange était que cette certitude, il ne savait pourquoi, l'attristait. Qu'adviendrait-il du monde si tous les révolutionnaires se mettaient à se repentir et à s'amender[21] ? Il lui semblait qu'une lumière s'éteignait quelque part.

Karim avait déposé l'un des cerfs-volants sur le tas et tendait toujours l'autre au policier, dans un geste de supplication. Son visage avait pris une expression de souffrance morale épouvantable.

– Tu ne peux pas me faire cet affront !

La nature compatissante du policier le rendait vulnérable[22]. Il se sentait vaguement coupable d'une impolitesse. La moindre civilité eût voulu qu'il ne refusât pas un cadeau offert avec une telle ferveur.

Peut-être la minceur même du cadeau l'incita-t-elle finalement à accepter. Il toussa pour s'éclaircir la voix.

– Soit. Je veux bien. Mais alors je prends le plus petit.

– Je suis ton serviteur, s'empressa Karim. Tu m'as lavé de la honte.

Prenant le policier par le bras, il l'invita à choisir. Le policier, après un instant d'hésitation, porta son choix sur le plus petit cerf-volant qu'il put trouver ; il n'oubliait pas le problème du transport. Il se voyait en train de trimbaler[23] jusqu'à sa maison cet encombrant jouet, et ne cachait pas son embarras.

– Avec mes compliments, dit Karim. J'espère que les enfants s'amuseront bien.

– Je te remercie en leur nom, dit le policier en se dirigeant vers la porte. Je dois maintenant rédiger mon rapport. Tu seras convoqué incessamment.

– Ta visite m'a grandement réconforté, répondit Karim. Je me sentais seul et abandonné. Crois-moi, je t'en suis très reconnaissant.

Il sortit avec le policier sur la terrasse et l'accompagna jusqu'à la porte de l'escalier, en lui faisant maints saluts et courbettes[24]. Pendant quelques minutes encore, il garda son attitude guindée et déférente, puis, d'un seul coup, il éclata d'un rire énorme.

Il ne pouvait pas s'arrêter de rire. Ainsi la corniche était devenue une voie stratégique ! Ah ! les immondes[25] salauds ! Ils possédaient des voies stratégiques, maintenant !

(La Violence et la Dérision, pp. 27 à 35.)

UN HOMME DOUÉ

Khaled Omar, individu illettré[26], avait débuté dans le négoce dans un lieu où habituellement certains commerçants finissent leur carrière : en prison. Il y avait seulement quelques années, ce n'était qu'un va-nu-pieds, perpétuellement affamé, et dormant à même le trottoir ; il vivait de rapines[27] et de mendicité. Mais l'insondable providence lui réservait un avenir glorieux. Pris en flagrant délit[28], au moment où il soutirait son portefeuille à un passant, il fut arrêté et condamné à dix-huit mois de retraite forcée. Cette malheureuse circonstance préluda[29] à son ascension vers la fortune. C'est derrière les barreaux de la prison que sa vocation naquit et prit son essor[30]. Débarrassé de la hantise[31] de se nourrir, sans soucis pour son entretien, son esprit fruste[32], mais éveillé, enregistra une masse de choses qu'il n'avait jamais eu l'occasion d'apprécier. Il regarda autour de lui et fut émerveillé par certains phénomènes économiques qui s'imposaient à une société vivant en vase clos. Le trafic clandestin qui avait cours dans l'enceinte de la prison l'impressionna vivement. Mais il ne put d'abord y participer. Il n'avait rien à vendre et ne pouvait non plus rien acheter. Alors il acheta à crédit et vendit plus cher ce qu'il venait d'acquérir. Cette simple opération le stupéfia. C'était le premier gain de sa vie qu'il faisait sans le moindre effort. En peu de temps, il devint un spéculateur avisé. Il se découvrit un sens inné des lois de l'offre et de la demande. Au bout de six mois, il régnait sur toutes les transactions et réglait à sa guise[33] la question des prix. Il fournissait aux détenus toutes sortes de victuailles[34], des cigarettes, de la drogue, et parfois, même des femmes. Les geôliers[35], gens pratiques, subissaient son emprise sans rechigner[36] ; ils y gagnaient mieux qu'avant. À vrai dire, il était parvenu à faire du trafic de la prison un véritable réseau de l'économie nationale.

À sa sortie, riche de quelque argent et, surtout, de son flair[37] en matière commerciale, il s'était empressé de se vêtir d'un costume, de mettre des chaussures et de se coiffer d'un tarbouche. Puis, ayant loué un bureau, il s'était lancé dans diverses opérations légales – et d'autres qui ne l'étaient qu'à demi – avec une chance constante. À présent, il possédait plusieurs immeubles, de belles terres dans les provinces les plus fertiles, et continuait à faire des affaires en se fatiguant le moins possible. Toute son activité se bornait à des conversations téléphoniques avec des gens qu'il n'avait jamais vus. Malgré sa prospérité, il avait gardé sous des dehors cossus et une élégance tapageuse, ses manières de rustre[38] et son langage populaire. Il n'avait d'affection que pour les vagabonds, ne se plaisait qu'en compagnie de personnages excentriques[39], sans profession, et libres de leur temps. La facilité avec laquelle il avait gagné tout son argent lui avait ouvert les yeux sur l'imposture de ce monde. Il comprenait qu'une pareille chose n'était possible que parmi des fous et des voleurs.

Son bureau était à l'image de son esprit fruste. Situé dans une ruelle du quartier du port, il étonnait par l'absence de toute paperasse, livres de comptes, et autres fadaises[40] de ce genre, destinées à embrouiller les affaires et à leur donner une apparence de sérieux. On n'y voyait qu'une table sur laquelle trônait un appareil téléphonique d'un modèle ancien, deux fauteuils en osier et, dans un coin, contre le mur, quelques caisses de bois recouvertes de poussière.

(La Violence et la Dérision, pp. 37 à 39.)

────────────── *QUESTIONS* ──────────────

1   Peut-on avoir pour seule profession la construction de cerfs-volants ?

2   Quel sentiment éprouvez-vous vis-à-vis du policier qui mène l'enquête et pourquoi ?

3   La situation de la chambre qu'occupe Karim est idéale pour un « tireur d'élite ». Racontez un attentat où l'on s'en servirait.

4   Commentez cette phrase dans *Un homme doué* : « La facilité avec laquelle il avait gagné son argent lui avait ouvert les yeux sur l'imposture de ce monde. »

5   « La prison est souvent l'école du crime. » Montrez en quoi le texte *Un homme doué* justifie ou non cette idée.

1 se rapetisser : devenir plus petit.

2 imperturbable : sans réaction.

3 égayer : rendre gai.

4 un ton de contrition : un ton qui montre le regret ou la douleur d'avoir commis une faute.

5 une forte tête : une personne qui refuse de se soumettre, d'obéir, qui ne fait que ce qu'elle veut.

6 l'extravagance : la bizarrerie, le caractère étonnant et inhabituel.

7 minable : médiocre, pauvre, usé, lamentable, inspirant la pitié.

8 marmonner : parler d'une voix basse, à peine audible, d'une manière peu claire.

9 ébranler quelqu'un : le toucher.

10 patenté : diplômé, ayant l'autorisation d'exercer sa profession.

11 une expression désabusée : qui montre qu'on a perdu ses illusions.

12 feint(e) : simulé, imité, de *feindre :* faire semblant.

13 un cerf-volant :

14 s'adonner à une activité : la pratiquer.

15 désobligeant(e) : blessant, insultant.

16 une tirade : terme péjoratif désignant un développement, un petit discours long et généralement ennuyeux bien que dit avec excitation et violence.

17 se rebiffer : refuser avec un mouvement de recul.

18 sans ostentation : sans démonstrations voyantes.

19 la corruption : acte d'amener quelqu'un à faire ce qu'il ne doit pas faire en lui offrant quelque chose qu'il désire, le *corrompre.*

20 humble : modeste, sans *orgueil.*

21 s'amender : se corriger.

22 vulnérable : fragile, facile à toucher.

23 trimbaler (familier) : porter avec soi, traîner quelque chose de lourd, d'encombrant ou simplement de gênant.

24 une courbette : salutation où on *courbe* le dos, où se plie en baissant la tête et les épaules.

25 immonde : bas, sale, ignoble, dégoûtant.

26 illettré : qui ne sait ni lire ni écrire, analphabète.

27 une rapine : un vol.

28 en flagrant délit : expression juridique signifiant que la faute (délit) était visible et évidente pour tous *(flagrante).*

29 préluder à quelque chose : être le début de quelque chose.

30 prendre son essor : se développer.

31 la hantise de quelque chose : la crainte constante de voir cette chose se produire, le fait de penser toujours à cette chose et d'en avoir peur.

32 fruste : se dit de quelqu'un qui manque de finesse.

33 à sa guise : comme il voulait.

34 des victuailles : des aliments, des vivres.

35 un geôlier : un gardien dans une prison.

36 sans rechigner : sans protester.

37 le flair : l'intuition, la capacité de sentir ce qui va se produire.

38 un rustre : un homme grossier et brutal, sans aucun raffinement.

39 excentrique : original au point de paraître anormal ou bizarre.

40 une fadaise : parole sotte, sans grand intérêt ni signification.

UNE NATURE ARISTOCRATIQUE

Drapé dans une robe de chambre pourpre, Heykal quitta le divan et, pour la deuxième fois au moins, s'approcha de la fenêtre. Bien qu'il fût au comble de l'énervement, il gardait un air impassible et employait pour se mouvoir une démarche altière, qu'on eût pu croire spécialement étudiée pour la fréquentation des palais royaux. Le regard froid et sans passion qu'il jeta dans la rue, indiquait sa résolution de s'abandonner au fatalisme ; depuis un bon moment, il avait renoncé à l'espoir de voir apparaître Siri, son domestique. Celui-ci pouvait revenir demain ou bien dans une semaine ; nul n'aurait su le dire, et Heykal encore moins que quiconque. Au début de l'après-midi, il l'avait envoyé porter son unique costume présentable chez le repasseur du quartier, et, maintenant, à six heures du soir, il n'était pas encore de retour. La disparition de son domestique plongeait Heykal dans un affreux tourment ; il se voyait confiné dans son appartement avec interdiction d'en sortir. Tous ses autres vêtements étaient passablement élimés[1], et il était hors de question que Heykal consentît à se vêtir de frusques[2] sans élégance. Une pareille exigence d'esthétique paraîtrait sans doute puérile[3], si elle n'était la manifestation d'un trait essentiel de son caractère. Car, si le jeune Karim essayait de jouer au grand seigneur avec des putains de rencontre, Heykal, lui, en était indubitablement un ; non par la fortune ou le rang social, mais parce qu'il était doué d'une nature véritablement aristocratique. La façon admirable qu'il avait de s'habiller, de marcher, de parler, n'était pas le résultat d'un entraînement laborieux ; il la possédait de naissance.

Il s'éloigna de la fenêtre sans que son visage trahît la moindre amertume ; la tête haute, comme s'il défiait le destin. Siri ne reviendrait pas de sitôt ; il s'était dilué[4] dans le néant, et le costume de Heykal avec lui. Ce costume d'apparat, vieux déjà de quelques années, et qu'en ce moment Heykal imaginait livré aux aventures les plus salissantes, était l'objet constant de sa sollicitude[5]. Quelles ruses de maniaque[6] il déployait pour sa sauvegarde ! Le soin avec lequel il le protégeait contre le moindre grain de poussière accaparait[7] une partie importante de ses loisirs.

C'était un complet rarissime, confectionné avec une étoffe de provenance étrangère, de couleur sombre et discrète, et coupé avec un art consommé par le plus habile tailleur du pays. Bien que Heykal le portât presque exclusivement, il conservait toujours sa forme primitive, prenant même une certaine beauté avec l'âge. À l'époque de son achat, il avait coûté une somme fabuleuse, mais il valait bien son prix, car il remplissait son rôle à la perfection. Ajouté à sa prestance[8] naturelle, ce costume éblouissant donnait à Heykal un cachet d'authentique opulence[9] ; il passait dans les milieux huppés[10] de la ville pour un jeune homme appartenant au meilleur monde. Mais sans être riche, il n'était pas absolument dénué de ressources ; une maigre rente provenant d'un lopin[11] de terre qu'il avait eu en héritage, suffisait à le faire vivre modestement. Personne ne connaissait le montant de cette rente ; aussi, vu ses manières et l'assurance de son maintien, le prenait-on généralement pour un riche propriétaire foncier[12]. À trente-deux ans, il n'avait encore jamais travaillé, se contentant de sa maigre rente, plutôt que de collaborer, ne fut-ce que d'une façon épisodique, avec ce ramassis[13] de bandits sanguinaires qui peuplaient la planète. Cependant, Heykal n'était pas un oisif[14] ; il était tout le temps occupé à dépister le côté burlesque des actions humaines. Ce monde bouffon lui plaisait. À vrai dire, il aurait été très malheureux de déceler la moindre parcelle de raison dans ce qu'il voyait ou entendait autour de lui. Parfois, en lisant dans le journal une nouvelle à peu près sensée, il devenait malade de dépit. Le spectacle permanent de la folie stupide des hommes faisait ses délices ; il était comme un enfant au cirque, et ne cessait de trouver la vie particulièrement réjouissante.

Il regarda le réveil-matin posé sur une commode. Déjà sept heures ! C'était la fin du délai qu'il avait accordé à son domestique ; maintenant il ne lui restait plus qu'à le vouer aux pires calamités[15]. Mais, même dans l'intimité, la fureur de Heykal ne s'extériorisait jamais ; il continuait d'afficher un calme serein. Seul le sourire sarcastique[16] qui ne quittait jamais ses lèvres, prit une légère apparence de férocité. Il alluma une cigarette, se coucha sur le divan, se releva au bout d'un moment pour retourner à la fenêtre. Rien. Il commençait à s'habituer à cette routine. Il imagina Siri écrasé sous un tramway et ressentit une sorte de bonheur devant l'inéluctable. Le retard de son domestique ne l'empêchait pas seulement de sortir ; il allait compromettre[17] son rendez-vous avec Khaled Omar, cet homme auquel des liens nouveaux et subtils devaient le rattacher désormais. Il lui était fort désagréable de rater ce premier rendez-vous avec le négociant. Depuis que Karim lui avait parlé de celui-ci, en lui relatant les circonstances exceptionnelles qui avaient présidé à leur amitié, Heykal désirait le connaître. Toutefois, il avait toujours retardé la possibilité de cette rencontre, voulant d'abord s'assurer de certains renseignements touchant à la psychologie du personnage. Peut-être aussi prévoyait-il qu'un jour il pourrait avoir recours à son aide, et attendait-il le moment propice[18] pour faire sa connaissance. Quoi qu'il en soit, il était arrivé à la conclusion que Khaled Omar serait certainement un associé valeureux dans une entreprise de dérision conçue et dirigée par lui. D'après les confidences de Karim, il savait le négociant hostile à toute forme de conspiration ayant un but politique. Il haïssait les politiciens, et les considérait plus bas que des chiens ; non pas des chiens vivants, mais des chiens morts et puants. La conspiration à laquelle il le conviait ne pouvait donc que le séduire, étant donné qu'il n'était pas dans son intention de prendre d'assaut le pouvoir, ni de jeter une bombe à la tête du gouverneur.

(La Violence et la Dérision, *pp. 49 à 53.*)

UNE CONVERSATION

Heykal croisa les jambes, laissa errer un instant encore son regard sur la foule des passants, puis se tourna vers Khaled Omar et dit :
– Eh bien, je crois que je n'ai pas besoin de t'apprendre que l'homme qui règne en ce moment sur cette ville a dépassé les bornes de l'horreur et de la bêtise.
– Je le sais. Je sais aussi que toute la clique[19] immonde des directeurs de journaux le soutient et ne cesse de chanter ses louanges.
– Cela n'est pas mauvais. Au contraire. Notre tâche n'en sera que plus facile.
– Pourquoi donc ?
– C'est bien simple, dit Heykal. Nous allons suivre le mouvement. Nous aussi nous allons chanter les louanges de cet odieux[20] gouverneur. Nous allons même le dépasser dans sa propre bêtise.
– J'ai appris par Karim que les journaux avaient cessé de publier vos lettres de lecteurs enthousiastes. En tout cas, c'était une idée magnifique ! Permets-moi de te féliciter.
– Il ne s'agit plus de cela. Nous allons inaugurer une campagne de propagande subversive d'un genre original. Quelque chose qu'aucune police politique n'a encore jamais vue. Pour commencer, j'ai l'intention de faire imprimer des affiches avec un portrait du gouverneur et un texte glorifiant sa personne. Ce texte sera rédigé d'une manière si stupidement louangeuse, que les plus naïfs seront obligés d'en rire. Avec l'aide de nos amis, nous collerons ces affiches sur tous les murs de la ville. Tu saisis la portée d'une telle propagande ?
– Certainement. Toute la ville croira que ces affiches ont été imprimées par les services du gouverneur pour soigner sa publicité.
– Qui pourra en douter ! A-t-on jamais vu des révolutionnaires combattre un gouvernement ou le défier en chantant ses louanges. Autre chose : le gouverneur lui-même s'imaginera que c'est là le fait de quelques-uns de ses partisans bien intentionnés. Il en sera flatté, c'est certain. Il est trop bête pour comprendre tout de suite de quoi il s'agit. Mais même dans le cas où il comprendrait, il lui serait difficile d'entreprendre quoi que ce soit contre nous. Nous pourrons continuer indéfiniment à le flagorner en toute quiétude. Il n'y aura pratiquement aucun risque. Jamais ils n'oseraient nous inculper pour avoir dit du bien du gouverneur. Je suis prêt, d'ailleurs, à dire de lui tout le bien possible, devant n'importe quel tribunal. Mais cela n'arrivera pas.
– Tes paroles comblent mes espérances ! dit Khaled Omar. Par Allah ! Je ne sais pas quoi dire.
– Ce n'est pas tout, reprit Heykal. Ces affiches ne sont qu'un commencement. J'ai d'autres moyens en réserve. Pour tout dire, nous allons rendre le gouverneur célèbre dans tout le pays. Il deviendra à tel point ridicule que le gouvernement sera dans l'obligation de le destituer[21].
Khaled Omar se trémoussait[22] sur sa chaise, de plus en plus subjugué[23] par la perversité[24] diabolique de son compagnon. Cependant il lui semblait découvrir une faille dans le raisonnement de Heykal ; une faille d'une extrême importance. S'acharner à détruire un personnage aussi réjouissant que le gouverneur, n'était-ce pas aller à l'encontre de leur commun désir ? Cette pensée le rendit un moment silencieux.
– Dis-moi : tu tiens vraiment à le voir disparaître ?

– À vrai dire, non. Où trouvera-t-on un homme qui excelle aussi bien dans la bouffonnerie ? Malheureusement nous serons forcés d'en arriver là ! Nous n'avons pas le choix.

– J'ai l'impression dit Khaled Omar, que je vais enfin m'amuser pour de bon.

Une jeune femme à l'allure de déesse, les seins ballotants dans son corsage comme deux navires en haute mer, cinglait dans la direction de la terrasse. Elle passa – fugitive vision de stupre[25] – emportant dans le sillage de sa croupe[26] des passions sans nombre. Les clients d'une table voisine se mirent aussitôt à parler de la belle en vrais connaisseurs ; ils parlaient de sa croupe comme s'ils venaient de découvrir la vérité fondamentale de notre univers. Ils débattirent la question en termes vigoureux et imagés, s'invectivant sans retenue lorsqu'ils n'étaient pas d'accord, poussant leurs critiques jusqu'aux plus intimes détails du corps de l'inconnue.

– Les femmes, dit Heykal. Est-ce qu'elles ne t'amusent pas suffisamment ?

– J'aime les femmes, répondit Khaled Omar. Mais ça n'a rien de comparable aux jouissances que tu proposes à ma délectation[27].

– Tu es marié ?

– Bien entendu. Ne suis-je pas un commerçant respectable ! Mais il faut que je t'explique. Ce n'est pas toujours le même modèle. Je ne suis pas un de ces riches imbéciles qui changent chaque année leur voiture et gardent toujours la même femme. Moi, je change de femme chaque année et je n'ai même pas de voiture.

– J'en suis heureux pour toi, dit Heykal.

– Parfois je m'en débarrasse au bout d'un temps moins long. Les femmes vieillissent plus vite que les voitures, crois-moi.

(La Violence et la Dérision, pp. 74 à 77.)

UNE CLASSE

Urfy sortit un mouchoir de sa poche et épongea son crâne à moitié dénudé par une calvitie[28] précoce[29]. Cette calvitie était l'un des emblèmes de sa dignité professorale ; il ne manquait jamais d'en prendre soin et de l'astiquer[30] comme s'il s'agissait d'un meuble de prix dans une demeure de pauvre. On croyait encore dans le quartier que la perte prématurée[31] des cheveux était l'apanage de la sagesse et du savoir, et Urfy entretenait cette illusion en portant souvent la main à son crâne lorsqu'il était en présence de parents sceptiques qui avaient l'audace de le traiter comme un jeune éphèbe[32] sans avenir. Mais là ne s'arrêtaient pas les marques extérieures de son génie intellectuel. Urfy était aussi très myope. Il portait des lunettes à monture d'acier munies de verres d'une grosseur respectable à travers lesquelles son regard laissait filtrer une sévérité de bon aloi[33]. Un maître d'école chauve et affligé de myopie, c'était plus qu'il n'en fallait pour forcer la confiance d'une population illettrée, imbue[34] de cet axiome[35] suivant lequel un aveugle ne peut faire du mal.

En comparaison du dehors la salle de classe était une oasis de fraîcheur. Urfy aimait cette quiétude de l'après-midi quand les enfants, écrasés par la chaleur, somnolaient, mettant une sourdine à leur turbulence. Il pouvait alors se livrer au plaisir de la réflexion. Après des années passées dans les bureaux poussiéreux d'un quelconque ministère, il avait fini par trouver le métier qui convenait le mieux à sa nature. Sa bonté, la douceur de son caractère, l'avaient toujours porté à préférer la compagnie des enfants à celle des adultes. Au fond, les adultes lui faisaient peur : en chacun d'eux il voyait un assassin en puissance. Urfy avait besoin d'aimer sans arrière-pensée, sans détours, sans chicanes[36], et surtout pouvoir pardonner. Mais comment pardonner à un adulte ? Trop d'égoïsmes, de bêtises, de brutalités, d'ambitions déçues et aigries le séparaient de ses contemporains. L'ambition ! Ils étaient tous tenaillés par l'ambition. Arriver ! Arriver à quoi ? Et quand ils étaient enfin arrivés – au faîte[37] de la gloire ou de l'argent – cela faisait d'eux d'épaisses brutes sanglantes, des monstres répugnants d'arrogance, incapables de ressentir la moindre parcelle d'un sentiment humain.

Ce que Urfy admirait chez les enfants, c'était surtout ce manque total d'ambition. Ils vivaient contents de leur sort quotidien, n'ambitionnant que la simple joie d'être vivants. Mais pour combien de temps encore ? C'était vite passé l'enfance et la merveilleuse futilité[38] de la jeunesse. Cette vérité indéniable emplissait Urfy d'amertume. Ces enfants deviendront plus tard des hommes. Ils suivront la meute des loups, ils sortiront de son amour intransigeant de pureté, pour se perdre dans la foule anonyme des assassins.

L'idée d'ouvrir une école privée lui vint un jour en réaction contre l'instruction officielle qui inculquait déjà aux enfants l'ignominie[39], les ruses et les bassesses d'une société pourrissante. Un tel système d'éducation était un outrage aux rêves puérils et charmants dévolus à l'enfance. Urfy estimait depuis longtemps que s'il avait quelque chose à dire, il le dirait à des enfants ; les adultes n'avaient pas besoin de lui. Aussi ne tarda-t-il pas à mettre son projet à exécution. Avec l'assentiment[40] de sa mère qui, par ailleurs, devait l'aider dans sa tâche, il débarrassa une pièce de leur minable logement en sous-sol, la meubla de quelques bancs et d'un tableau noir, puis, pour donner un certain sérieux à l'affaire, il commanda à un peintre des environs une enseigne majestueuse et l'accrocha au-dessus de la porte de l'immeuble. Plusieurs familles du quartier, alléchées[41] par la proximité de cet antre[42] de la science et, surtout, par le prix modique[43] qu'on exigeait d'eux, y envoyèrent leurs enfants avant que la peinture de l'enseigne ne fût entièrement sèche. Il advint alors quelque chose d'extraordinaire. Contrairement à la légende, les enfants se montrèrent ravis de leur maître, et ils auraient tué père et mère pour aller s'asseoir sur les bancs de cette étrange école. Cela étonna fort leurs parents – braves gens ignares – qui n'avaient jamais soupçonné chez leur progéniture une telle ardeur pour l'instruction.

Ils ignoraient, ces malheureux, que leurs enfants vivaient là dans une ambiance anarchique parfaitement à leur goût, et que Urfy lui-même malgré sa calvitie et ses grosses lunettes à monture d'acier, était un dangereux farceur. Il parlait aux gamins confiés à sa charge un langage en contradiction absolue avec celui des adultes ; il leur inculquait un seul principe : à savoir que tout ce que disaient les grandes personnes était faux et sans importance aucune. C'est ainsi que dans la classe de Urfy se formait une génération d'esprits caustiques[44] devant laquelle aucune autorité ne trouvait grâce. Urfy lui-même se sentait parfois suffoqué d'entendre des paradoxes incroyables dans la bouche d'écoliers à peine sortis de l'enfance.

Le petit Zarta étalait[45] maintenant sans vergogne ses manières grossières, en crachant sur le sol de la classe l'écorce des pépins[46] qu'il avait fini de mâcher. Cette dernière turpitude[47] révolta Urfy, car c'était lui qui faisait le ménage. Il était temps d'intervenir ; il lança d'une voix douce mais ferme :
– Hé, petit ! Va grignoter tes pépins dans la rue.
Zarta avala le pépin qu'il venait d'écraser entre ses dents et fit mine de suivre les évolutions d'une mouche qui volait à hauteur du plafond. Urfy prit la règle qui traînait sur son pupitre et la pointa en direction de l'enfant.
– Hé, Zarta ! C'est à toi que je m'adresse.
Se voyant débusqué[48], Zarta prit un air pleurnichard qui s'alliait mal avec son allure de cochon bien nourri. C'était un mangeur frénétique. À force d'avaler tout ce qui lui tombait sous la main, il avait acquis une robuste corpulence pour son âge. Il se leva pour répondre.
– Dans la rue, maître ! Par cette chaleur ! Ma parole tu veux ma mort !
– Je m'en fous. Allez, décampe !
– Mais j'avais faim, maître ! Je n'ai pas mangé depuis trois jours.
– Qu'Allah te garde, dit Urfy en hochant la tête. Que deviendrons-nous sans tes mensonges ! Malheureusement, tu vas bientôt nous quitter ; te voilà déjà un homme.

Cette insinuation de son maître, parut à Zarta d'une perfidie sans égale. Se trémoussant, les mains plaquées sur son ventre, comme s'il tentait d'apaiser la faim qui le dévorait, il dit d'une voix sanglotante :
– Pourquoi salir ma réputation, maître ! Qu'ai-je fait pour mériter ce sort ?
Les rares écoliers qui copiaient sur leurs cahiers les mots inscrits au tableau noir, cessèrent leur besogne intrépide[49] ; quant aux autres, ils se réveillèrent en bâillant et se mirent à observer leur camarade. Celui-ci, flatté d'être la cible du maître, maugréait[50] pour la forme et continuait d'afficher une expression de famine.
– Je vais te dire pourquoi tu dois nous quitter, expliqua Urfy avec calme. D'abord parce que tu deviens de plus en plus gros, ensuite parce que tu mens comme un homme ayant déjà une riche situation. Cela nous gêne d'avoir quelqu'un de ta condition parmi nous. Tes mensonges ne peuvent rien te rapporter ici. Il est temps que tu en fasses profiter le monde. Et maintenant cesse de grignoter[51] ces pépins. Tu n'as qu'à dormir comme tes camarades.
– Je n'ai pas sommeil, gémit Zarta que la perspective de quitter l'école avait fortement impressionné. Mais je promets de ne plus grignoter de pépins. Tu viens de me couper l'appétit, maître !
– Espérons pour toujours, dit Urfy.
Quelques élèves commencèrent par reprocher à Zarta de les avoir réveillés pour des vétilles, puis lui réclamèrent avec acharnement de partager ses pépins. L'affaire devenait mauvaise. Urfy mit un terme à ce début d'algarade[52] en prononçant la formule magique qu'il employait dans ces cas-là :
– Si vous ne restez pas tranquilles, je vous chasse tous et je ferme l'école !
Comme une sentence[53] de mort, la menace produisit son effet. Instantanément, la classe retomba dans le silence et Urfy put se consacrer à la rédaction de son texte.

(La Violence et la Dérision, *pp. 83 à 88.*)

UNE SURPRISE

C'était un bâtiment en stuc, orné de mosaïques, rappelant par son architecture un opulent tombeau hindou. Heykal entra dans la salle d'un pas rapide et désinvolte, celui d'un joueur voulant sans tarder se mesurer avec le sort. Il fut oppressé[54] par le silence grave, presque angoissant qui l'accueillit. Il arrivait à un moment critique : le croupier[55] venait de lancer la bille dans le plateau de la roulette. Le raclement de la bille, pareil au grignotement d'une souris prisonnière, dominait entièrement la salle. Dans cette ambiance fiévreuse, la chaleur était suffocante ; aucun souffle ne pénétrait par les vastes baies ouvertes sur le panorama de la mer. Heykal lorgna[56] les groupes de joueurs agglutinés[57] autour de la longue table, mais personne ne se retourna sur son passage. Ils étaient tellement absorbés par le jeu que même un séisme[58] n'aurait pu les arracher à la contemplation de la roulette. Le raclement de la bille se faisait toujours entendre lorsqu'il atteignit le fond de la salle où, à côté d'un immense bar, se trouvait un couloir menant aux toilettes. L'endroit était vide. Heykal tendit l'oreille vers le couloir pour s'assurer qu'il n'était pas suivi ; il n'entendit aucun bruit de pas, mais seulement une rumeur sourde qui s'élevait au loin : sans doute la bille qui venait de s'immobiliser, libérant les joueurs de leur angoisse. L'instant lui parut propice pour se mettre à l'ouvrage. Très vite il sortit l'affiche de sa poche, puis, à l'aide d'un tube de colle dont il s'était muni, il la placarda sur le mur juste au-dessus de la rangée d'urinoirs. Le portrait du gouverneur semblait ainsi surveiller les braguettes[59] de tous les clients du casino. C'était franchement hallucinant. Heykal se recula pour admirer son œuvre. Il s'en délectait avec une joie malicieuse quand il perçut un bruit de pas dans le couloir. L'affaire se compliquait. Si quelqu'un le voyait en ce moment, il paraîtrait forcément suspect. Et s'il s'agissait d'une connaissance, il n'échapperait pas à une discussion qui risquait de s'éterniser et par-là même devenir dangereuse. Le commutateur était à portée de sa main ; il le manœuvra et, plongeant les toilettes dans l'obscurité, il se faufila dans le coin derrière le battant de la porte. Les pas, lourds et malhabiles, se rapprochèrent et un homme entra dans les toilettres. Dans la clarté blême provenant du couloir, Heykal vit l'homme – énorme masse trébuchante[60] – se diriger tout droit vers l'urinoir. C'était un homme d'un certain âge, très corpulent et, de prime abord, inconnu de Heykal. Il poussait des grognements indistincts et paraissait fort éméché[61]. Heykal se tenait immobile, retenant son souffle ; il n'osait pas encore bouger, attendant que l'homme fût occupé à uriner pour saisir l'occasion de s'échapper. L'homme maintenant lui tournait le dos, les jambes écartées, sa silhouette massive se découpant sur la faïence blanche ; il ahanait[62] en s'activant à ouvrir les boutons de sa braguette. Il était assez ivre pour ne pas être incommodé par cette bizarre absence de lumière et Heykal s'en félicitait quand, tout à coup, l'homme se mit à marmonner des injures grossières contre la direction du casino. Malgré son ébriété[63], il se propulsa avec une agilité surprenante vers le commutateur ; il y eut un déclic et la lumière revint. Mais avant que Heykal ait pu faire un geste, l'homme avait déjà aperçu le portrait du gouverneur sur le mur. Il eut une seconde de consternation[64], puis il laissa échapper un cri rauque qui s'étouffa dans sa gorge et s'effondra en agitant ses mains au-dessus de sa tête comme s'il appelait à son secours la terre entière. Heykal sursauta, surpris par la soudaineté de l'incident. Lentement il s'approcha de l'homme allongé sur le sol, la braguette béante, toute sa masse énorme reposant dans une immobilité de cadavre. Il était mort. Ses yeux exorbités[65] continuaient à fixer le portrait du gouverneur avec une insistance féroce, et il sembla à Heykal que les deux hommes avaient l'air de se défier.

(La Violence et la Dérision, pp. 127 à 129.)

L'INTERROGATOIRE

– Karim Effendi ! hurla-t-il en désignant du doigt le jeune homme.
Karim se leva et vint se mettre debout devant le policier.
– Salut, Excellence ! dit-il de son ton le plus humble, les yeux baissés, dans l'attitude de la plus parfaite contrition.
L'officier parut un peu interloqué[66] ; il regarda attentivement Karim comme s'il s'était trompé sur son identité.
– Il me semble que je rêve ! dit-il. Tu n'avais pas cet air-là dans le temps. Qu'est-ce qu'il t'arrive ?
Karim garda les yeux baissés et ne dit rien. Il avait conscience que de sa première réponse dépendrait tout le reste de l'interrogatoire. Il cherchait ses mots quand Hatim reprit :
– Assieds-toi. Tu ne sais pas à quel point je suis content de te voir.
Karim s'assit sur la chaise que l'espion venait de quitter et leva vers l'officier un regard d'une indéniable sincérité.
– J'ai compris que j'étais dans l'erreur, Excellence ! Est-ce que la police ne peut pas m'oublier ?
– T'oublier ! s'exclama Hatim. Mais tu as laissé des souvenirs inoubliables ! Tu étais prêt à tout démolir. Tu m'avais promis de me faire pendre une fois que tes amis seraient au pouvoir. Ce sont tes propres paroles ou est-ce que je me trompe ?
– Ce sont des bêtises, dit Karim. Je rigolais, Excellence ! Comment pouvais-tu croire que je parlais sérieusement ?
– Qu'est-ce que tu racontes ! Me prends-tu pour un imbécile ?
– Que Dieu m'en garde, Excellence ! J'ai pu dire ces choses dans un moment d'égarement. Et puis, la conjecture[67] n'était pas la même. Tu oublies, Excellence, que c'était sous l'ancien régime.
– La belle affaire ! Es-tu un révolutionnaire, oui ou non ? Peux-tu m'expliquer en quoi le nouveau régime te plaît plus que les autres ?
– C'est difficile à expliquer, avoua Karim d'un ton piteux. Mais ça se sent, il n'y a pas de doute. Un bon régime, ça change même l'amosphère. Par

exemple, tout à l'heure, en marchant dans la rue, il me semblait qu'il faisait moins chaud que dans le temps.
– Ah ! il fait moins chaud ! C'est tous les bienfaits que tu trouves au nouveau régime ?
– Le nouveau régime a sans doute promulgué d'autres bienfaits, mais peut-être n'en suis-je pas digne, Excellence.
Ça c'était parlé ; Karim en était presque fier de sa trouvaille. Cependant l'officier s'était assombri ; l'humilité dont faisait montre le jeune homme le déroutait. Est-ce que par hasard il ironisait ? Improbable. Il connaissait très bien la mentalité de Karim, rien ne le destinait à s'embarquer dans des considérations aussi triviales. Alors quoi ? Il y avait là un mystère contre lequel il butait[68] depuis un moment, et qu'il eût aimé élucider[69] avant d'aller plus loin.

Hatim s'était attendu à un combat avec un adversaire rétif, et il retrouvait devant lui une larve[70]. Malgré son rôle de policier, il avait eu l'occasion, à une certaine époque, d'admirer le courage, l'indomptable esprit révolution-naire qui animait le jeune homme. Et il avait été heureux de se mesurer de nouveau avec lui. Il apprenait un tas de choses sur ces révolutionnaires ; des choses très bonnes pour son avancement. En haut lieu, Hatim passait pour avoir étudié tous les traités relatifs à l'action subversive ; on le prenait pour un officier éminemment cultivé, capable de tenir tête aux funestes théories de tous ces jeunes fous qui voulaient renverser le pouvoir. En vérité, toutes ses connaissances en la matière se résumaient aux bribes arrachées à l'interrogatoire de quelques prévenus politiques. Aussi en voulait-il à Karim de son attitude grotesque. Ce fils de putain ne l'avait éclairé sur rien de positif dont il pût faire étalage devant ses supérieurs. Qu'il faisait moins chaud que sous les autres régimes ? Ils se moqueraient de lui, bien sûr.

La colère bouillonnait en lui, mais il se contint. Il fixa le jeune homme avec l'anxiété d'un médecin aliéniste[71] cherchant à déceler chez un malade le moindre éveil de lucidité. Mais Karim n'eut aucune réaction ; il gardait toujours la pose ; humble, tragiquement pitoyable. Les yeux de Hatim s'écar-quillèrent ; il était au comble de la déception. C'est avec un réel déplaisir qu'il se voyait contraint d'admettre le repentir du jeune homme. Cependant rien encore ne l'obligeait à y croire. Sinon ça serait trop facile. Un révolu-tionnaire ça ne change pas ; du moins pas de cette façon ; c'était de la même nature qu'un policier. Les régimes politiques n'avaient rien à voir là-dedans.
(...)
– D'après le rapport de l'agent qui t'a rendu visite, il paraît que tu travailles. Tu fabriques des cerfs-volants. C'est bien ça ?
– C'est dur de gagner sa vie, Excellence. Je fais ce que je peux.
– Eh bien, parle-moi un peu de ces cerfs-volants. Comment sont-ils ?
Le regard soupçonneux de Hatim – ajouté à sa question stupide – atteignait au sublime d'un mauvais mélodrame. Karim n'avait pas prévu cela. Est-ce que l'officier le suspectait d'user de ces cerfs-volants pour photographier des objectifs militaires ? Pourquoi pas ? Tout était possible dans le domaine de la fantaisie policière.
– Ce sont de petits cerfs-volants, Excellence. Complètement inoffensifs. Qu'est-ce que tu croyais !
– Ne t'inquiète pas de ce que je crois. Mais dis-moi plutôt à quoi ils servent.
– Ils servent à amuser les enfants, rien de plus.
Hatim ne sembla pas convaincu, et Karim souffrit de ne pouvoir exhaler le rire énorme qui l'étouffait. L'officier continuait à le considérer avec mé-

fiance ; il ne croyait pas à la simplicité de son histoire. Il avait la certitude que ces cerfs-volants servaient à quelques trafics mystérieux, mais il hésitait à se lancer sur ce terrain mouvant, plein d'embûches[72], au risque d'y perdre son prestige. Il fit un geste de la main comme pour chasser une mouche ; c'était sa manière de régler les cas épineux[73].

– Laissons cela pour l'instant, dit-il. Et dis-moi ce que tu penses de la situation en général. Parle franchement.

– Je pense que tout va bien, Excellence. Vraiment je ne vois rien qui aille mal. Mon impression est que le peuple jubile[74] ; il offre l'image d'un bonheur parfait.

– Eh bien, laisse-moi te dire que tu es trop optimiste. Il y a encore des salopards, des aigris qui continuent à s'agiter. Il paraît qu'ils ne sont pas contents du nouveau régime non plus. Qu'est-ce qu'il faut donc faire pour leur plaire, je te le demande !

– Je ne sais pas, Excellence. Je ne m'occupe plus de politique. Je vais bientôt me marier.

Ces derniers mots firent sur Hatim l'effet d'une catastrophe.

– Tu vas te marier ? demanda-t-il le visage révulsé par le dégoût.

– Oui, Excellence, répondit Karim avec la voix d'un homme qui va se suicider.

Hatim referma son dossier d'un coup sec. Par ce geste il semblait avoir banni le jeune homme de son univers. Il dit, le regard déjà lointain :

– Eh bien, pour le moment, tu peux rester où tu es. Mais attention, à la moindre incartade[76], je te fais déguerpir[76] de ton logement.

(La Violence et la Dérision, pp. 157 à 162.)

─────────── *POUR MIEUX COMPRENDRE* ───────────

[1] **élimé** : usé par le frottement.

[2] **les frusques** : mot familier pour vêtements.

[3] **puérile** : enfantine.

[4] **se diluer** : se dissoudre, disparaître comme certains corps solides disparaissent dans l'eau.

[5] **la sollicitude** : ses soins, son attention.

[6] **un maniaque** : quelqu'un qui ne s'intéresse qu'à sa *manie,* qu'à ce qu'il n'arrête pas de répéter.

[7] **accaparer** : occuper.

[8] **la prestance** : l'aspect imposant, impressionnant, beau.

[9] **l'opulence** : la richesse.

[10] **huppé** (familier) : haut placé, de haut rang et riche.

[11] **un lopin** : une parcelle, un morceau.

[12] **foncier** : lié à la terre possédée.

[13] **un ramassis de** : mot péjoratif pour un ensemble de, de *ramasser* avec le sous-entendu n'importe où et n'importe comment.

[14] **un oisif** : quelqu'un qui n'a aucune occupation, aucun travail, qui n'a rien à faire.

[15] **une calamité** : une catastrophe.

[16] **sarcastique** : moqueur.

17 compromettre : faire échouer, faire rater, faire manquer.

18 propice : favorable.

19 la clique : la bande.

20 odieux : détestable.

21 destituer : (un roi, un président, un gouverneur) mettre fin à ses fonctions.

22 se trémousser : s'agiter avec de petits mouvements vifs, rapides et irréguliers.

23 être subjugué par quelqu'un : être dominé par l'admiration qu'on lui porte, la fascination qu'il nous inspire.

24 la perversité : *all. :* Verderbtheit, Entartung – *ang. :* perversity – *esp. :* perversidad – *ital. :* perversità.

25 le stupre : mot littéraire désignant le dérèglement sexuel, la débauche.

26 une croupe : la partie postérieure d'un animal.

27 une délectation : un très vif plaisir.

28 une calvitie : un crâne sans cheveux, une tête *chauve.*

29 précoce : venu plus tôt, plus vite que ce qui est habituel.

30 astiquer quelque chose : le faire briller.

31 prématuré : précoce.

32 un éphèbe : un adolescent, quelqu'un qui a entre 11 et 16 ans.

33 de bon aloi : convenable, respectable.

34 imbu(e) : convaincu (avec un sens péjoratif).

35 un axiome : une proposition, une idée qui est admise sans avoir jamais été démontrée.

36 une chicane : à l'origine, problème provoqué au cours d'un procès pour l'embrouiller. Maintenant, des complications inutiles.

37 au faîte : au sommet.

38 la futilité : l'insignifiance, la légèreté.

39 l'ignominie : ce qui déshonore.

40 un assentiment : un accord.

41 alléché : attiré.

42 un antre : une caverne, un foyer, un lieu un peu secret, mystérieux.

43 un prix modique : raisonnable, faible.

44 un esprit caustique : qui n'hésite pas à critiquer fortement, librement et efficacement ce qui ne lui plaît pas.

45 étaler : exposer. Ici avec le sens supplémentaire de le faire sans aucune gêne ni honte.

46 un pépin :

47 une turpitude : bassesse, action honteuse.

48 débusqué : découvert.

49 intrépide : courageux.

50 maugréer : dire sur un ton de protestation mais d'une façon peu claire.

51 grignoter : manger petit à petit, en rongeant du bout des dents.

52 une algarade : une discussion vive et brève où deux personnes sont sur le point de se battre. À l'origine ce mot, venu de l'espagnol qui l'a pris à l'arabe, désignait une expédition militaire rapide et violente.

53 une sentence : une décision du tribunal.

54 être oppressé : avoir du mal à respirer, sentir qu'on a un poids sur la poitrine.

55 le croupier : l'homme qui, au jeu de la roulette, dirige le jeu.

56 lorgner quelqu'un : le regarder de côté avec insistance.

57 agglutinés : serrés les uns contre les autres.

58 un séisme : un tremblement de terre.

59 une braguette : ouverture des pantalons masculins permettant d'uriner (faire pipi).

60 **trébuchant :** ayant une démarche mal assurée, comme sur le point de tomber à chaque pas.

61 **éméché :** saoul, qui a bu beaucoup d'alcool.

62 **ahaner :** respirer bruyamment en fournissant un effort.

63 **l'ébriété :** état d'une personne saoule.

64 **la consternation :** état de profonde tristesse.

65 **exorbité :** sortant des *orbites* (cavités des yeux).

66 **interloqué :** surpris, étonné.

67 **la conjecture :** la situation. On dirait d'ailleurs plutôt la *conjoncture.*

68 **buter contre quelque chose :** se heurter à cette chose.

69 **élucider :** expliquer, comprendre.

70 **une larve :** forme des insectes avant leur état adulte. Ici quelqu'un de mou, sans défense, ni volonté.

71 **un médecin aliéniste :** qui soigne les fous.

72 **une embûche :** un piège.

73 **un cas épineux :** difficile à résoudre, qui a des *épines.*

74 **jubiler :** être très heureux.

75 **une incartade :** un écart de conduite, un comportement condamnable.

76 **déguerpir :** quitter rapidement un endroit.

QUESTIONS

1   Faites, d'après les textes et votre imagination, le portrait physique des personnages du roman autres que Karim, Heykal, Khaled Omar et Urfy.

2   Pourquoi Heykal méprise-t-il les hommes politiques ?

3   Pourquoi Karim déteste-t-il les révolutionnaires ?

4   Lequel des personnages vous semble être le plus proche de l'auteur et pourquoi ?

5   « À 32 ans il n'avait jamais encore travaillé... » Est-ce une chance ou un handicap ? Argumentez votre opinion.

6   Faites le bilan de la présence féminine dans les textes et dites ce que vous en pensez.

7   Que pensez-vous des principes pédagogiques de Urfy ?

8   L'affiche placée par Heykal dans les urinoirs a été efficace. Que pensez-vous de cette idée ? Comparez-la avec celle du mannequin.

9   Qu'est-ce qui empêche le policier dans L'enquête de deviner la vérité sur Karim ?

DEUX FAÇONS DE VOIR

– Tu ferais mieux de ne pas compter sur moi, dit Karim qui commençait à ramener le cerf-volant en tirant sur la ficelle et en l'enroulant autour de son poignet. Je n'accepterai jamais de marcher dans ta combine.
– Ce n'est pas ma combine ! s'écria Taher furieux. C'est la cause du peuple qui est en jeu ! Alors tu n'aimes plus le peuple ?
– Je n'aime pas ma propre mère, répliqua Karim agacé. Pourquoi veux-tu que j'aime le peuple ?
– Tu parles comme un salaud ! Avoue que tu as peur.
– Certainement que j'ai peur. Qu'est-ce que tu crois ? J'aime la vie, moi !
– C'est ça que tu appelles la vie ? fit Taher en désignant du doigt le cerf-volant.
– Ça peut te sembler bizarre, dit Karim en souriant. Mais pour moi, faire voler un cerf-volant suffit à me rendre heureux. Ton gouverneur ne m'intéresse que dans la mesure où sa bouffonnerie m'amuse. Que m'importe sa mort, j'ai horreur des pleureuses.

(...)

Le cerf-volant arrivait sur eux, comme un énorme oiseau blessé, resplendissant dans le soleil. Karim le fit atterrir avec souplesse, puis courut le ramasser et le déposa dans un coin de la terrasse.
Pendant ce temps, Taher se croyait la proie d'un mirage habilement conçu pour le séduire et réduire à néant son énergie vengeresse. Il contemplait, muet de surprise et de colère, la fille debout dans l'encadrement de la porte donnant sur la chambre de Karim. C'était Amar, la petite prostituée, qui venait rejoindre son amant et, qui, voyant un étranger sur la terrasse, se tenait sur la réserve, aussi étonnée que lui-même. Elle avait pris un bain et son apparence était fraîche et pimpante[1]. Son jeune corps transparaissait sous le fin tissu de sa robe, la rendant étrangement désirable. Taher détourna les yeux avec dégoût, comme si cette apparition représentait pour lui l'image même de la débauche et du stupre.
– Tu vis avec une femme maintenant ! fulmina-t-il à l'adresse de son camarade.
– C'est ma maîtresse, dit Karim. Viens que je te la présente.
– Je n'y tiens pas. Mais alors, elle a dû entendre notre conversation !
– Ne t'en fais pas. Elle n'ira pas te dénoncer. C'est une victime du gouverneur. Ses sbires[2] l'empêchent de racoler[3].
– Je m'en fous d'une pareille victime, dit Taher. Elle n'offre aucun intérêt. Ce n'est qu'un déchet[4] du sytème social qui nous oppresse.
– Comment ! rugit Karim. Tu considères ça comme un déchet ! Mais elle a les plus beaux seins du monde ! Je me contenterais volontiers de ces sortes de déchets.
Un instant plus tôt, Taher conservait encore un faible espoir de convaincre Karim, mais après avoir vu cette fille il avait compris qu'il était vain d'attendre quelque chose d'un homme vivant dans le concubinage[5] et la luxure[6]. Karim se trouvait sous l'influence charnelle de cette fille ; il était devenu l'esclave de son sexe, une épave[7] surnageant dans le cloaque[8] du régime. Il ne pouvait même pas servir de paillasson[9] à la révolution.

(...)

La jeune Amar traversa la terrasse et s'approcha de son amant.
– Qu'est-ce qu'il avait ce type ? Il m'a fait peur.
– C'est un fabricant de bombes, répondit Karim.

– Des bombes ! s'étonna la fille. Quel jour noir !

– Au contraire, c'est un jour merveilleux !

Il la prit par l'épaule et, tout en la serrant contre lui, il la ramena dans la chambre. Cette histoire d'attentat lui avait donné l'envie de faire l'amour.

*

* *

Ce fut le lendemain, vers midi, en ouvrant le journal que venait de lui apporter son domestique, que Heykal apprit la nouvelle de l'assassinat du gouverneur.

Il y avait sur la première page du journal un cliché représentant la voiture du gouverneur déchiquetée par l'explosion de la bombe, et une photo de Taher, le visage tuméfié[10] et sanglant, ses poings enserrés dans les menottes[11] tendus devant lui dans un geste de suprême dignité. Les détails de l'attentat remplissaient plusieurs pages, mais Heykal n'alla pas plus loin. Il froissa le journal et le jeta par terre. Il était mortifié[12] par l'horreur de cette violence gratuite. Le gouverneur avait pratiquement disparu de la scène, et Taher venait d'en faire un martyr. D'un bourreau il avait fait une victime, un exemple glorieux de civisme et de sacrifice pour les générations futures, perpétuant ainsi l'éternelle imposture.

(La Violence et la Dérision *de la p. 234 à la fin. Éd. Jean-Cyrille Godefroy, 1981.*)

POUR MIEUX COMPRENDRE
---

1 pimpante : fraîche et élégante.

2 un sbire : un homme de main, celui qui doit exécuter les ordres, agent pour les actions malhonnêtes et violentes.

3 racoler : action d'une prostituée pour attirer un client sur la voie publique, dans la rue.

4 un déchet : un reste sans valeur. Le mot évoque aussi la saleté.

5 le concubinage : l'état d'un homme et d'une femme vivant sous le même toit sans être mariés tout en ayant des rapports sexuels.

6 la luxure : la recherche et la pratique systématique des plaisirs sexuels avec n'importe qui.

7 une épave : ce qui reste d'un bateau qui a coulé ou s'est échoué sur un rocher.

8 un cloaque : lieu destiné à recevoir des déchets, des immondices, le contenu des poubelles, toutes sortes de saletés.

9 un paillasson : sorte de natte épaisse servant à s'essuyer les pieds.

10 tuméfié : gonflé, enflé par endroits à la suite de coups, brûlures, inflammations.

11 des menottes :

12 mortifié : révolté et attristé.

QUESTIONS
---

1   Quelles sont les deux façons de voir le rapport d'un révolutionnaire à un pouvoir injuste telles qu'elles apparaissent au cours de la rencontre entre Karim et Taher ? Essayez de définir chacune d'elles et de la commenter en quelques lignes.

2   Karim signifie en arabe « généreux » tandis que Taher signifie « pur », « sans tache », « honnête ». Quel rapport y a-t-il selon vous entre le nom des personnages et leur conduite dans le roman ?

3   Peut-on qualifier un être humain de « déchet du système social » ?

4   « Taher venait de faire du gouverneur un martyr. » Expliquez cette phrase et cherchez dans l'histoire ancienne ou récente des situations comparables.

5   Pensez-vous qu'il y ait des cas où la violence est nécessaire ou qu'il faut toujours éviter la violence ?

L'AUTEUR ——————————————— CLAUDE FESSAGUET

Claude Fessaguet « n'aime pas les notices biographiques ». Bien qu'elle ait beaucoup écrit vous n'en trouverez d'ailleurs dans aucun manuel ou dictionnaire de littérature. Son éditeur – Gallimard – n'a rien voulu nous révéler. Quant à elle, voici ce qu'elle nous a répondu :

« Je n'aime pas les notices biographiques. Elles parlent de tout sauf de la vie. Je suis évidemment née quelque part, à une date et même à une heure précises. J'ai grandi (a-t-on le choix ?), j'ai fait quelques études, travaillé par hasard et par nécessité. Mais le plus remarquable de ma vie est l'extraordinaire aptitude que j'ai toujours eue à perdre du temps. Je fais quelque chose, je me retourne et des semaines, des mois, peut-être des années ont passé. Je suis une sorte d'expert en glandouillage[1] et cependant pas du tout un maître en l'art de la paresse.
Je mets du temps pour tout. Je traîne, je glande[1].
Mais est-ce bien une vie ?
En tout cas c'est un mode de vie, c'est ça, un mode de vie. »

[1]glander : en français populaire, ne rien faire ou ne pas avoir de but précis dans ce que l'on fait. Glandouillage est le nom tiré de glandouiller, synonyme avec un degré plus grand de familiarité affectueuse, de glander.

L'ŒUVRE CHOISIE

L'héritier c'est à la fois le personnage principal du livre et celui qui en raconte les événements, le narrateur. Il hérite de choses très différentes : la maison de ses grands-parents paternels mais aussi le passé de ses parents et surtout le très lourd silence de sa mère sur ce qu'ont été ses relations avec sa propre famille comme avec celle de son mari décédé.

Le vrai héros du livre c'est Boy. Un ami libre et plein d'imagination qui séduit tout le monde à l'exception de la jeune femme dont l'héritier tombera amoureux et qu'il ne saura pas aimer.

Entre les lieux de l'enfance, les espaces profondément marqués par les familles qui les ont occupés, l'ami qui le relie aux possibilités infinies du monde extérieur et les volontés profondément contradictoires de la mère – la femme dont tout homme hérite – et de la compagne, l'héritier raconte sur un ton d'une grande justesse ce que peuvent être la mémoire, les désirs et les impuissances d'un garçon peut-être un petit peu trop « protégé ».

Ce récit de jeune homme écrit par une femme ne cache rien sans jamais blesser le principal fondement de la liberté et de la dignité humaine : la pudeur. Le génie c'est aussi cela.

À l'aéroport où je l'avais accompagné nous avons à peine parlé. J'ai, depuis, toujours détesté ces lieux de séparation que le mouvement et la rumeur de la foule rendent inhumains. Lorsque Boy, de l'autre côté de la barrière, m'a fait un dernier geste de la main, je me suis appuyé contre ma mère et j'ai fermé les yeux.

Nous sommes rentrés en taxi. Le soir, maman m'a demandé ce qui me ferait plaisir. Je me suis levé si brusquement que j'ai renversé ma chaise.
– Je veux Boy ! Je veux Boy ! Je veux Boy !
C'est ce jour-là sans doute que, pour la première fois, j'ai mesuré à quel point ma mère souffrait de mes souffrances mais sans pouvoir les partager.
– Relève ta chaise, Clément.
Ensuite, elle a préparé le repas. Ses mains tremblaient et à plusieurs reprises elle s'est assise sans rien faire, sans me regarder non plus. Après dîner je me suis installé près d'elle sur le canapé et j'ai fini par m'assoupir, la tête sur ses genoux.

La première lettre de Boy, pleine à la fois de colère et de douceur m'a beaucoup apaisé[1]. « Dans l'avion, me disait Boy, j'ai pensé à toi tout le temps pour être sûr de ne pas oublier ton visage, même un peu. Mes parents sont des cochons et je ne leur pardonnerai jamais de m'avoir séparé de toi. Ne me parle plus d'eux, sauf si tu y es vraiment obligé. Je partage ma chambre avec un petit gros (le genre Reboul en moins sournois[2]) qui est tout le temps en train de pleurnicher après sa mère, alors je lui ai dit que la mienne était morte. À part ça, la vie ici est agréable. La discipline est plutôt dure mais j'ai décidé de devenir très dur moi-même, alors ça ira. Raconte-moi bien tout ce que tu fais et n'oublie pas que je suis ton seul ami. »
– À quoi penses-tu ? m'a demandé Boy qui était assis sur la dernière marche de l'escalier du Sacré-Cœur.
– Je pensais à toi, à ce que tu m'écrivais dans toutes tes lettres : surtout, Clément, dis-moi bien tout ce que tu fais...
– C'est vrai, j'écrivais ça ?
– Tu sais bien que c'est vrai.
– Eh bien cette fois, tu ne m'as rien raconté.
– Alors tu m'en veux de ne pas t'avoir parlé de Julie tout de suite ?
– Non, je te jure que non. Ça me fait drôle, c'est tout.
Il avait ramassé une poignée de petits cailloux qu'il jetait un à un devant lui, sans rien viser en particulier.
– Est-ce que tu as déjà aimé quelqu'un, Boy ?
Il a jeté tous ses cailloux à la fois et s'est levé. Son visage avait une curieuse expression de tristesse et d'amusement.
– Oui. Tu ne le savais pas ?

(L'Héritier, pp. 43 à 45.)

DES MOTS COMME DES DIAMANTS

Enfant, j'imaginais le bonheur comme une grande pièce ensoleillée dont le silence ne serait troublé que par un bruit feutré de pas, le tintement ténu[3] d'une petite cuillère reposée sur sa soucoupe. Cette vision tentait Boy mais l'agaçait aussi.
– On ne peut pas attendre le bonheur le cul dans un fauteuil, disait-il avec emportement[4].
Souvent, Boy me retournait les sentiments confus que j'avais exprimés comme des affirmations dont je devais répondre. Il s'impatientait quand je n'y parvenais pas. Il voulait pour tout une définition qu'il resserrait[5], affinait sans cesse pour finalement la réduire en miettes. Il m'entraînait dans un univers de mots dont il faisait jouer toutes les facettes[6] et qu'il manipulait comme un magicien des objets. De tous, le bonheur était sans doute son objet le plus rare et le plus beau. Il m'en a fait entendre bien des sonorités et aujourd'hui encore je peux en percevoir les résonances.
Comme il aimait beaucoup les contes, il m'en lisait quelquefois, s'attachant particulièrement aux passages où l'on voyait sortir, de la bouche des gens, des diamants et des fleurs.
Ce ne sont pas vraiment des diamants et des fleurs, commentait Boy, ce sont des mots. Tu sais, Clément, c'est vrai, il y a des gens qui ont des mots comme des diamants.
Je le croyais. Pour moi, Boy était de ceux-là.

(L'Héritier, pp. 45-46.)

SE LEVER TÔT

Boy aime se lever tôt. Ce goût lui vient de son premier séjour en Angleterre. Il prétend qu'au Collège, tout le monde était debout à cinq heures et se lavait à l'eau froide. Je le soupçonne d'avoir emprunté cette histoire à ses lectures ou de l'avoir inventée pour m'impressionner. Elle m'impressionnait lorsque j'étais enfant, moi qui m'émergeais si difficilement du sommeil et qu'un bain chaud laissait grelottant[7] et misérable. Quand nous étions en vacances ensemble j'énervais Boy tous les matins.
– Je ne sais pas comment tu fais pour dormir comme ça ! disait-il. D'ailleurs tu ne dors pas, tu plonges dans un coma[8]. C'est ça, un coma !
Puis il piaffait près de mon lit, pressé de déjeuner, d'être dehors, de voir le monde. Lui était sorti du sommeil en un instant, immédiatement conscient de tout ce qui l'entourait.
– Et toi, comment tu fais ?
– Moi, je dors à toute vitesse parce que je n'aime pas la nuit. Alors forcément, je me réveille avec le jour, hein, Fred ?
– Je ne sais pas, disait ma mère en riant, tu es toujours debout avant moi.
Boy, c'est vrai, a un sens aigu du temps qui passe et peut, où qu'il se trouve, sans repère particulier, donner l'heure à quelques minutes près. Il est, je crois, assez fier de cette faculté qu'il cultive en se passant de réveil et, le plus souvent, de montre. Il déteste être en retard et s'irrite[10] facilement que les autres le soient. Quand il était enfant, il ne supportait pas de devoir attendre. Maintenant encore, quand je m'attarde ou qu'au moment de partir je commence à chercher mes lunettes, je vois à sa soudaine immobilité qu'il réprime son impatience.

(L'Héritier, pp. 50-51.)

... il s'est engagé sur l'autoroute et n'a pas desserré les dents jusqu'au moment où il l'a quittée. Il n'aime pas parler quand il conduit vite mais il aime conduire, je crois. Il est difficile de définir ce qu'une voiture représente pour Boy.

Je sais qu'il en possède une en Angleterre mais, ici, il utilise celle de son père. Dans Paris, il marche et le plus rarement possible prend le métro. Il ne s'intéresse pas aux performances des voitures ni à leur confort. Il s'en sert, c'est tout. Sa manière de conduire est tout aussi déconcertante.

En ville et sur les grands axes, il mène sa voiture comme un cheval rétif[12], avec une précision et un coup d'œil inquiétants. Sur les routes secondaires il roule à faible vitesse et dès qu'il aperçoit un véhicule dans son rétroviseur fait aimablement signe au conducteur de le doubler afin de pouvoir savourer tranquillement son parcours.

– Tu devrais, a dit Boy, t'acheter une voiture pour venir dans ta campagne.
– Il faudrait que je passe mon permis.
– Passe-le. Sérieux et appliqué comme tu l'es, tu l'obtiendras du premier coup.
– Tu crois.
– J'en suis sûr.
– Tu dis toi-même que les routes sont impraticables le week-end.
– Pas les petites routes. Achète-toi une voiture uniquement pour te balader[13] dans ta campagne.
– Peut-être...
– Passe ton permis, Clément. Si tu ne te donnes pas la possibilité de choisir, où est l'intérêt de dire non ?
– Très juste.

Quand nous sommes arrivés à l'entrée du village, Boy s'est arrêté, les bras repliés sur le volant et s'est mis à rire.

– C'est insensé ce village qui te tombe du ciel, non ? Je tourne à gauche ou quoi ?
– Tout droit et tu sors du village. C'est un peu plus loin.
– Seigneur ! s'est écrié Boy en découvrant la maison, dire que j'aurais pu naître paysan et vivre dans un de ces paradis !
– Personne ne t'empêche de t'en offrir un.
– Si, moi. Tu n'imagines pas à quel point je déteste les gens des résidences secondaires. Ils ne sont pas installés depuis un mois qu'ils croient tout savoir sur la région. Il y a quelque chose de vulgaire dans cette appropriation. Heureusement, ils ne sont jamais acceptés par les gens du pays.
– Tu crois ?
– Clément, ne fais pas cette tête ! Toi, ce n'est pas pareil, tu as tes racines ici...

Mes racines. Combien de mots ne prennent leur véritable signification que plus tard et c'est alors trop tard pour comprendre ou même percevoir ce qu'ils avaient éveillé alors. Il ne me reste maintenant que le souvenir imprécis d'une légère irritation, hâtivement[14] refoulée[15] dans les zones d'ombre où se font et souvent se perdent mes cheminements laborieux. Boy a raison. On passe sa vie à se souvenir de moments qu'on a mal ou incomplètement vécus parce qu'on était occupé à se rappeler autre chose.

(L'Héritier, pp. 52-54.)

CLAUDE FESSAGUET

LA MÉMOIRE ET LES JARDINS

Il se méfie de la mémoire qu'il croit un mécanisme pervers[16] qui se déclenche[17], s'enraye[18], éclaire et obscurcit à sa guise. Il m'écrivait autrefois : « Il faut choisir : se souvenir ou vivre. Essaie de vivre. » Je crois que je n'y suis pas parvenu.

J'étais loin de me douter, en faisant visiter à Boy la maison des Marots, que les souvenirs des autres, étiquetés dans des boîtes, fixés sur des photographies, consignés dans des lettres, allaient peser dans ma vie d'un si grand poids. Boy, qui me suivait pas à pas, s'est arrêté devant le portrait de mon père que la lumière, à cette heure, frappait directement.
– C'est mon père.
– Je ne me serais pas trompé, Clément. Tu lui ressembles beaucoup.
– Tu trouves ?
– Tu n'avais pas remarqué ?
– Je ne sais pas. Si... peut-être.
– C'était quel genre de type, ton père ?
– Je ne sais pas.
– Fred a bien dû t'en parler un peu.
– Elle n'aime pas parler des familles.
– Des familles, a répété Boy, des familles ! Et cependant comment peut-on parler d'autre chose ?
– Tu veux voir le jardin derrière ?
– Oui, Clément. Je veux voir le jardin derrière et la grange et tout ce que tu m'as promis.

On ne s'arrête pas assez sur les jardins. Ils en disent quelquefois davantage sur les êtres qui les ont habités que les maisons où se sont ajoutés aux goûts les passages successifs des modes, les fidélités aux souvenirs qui figent les meubles et les objets dans une disposition familière à tous mais vraiment agréable à aucun. L'intérieur d'une maison raconte l'histoire d'une famille, un jardin parle d'un homme et révèle par l'ordre ou le désordre de ses allées, le bruit familier des feuilles des arbres, le mélange des fleurs, ses rêves tenus secrets peut-être de lui-même. J'ai pris, à mon tour, le temps d'écouter, dans la tiédeur des soirs d'été, le bruit frais, si semblable à celui de la pluie, que font les feuilles de peuplier quand le moindre souffle de vent les agite. Le silence des acacias, l'odeur sucrée des lilas, je ne les ai pas découverts tout de suite. Ces choses m'étaient étrangères quand je suis venu avec Boy aux Marots. Dans le jardin des Loubet, à Brest, je n'avais pas la permission de jouer lorsque j'étais enfant. Il était rectiligne[19], prudent, sans rumeur et rendu très sévère par les buis[20]. Un jardinier le surveillait. Lucienne Loubet s'y promenait quelquefois, seule, à pas comptés mais sans aller jusqu'au bout, comme si elle craignait d'y être surprise. Lorsqu'elle m'y emmenait, je devais marcher devant elle en prenant soin de ne pas heurter les bordures. Aux Marots, le désordre du jardin avait une douceur.

(L'Héritier, pp. 54-55.)

– Tu veux du thé ?

– Oui, merci.

Nous sommes installés dans l'herbe pour le boire.

– Il est bien chaud, a dit Boy.

– Bien chaud mais pas bon ?

– Bien chaud, c'est tout.

Ce jeu a commencé lorsque Boy est rentré de sa première année de collège en Angleterre. Ma mère, dans le but sans doute de lui faire plaisir, avait apporté dans ma chambre un plateau chargé de gâteaux et de deux tasses de thé. Boy l'en avait remerciée poliment mais la porte à peine refermée derrière elle, il avait reniflé sa tasse d'un air de dégoût.

– Qu'est-ce que c'est que cette eau chaude ?

– Du thé.

– Du thé, ça ! c'est chaud, c'est tout.

J'étais alors un peu jaloux de toutes les connaissances que Boy avait de ce pays où je n'étais jamais allé. Si ses lettres étaient riches de détails sur son entourage, elles ne trahissaient presque rien de son mode de vie ou n'en laissaient entrevoir que les aspects les plus généraux comme si tout le rituel quotidien devait rester secret. Quand nous nous retrouvions et que sur sa demande je lui racontais comment se passait tel ou tel cours au lycée, il se contentait de laisser tomber un « pas là-bas » assez plat mais lourd de différences. Je l'imaginais dans un milieu scolaire bien plus intéressant que le mien. Je le croyais plus heureux. Je le lui ai écrit beaucoup plus tard et avec peut-être une nuance de reproche. Sa réponse est arrivée sans date ni signature : « Je ne suis pas plus heureux mais il se trouve que l'Angleterre est ma meilleure douleur. Je suis, en tout cas, parfaitement intelligible dans ce pays où le langage est une défense naturelle. »

Une amitié peut survivre plus facilement aux coups du sort qu'à de subtiles différences[21] dans le mode de vie, d'expression et de pensée. La nôtre a tenu comme une corde très tendue dont nous étions à l'écoute de chaque vibration. La tasse de thé nous paraît, je suppose, un symbole tout trouvé pour célébrer cette victoire.

(L'Héritier, pp. 59-60.)

POUR MIEUX COMPRENDRE

1 apaisé : calmé.

2 sournois : qui cache ce qu'il pense, qui n'est pas franc.

3 ténu : fin, faible.

4 avec emportement : avec colère.

5 resserrer, affiner une définition : la rendre plus exacte, plus précise.

6 toutes les facettes : tous les côtés, tous les aspects.

7 grelottant : tremblant de froid.

8 un coma : perte de conscience prolongée suite à un accident ou une maladie grave.

9 piaffer : s'agiter par impatience. Au sens propre c'est le cheval qui piaffe.

10 s'irriter : se mettre en colère.

11 réprimer son impatience : la contrôler, ne pas la laisser paraître.

12 rétif : qui refuse d'avancer, qui est difficile à mener.

13 se balader (familier) : se promener.

14 hâtivement : à la hâte, rapidement, vite.

15 refoulé : repoussé, caché, enfoui.

16 pervers : qui est malfaisant, mauvais, dangereux.

17 se déclencher : démarrer, commencer un mouvement.

18 s'enrayer : se coincer, se bloquer pendant son mouvement.

19 rectiligne : tout en lignes droites.

20 des buis : arbrisseaux dont les feuilles ne tombent pas, qui peuvent vivre des siècles et dont on fait des bordures dans les jardins.

21 de subtiles différences : des différences légères qui n'apparaissent que si l'on s'intéresse aux détails et qu'on fait attention.

QUESTIONS

1 « L'intérieur d'une maison raconte l'histoire d'une famille, un jardin parle d'un homme... » Comment Claude Fessaguet justifie-t-elle ce jugement ? Cela correspond-il à votre expérience personnelle ?

2 « ... ce pays où le langage est une défense naturelle » écrit Boy à propos de l'Angleterre. Comment comprenez-vous ce jugement ?

3 Prendre le thé est dans beaucoup de pays un rite ou un plaisir très importants. Ce n'est pas vraiment le cas en France. Pourquoi pensez-vous que Boy n'aime pas le thé de Fred ? Êtes-vous d'accord avec ce jugement « Une amitié peut survivre plus facilement aux coups du sort qu'à de subtiles différences dans le mode de vie... » ?

4 Boy entraîne Clément « dans un univers de mots », il « aime se lever tôt », il a une manière particulière de conduire. Quelle est l'importance de ces détails ? Qu'est-ce qu'ils ont en commun ?

5 Faites le portrait de Clément.

VENEZIA

À Venise, Boy a voulu visiter toutes les églises. Entêté, infatigable, il me traînait à sa suite dans le dédale[1] des rues de cette ville irréelle pour découvrir tous ses lieux saints. Il y a quatre cents ponts à Venise. Boy voulait aussi les traverser tous. Un soir, épuisé par ces vacances insensées, je m'étais assis au pied de la statue équestre[2] de Bartolomeo Colleoni, située à droite de l'église S. Giovanni e Paolo dans laquelle je refusais d'entrer.

– Tu en as marre des églises, hein ? m'a dit Boy gentiment.

– Vas-y tout seul, je t'attends.

– Mais non, viens, tu ne le regretteras pas.

À gauche en entrant, placés sur un meuble hérissé de pointes[3] prévu à cet effet, près de cent cierges venaient d'être disposés car seulement trois d'entre eux brûlaient déjà. Boy, avec l'aisance d'un servant, les a tous allumés. Leur clarté était si vive qu'elle se projetait jusqu'au retable[4] en bois, de l'autre côté de la nef[5]. Boy a fait ensuite le tour de l'église, continuant d'allumer les cierges sur son passage, sans oublier ceux du chœur et de l'autel devant lequel il s'est incliné. Je suis resté près de la porte, stupéfait et fasciné, m'attendant à tout instant à l'intervention du curé ou de quelque paroissien[6], mais les rares personnes présentes suivaient du regard et sans étonnement le jeune homme sérieux et diligent[7] qui leur donnait cette incroyable fête.

Boy avait alors vingt ans et la magie au bout des doigts. Je suis retourné plusieurs fois à Venise mais jamais à S. Giovanni e Paolo.

(L'Héritier, pp. 63-64.)

J'AI GRANDI DANS LE SILENCE

Nous sommes restés un moment sur le banc, devant la porte. L'air était doux, parfumé de tilleul[8]. Boy avait exploré le grenier avec la lampe torche[9] qu'il avait prise dans la voiture mais il n'avait rien trouvé d'autre que ce qui encombre habituellement les greniers dont on croit qu'ils contiennent des merveilles : quelques chaises cassées, un vieux berceau en osier, deux lampes à pétrole et des sabots. Il avait aussi rangé les provisions dans le cellier[10]. Il pensait qu'il fallait sortir les draps pour les aérer avant de faire les lits. La connaissance que Boy a des choses quotidiennes, son aisance à les ordonner, me donnent un sentiment de bien-être et d'apaisement.

Pendant qu'il préparait le dîner, je suis allé dans les chambres. C'était la première fois que j'ouvrais les armoires, la première fois aussi que je découvrais le linge des autres. Je ne pénètre que très rarement dans la chambre de ma mère et j'ignore ce que contiennent ses meubles. Autrefois, à Brest,

Lucienne Loubet m'emmenait dans la lingerie et sortait d'un placard toujours chaud les draps et les serviettes qui m'étaient destinés puis m'en chargeait les bras, comme une récompense. Je crois que j'aimais ces visites qui revêtaient un caractère furtif[11] et me donnaient l'impression que nous pénétrions au cœur même de cette maison dont toutes les pièces semblaient très privées ou frappées d'interdit.

Dans les armoires, aux Marots, le linge était froid, un peu humide sous les doigts et il s'en dégageait une légère odeur de moisissure[12] et de feuilles séchées. Tout y était rangé avec soin sans perte de place. Sur la commode, dans la chambre de ma grand-mère, il y avait un autre portrait de mon père. C'est dans le premier tiroir de cette commode, que j'ai trouvé toutes les photographies. Derrière chacune, l'écriture de ma mère : Clément, trois ans. Clément, quatre ans. Clément, à l'école, en premier communiant, au lycée, à la mer, en Crète, en Écosse. J'en ai aligné vingt-quatre. Une par an.
– Clément ? Qu'est-ce que tu fabriques ?
Boy a vu. Les vingt-quatre photographies que j'ai retournées une à une et dans l'ordre inverse il les a empilées, sans un mot. Il les a glissées dans le tiroir qu'il a refermé.
– Viens.

Je suis resté avec lui dans la cuisine, devant la cheminée où il avait allumé un feu de bois pour me réchauffer. J'essayais de ne pas penser à ma mère. J'ai essayé toute la soirée d'oublier sa grande écriture rapide, ces photographies dont l'envoi régulier me paraissait plus terrible qu'un silence. Je me sentais dépossédé. Ma notion de famille était restée jusque-là très imprécise. Dans ma petite enfance ma mère était tout mon univers et lors de mes courtes vacances à Brest, je souffrais d'être séparé d'elle. Chez les Loubet je n'étais pas heureux. Les violentes colères de Germain Loubet, la façon hostile qu'il avait de prendre ses repas en silence et de quitter la table avant la fin du dîner créaient une tension qui ne se relâchait pas tout à fait en son absence. Il faisait pourtant preuve à mon égard d'une gentillesse qui n'était pas sans douceur mais s'exerçait avec une telle retenue que je prenais souvent son embarras[13] pour du mécontentement. Le soir et le dimanche après-midi, il restait avec nous dans le grand salon et me regardait feuilleter les très beaux livres qu'il avait sortis pour moi de sa bibliothèque. Parfois, des gens qu'on appelait oncles, tantes ou cousins venaient rendre visite aux Loubet. Après les politesses d'usage auxquelles je me pliais docilement, je retournais à ma lecture et faisais mine[14] de ne rien entendre de leur conversation qui tournait d'abord autour de moi, de ma santé, de mes résultats scolaires, de ma sagesse puis s'engageait ensuite dans des considérations sur leur propre santé et celle de leur entourage. Personne ne demandait de nouvelles de ma mère, sauf René Mainvielle, un gros homme joufflu[15] qui même en plein hiver s'épongeait constamment le front. Ses visites m'intriguaient et m'amusaient aussi malgré le malaise que cet homme m'inspirait. Lucienne Loubet l'appelait mon petit René et le pressait de s'asseoir tandis qu'il s'excusait d'être venu, d'arriver si tard, de déranger. Quand finalement il acceptait de prendre une tasse de café, il assurait qu'il n'allait pas rester, qu'il ne faisait que passer, qu'il ne voulait pas troubler notre soirée. Germain Loubet ne participait pas du tout à ce cérémonial. Il s'arrangeait même quelquefois pour attirer mon attention et souriait quand il me voyait sourire.

– Mais si, mais si, protestait Lucienne Loubet, vous savez bien que vos visites nous font toujours plaisir.

Germain Loubet choisissait ce moment pour toussoter avec ennui. Le gros homme s'agitait dans son fauteuil, regardait autour de lui d'un air un peu égaré, comme s'il ne savait que faire de sa tasse vide et allait être obligé de partir avec. Lucienne Loubet la lui prenait alors des mains et j'espérais toujours que dans la hâte de l'un à s'en débarrasser et dans l'hésitation de l'autre à la prendre, la tasse tomberait par terre et se briserait mais c'était compter sans la longue pratique que ces deux êtres avaient de ce jeu hypocrite. Enfin, le gros homme se levait :
– Louise va bien ?
– Très bien, mon petit René, très bien.
– Vous en avez de bonnes nouvelles ?
– Très bonnes, mon petit René, merci.
– Eh bien... c'est parfait. Vous lui ferez mes amitiés, n'est-ce pas ?
Il ne s'adressait jamais à Germain Loubet qui, à son arrivée comme à son départ, ne répondait aux salutations de René Mainvielle que d'un bref signe de tête.
Je savais que cet homme n'était pas un membre de la famille puisque son nom n'était précédé ni d'oncle ni de cousin mais il n'appartenait pas non plus à la catégorie de visiteurs qui fréquentaient habituellement la maison. Lucienne Loubet ne recevait que des femmes, toujours l'après-midi et en l'absence de son mari, tandis que les hommes qui rendaient visite à Germain Loubet étaient directement introduits dans son bureau. René Mainvielle, lui, venait le dimanche. Germain Loubet qui se tenait très souvent devant la fenêtre, debout, les mains derrière le dos, le voyait arriver.
– Allons bon ! disait-il, voilà encore Mainvielle.
Un jour, d'humeur plus maussade qu'à l'ordinaire, il s'est écrié :
– Il ne peut pas nous foutre la paix, ton petit René ?
– Germain !
– Eh bien quoi ? Tu as entendu ce que j'ai dit ? Et d'abord qu'est-ce qu'il vient faire ici ?
– Il vient prendre des nouvelles de Louise, c'est naturel.
– Non, mais qu'est-ce qu'il faut entendre ! Depuis des années il pose la même question idiote et s'en va comme un péteux[16], tu trouves ça naturel, toi ?
– Il l'aime toujours. Et d'ailleurs, si elle voulait...
– Elle n'a jamais pu supporter ce gros imbécile, ce n'est pas pour l'épouser maintenant !
– Tu préférais l'autre, peut-être ?
– Ça suffit, Lucienne. Cesse de dire des sottises et laisse le petit tranquille.
Il n'avait pas crié mais sa voix était si dure et si dure l'expression de son visage que je me suis caché derrière mon livre. Je ne comprenais pas pourquoi j'étais mis en cause.

– Viens mon garçon, a dit Germain Loubet, nous avons mieux à faire.
Je l'ai suivi, assez effrayé à la pensée de devoir être seul avec lui. Dans l'entrée nous avons croisé René Mainvielle.
– Ah, bonjour, Mainvielle... nous vous laissons en compagnie de ma femme. Ce n'est pas pour vous déplaire, je pense.
L'homme, effaré par cette rupture dans ses habitudes, n'a rien trouvé à répondre. Germain Loubet m'a entraîné dans son bureau dont il a claqué la porte derrière lui. Encore inquiet mais fier de pénétrer là où aucun membre de la famille n'était admis, j'ai regardé autour de moi. Les murs étaient tapissés de livres, le grand bureau près de la fenêtre encombré de papiers. Il n'y avait rien d'austère dans cette pièce.

– Tu vois, c'est mon bureau. Dans sa maison, un homme n'a rien de mieux que son bureau.

J'ai hoché la tête pour lui faire plaisir mais son visage s'est assombri.

– Je te fais peur, Clément ?

– Non, grand-père.

– Mais si, je le vois bien. Il ne faut pas avoir peur, mon garçon, même quand je crie. D'ailleurs, désormais, le dimanche, nous viendrons nous asseoir ici tous les deux.

Il désignait les fauteuils de cuir, disposés en demi-cercle devant la cheminée. Ils étaient si profonds que mon grand-père une fois assis paraissait moins imposant que dans ceux du grand salon.

– Tu disparais complètement là-dedans, a-t-il dit en riant.

C'était la première fois que je le voyais rire. Encouragé, je lui ai demandé qui était l'autre homme à qui avait fait allusion Lucienne Loubet et qui voulait aussi épouser maman.

– Il y en a eu beaucoup d'autres, mon garçon, car ta mère était très jolie.

– Est-ce que c'était mon père ?

Son visage s'est rembruni mais presque aussitôt détendu d'un sourire.

– Oui, c'était ton père et crois-moi, pas un gros imbécile comme celui-là !

Il devait m'aimer beaucoup pour m'avoir fait cette réponse, pour m'avoir aussi proposé ce jour-là de disposer de son bureau en son absence et promis qu'aux vacances prochaines il inviterait des garçons de mon âge pour jouer avec moi. Mais l'année suivante Germain Loubet mourait avec, à son chevet et pour la première fois réunis, sa femme, sa fille et son petit-fils, tous encore figés[17] dans une crainte peut-être sans objet. La mort de mon père ne m'avait laissé aucun souvenir, celle de mon grand-père aucun chagrin. Je n'ai appris la mort de mon grand-père Marot qu'à celle de sa femme, des mois plus tard et parce qu'ils m'avaient laissé un héritage que ma mère ne pouvait accepter à ma place. Elle m'a annoncé la nouvelle un soir, après dîner, d'une voix si tendue que, pour lui éviter des souvenirs qui semblaient lui être pénibles, je n'ai posé aucune question.

J'ai grandi dans le silence, chez ma mère où le nom de mon père n'était jamais prononcé, chez les Loubet où je sentais confusément qu'on ne devait parler ni des morts ni de certains vivants. Lorsque je rentrais de Brest maman s'inquiétait uniquement de savoir si j'avais fait bon voyage comme si, seul, mon retour importait. Lorsque je lui parlais de ce que j'avais fait, des gens que j'avais vus, elle m'écoutait un moment puis son visage se fermait, blessé. J'ai appris à reconnaître cet avertissement. Certains sujets naturellement ne pouvaient être évités. Si ma mère en avait l'initiative, elle attendait la fin du repas puis étendant ses bras, posait ses mains sur les miennes.

– Clément, il faut que nous parlions.

Si au contraire, j'avais quelque chose d'important à lui dire, j'allais me planter devant la fenêtre, les mains croisées derrière le dos, m'agitant d'un pied sur l'autre dans l'espoir qu'elle m'inviterait à la rejoindre sur le canapé, ce qu'elle faisait généralement avec un sourire amusé.

Lorsque la lettre du notaire est arrivée, en mon absence, maman l'a posée sur mon bureau, bien en évidence comme elle le fait des lettres de Boy ou de celles qui me concernent exclusivement. Le lendemain, je lui ai tout de même demandé si elle souhaitait venir avec moi visiter la maison.

Certainement pas et il faut que tu saches que je ne retournerai jamais là-bas. Mais c'est ta maison maintenant, Clément, tu en feras ce que tu voudras.

Quand plus tard je lui ai appris que je ne désirais pas la vendre, elle a répété :
– C'est ta maison, Clément.
Je croyais que nous n'aurions plus jamais à reparler de ce sujet, que ce qu'elle s'était efforcée d'oublier et qui datait de plus de vingt ans n'aurait plus à être évoqué. J'en étais soulagé et content pour elle. Mais il y avait maintenant ces vingt-quatre photographies de moi, envoyées une à une à des gens dont elle m'avait caché l'existence et qui faisaient d'eux non plus ses beaux-parents, mais mes grands-parents.

L'impuissance de Boy à me distraire de mes pensées a fini par l'agacer.
– Clément tu ne m'écoutes pas. Alors parlons de ce qui te tracasse.
– Je croyais que ma mère était fâchée avec eux, qu'elle n'en avait plus de nouvelles, tu comprends ?
– Non, franchement, non. Même si elle était fâchée avec tes grands-parents elle pouvait te parler d'eux, te donner le choix...
– Personne n'était d'accord pour ce mariage. Je ne sais pas ce qui s'est passé. Maman a beaucoup souffert de tout ça... et puis c'était déjà bien assez difficile avec les Loubet.
– Elle ne t'a jamais rien expliqué ?
– Non, je ne crois pas... ou alors quand j'étais petit mais je ne m'en souviens pas. Tout ce que je sais c'est qu'elle ne veut pas remettre les pieds ici, elle me l'a dit.
– C'est son affaire, Clément. Tu ne peux pas lui en vouloir pour ça.
– Mais je ne lui en veux pas ! Seulement, je ne comprends pas pourquoi elle leur envoyait ces photos si elle ne voulait plus entendre parler d'eux.
– Ils voulaient peut-être entendre parler de toi.
– Tu crois ?
– Sans doute.
– Alors ils n'avaient qu'à m'écrire, je serais venu les voir. Maman ne m'a jamais empêché d'aller à Brest.
– Les familles sont plus compliquées que ça, Clément. Elles ont leur manière de s'arracher les enfants.
– Pourquoi dis-tu ça ?
– Probablement parce que je pense à ma mère qui a préféré me savoir seul en Angleterre que chez ma grand-mère. Elle ne tenait pas non plus à ce que j'aille chez sa propre mère qui pourtant aurait bien voulu m'enlever à mon autre grand-mère. Comme elle n'y parvenait pas elle a suggéré l'Angleterre, proposition sur laquelle ma mère a immédiatement sauté... ou dans laquelle elle est tombée, comme tu veux.
– Tu ne m'avais jamais dit ça.
– Non, mais il n'y a pas grand-chose à en dire non plus.

(L'Héritier, *pp. 66 à 75.*)

POUR MIEUX COMPRENDRE

1 un dédale : ensemble compliqué de rues où l'on risque de se perdre.

2 une statue équestre : statue d'un personnage « à cheval ».

3 hérissé de pointes : ayant des pointes dressées, verticales.

4 un retable : peinture ou décoration au-dessus de l'autel dans une église.

5 une nef : un navire. Ici, grande allée centrale d'une église, appelée ainsi parce qu'elle rappelle un grand navire retourné.

6 un paroissien : catholique fidèle d'une paroisse, territoire à la tête duquel se trouve un curé.

7 diligent : appliqué, qui fait les choses avec soin.

8 un tilleul : – un arbre aux fleurs jaunes et odorantes. – une infusion des feuilles de cet arbre qui a la réputation de calmer.

9 une lampe torche :

10 un cellier : pièce située généralement au rez-de-chaussée d'une maison, ayant un sol en terre battue et où on conserve des provisions ou du vin.

11 qui revêtaient un caractère furtif : qui ressemblaient à quelque chose qu'on ferait en cachette, à la dérobée, sans attirer l'attention.

12 la moisissure : une sorte de pourriture, de décomposition due à des champignons microscopiques qui se développent avec l'humidité.

13 l'embarras : la gêne, l'impression qu'on donne de ne plus savoir ce qu'on doit faire, le malaise.

14 faire mine : faire semblant, faire comme si...

15 joufflu : qui a les joues gonflées.

16 un péteux (familier) : un pauvre type.

17 figé : immobilisé, paralysé.

1 « Dans sa maison, un homme n'a rien de mieux que son bureau. » Qu'est-ce que cette phrase de Germain Loubet révèle de son caractère et de la manière de vivre des grands-parents de Clément ?

2 « Les familles ont leur manière de s'arracher les enfants. » Entre qui et qui Clément se trouve-t-il tiraillé ?

3 Quand tous les cierges d'une église sont-ils éclairés ? Que pensez-vous de la conduite de Boy à Venise ?

4 L'odeur des armoires... Cet aspect du passé existe-t-il encore ? Est-il lié à un certain niveau de vie ?

5 Pourquoi Germain Loubet ne supporte-t-il pas René Mainvielle alors que sa femme accepte de le recevoir ?

BOY NE SUPPORTAIT PAS LES BOUDERIES

Boy ne supportait pas les bouderies[1] et s'il ne m'en a pas tout à fait guéri il s'est arrangé pour les rendre impraticables avec lui. Il ne s'est même pas laissé découragé la première fois.

Nous devions passer le week-end ensemble chez ma mère et toute la semaine s'était écoulée dans l'attente de ces deux jours qui revêtaient un caractère d'autant plus exceptionnel que personne n'était jamais invité à passer la nuit à la maison. Maman avait préparé pour Boy une chambre qui devait par la suite rester la sienne et m'avait promis de nous emmener au cinéma, au zoo, partout où nous aurions envie d'aller. Le vendredi matin, Boy m'appris que ses parents étaient rentrés de voyage plus tôt que prévu il ne passerait pas ce week-end avec moi mais avec eux, au Vésinet. Ma déception était immense. Heureux de revoir sa mère, Boy m'a dit d'un ton que j'ai trouvé affreusement léger :
– J'irai chez toi la semaine prochaine, d'accord ?
Accablé, la gorge serrée, je ne répondais pas. Le visage de Boy s'est assombri.
– Ce sera possible, non ? Ta mère comprendra. Clément, tu n'es pas fâché ? Ce n'est pas ma faute. Mes parents m'ont dit qu'ils téléphoneraient à ta mère. Clément, réponds-moi... vraiment, tu es injuste !
Muré[2] dans un silence que je connaissais bien et dont je savais aussi que passé un certain temps il m'était impossible de sortir, j'ai vaguement secoué la tête. Je me sentais lourd et oppressé. Boy continuait à me harceler, malheureux à son tour mais obstiné.
– Ne fais pas la tête. Je te dis que je viendrai la semaine prochaine. Il faut que tu comprennes ! Clément, c'est important, il faut vraiment que tu comprennes.

Il avait enfoncé ses mains dans ses poches et légèrement penché la tête comme s'il se concentrait pour rassembler toute son énergie.
– Clément, écoute-moi... vraiment, tu es injuste ! Je t'aime plus que tout au monde, même plus que mes parents et tu ne veux pas me parler !
C'était son dernier argument, mais tombait avec lui ma dernière défense.
– Je ne suis pas fâché.
Il a passé son bras autour de mon cou et un instant pressé son front contre le mien.
– Petit salaud, tu m'as fait peur.
Sa voix avait une douceur qui m'a donné envie de pleurer. Pendant les cours j'ai senti qu'il m'observait mais je n'ai pas détourné la tête. Il m'a fait ce jour-là passer trois billets. Le premier portait : « J'ai vraiment eu peur », et vraiment, était en lettres capitales fortement appuyées, le second poursuivait la phrase : « mais toi tu ne dois pas avoir peur », le troisième que j'ai toujours dans mon portefeuille, l'achevait d'une écriture plus incertaine : « parce que je t'aime ».

(L'Héritier, pp. 80 à 82.)

JULIE

Ces vacances devaient être les plus heureuses de ma vie. J'aimais Julie. La douceur satinée de sa peau, la façon qu'elle avait de pencher légèrement la tête en me regardant, la fragilité de ses poignets, tout en elle me donnait un bonheur aigu voisin de la douleur. Je ne pouvais me détacher d'elle. Je la suivais d'une pièce à l'autre sans cesser de la toucher, de l'effleurer, si bien que tous nos mouvements même dans les gestes de la vie quotidienne étaient ralentis, rythmés par le désir. La nuit, dans l'obscurité du sommeil nous restions rivés l'un à l'autre[3] et le seul battement de ses paupières lorsqu'elle s'éveillait, suffisait à me ramener à la conscience. Julie ne bougeait pas mais je sentais son corps s'adoucir, mollir soudain et glisser contre le mien. Nous étions sans poids, lents et libres comme en eau profonde. Son désir était le mien, elle prenait de ma bouche les mots et des gémissements et de nos violences confondues naissait une paix émerveillée où subsistait, lointain et sourd, le recommencement du désir. L'instant et le présent étaient si pleins que nous étions uniquement occupés à les vivre. Nous ne faisions pas de projets. Nous n'avions pas d'avenir. Boy devait me dire, plus tard, que nous ne faisions pas de projets parce que nous n'avions plus d'avenir. Dans sa bouche, ces mots avaient la froideur d'une évidence.

Quelque chose en moi a vacillé, comme une flamme qui va s'éteindre. Le visage de Boy avait cette douceur désolée avec laquelle il semble s'excuser auprès des autres et de lui-même, de connaître à son début, la fin de l'histoire.
– Tu te trompes. Nous avons un avenir.
Mais il m'était déjà incertain. Boy ne répondait pas et toutes les preuves que je voulais lui donner devenaient confuses et dérisoires. J'avais prévu ma vie sans imagination et l'imagination allait me manquer pour la sauver. C'est peut-être aux Marots que j'ai commencé à perdre la trace de ce bonheur que je croyais indéfectible[4].
Quand Julie riait, je riais avec elle. Quand Julie voulait quelque chose, la force de sa demande devenait ma conviction. Quand Julie disait non, les raisons de son refus me paraissaient si claires que je m'étonnais même d'avoir posé la question. Julie aimait jouer. J'apprenais à être léger.
– Clément, il fait beau, il fait chaud, je m'engourdis[5]. Propose-moi quelque chose d'extravagant[6].
– Allons nous coucher au soleil.
– Quelque chose de plus extravagant encore !
– Marions-nous !
J'ai ri. Je me souviens que j'ai ri de sa stupeur.
– Tu es sérieux ?
– Mais oui je suis sérieux. Tu ne le vois pas ?
– Si.
Elle a lové ses bras autour de mon cou[7], sa bouche a cherché la mienne et j'ai respiré son haleine tiède et parfumée de vanille.
– Non, Clément, non... j'aime ta bouche, j'aime ta peau, tes silences, tes secrets et je veux te voir mais non, Clément, non, je ne veux pas t'épouser.

Je n'ai pas détaché de son corps le mien qui tremblait, ni compris que la fureur douloureuse qui me tenaillait n'était pas seulement le désir de posséder Julie. Quand elle a commencé à glisser contre moi je l'ai suivie dans son mouvement. La terre s'ouvrait sous moi.

– Clément arrête... mais arrête, tu es fou !
Elle tenait ma tête à deux mains, protégeant mon front que j'avais frappé
contre le dallage.
– Arrête, je t'en prie !
Elle pleurait.
– Julie, Julie... mais qu'est-ce que tu as ? Pourquoi pleures-tu ?
– C'est fini, Clément... c'est fini, viens là...
J'ai posé ma tête sur son ventre et nous sommes restés longtemps ainsi, tout
à fait immobiles. Sa main était glacée sur mon front mais Julie avait cessé
de pleurer. Nous étions envahis d'une grande fatigue et de la douceur un
peu triste qui suit les réconciliations mais je savais que nous ne nous étions
pas querellés. Comme autrefois, la tête posée sur les genoux de ma mère,
j'attendais d'elle l'explication et l'apaisement de soucis que je ne lui avais
pas confiés, j'attendais de Julie une réponse à une question que je n'avais
pas formulée.

(L'Héritier, pp. 93 à 96.)

« IL EST MERVEILLEUX, N'EST-CE PAS... »

Lorsque Julie est rentrée de voyage et que je suis allé l'attendre à l'aéroport,
j'ai été traversé par l'idée saugrenue[8] que je pourrais ne pas la reconnaître.
Saisi de panique, je me suis mis à dévisager toutes les femmes, à interroger
toutes les silhouettes et, deux fois, alors que son avion n'avait pas encore
atterri, j'ai cru voir passer Julie dans la foule.
Il m'arrive souvent maintenant, dans la rue, de voir Julie où elle n'est pas.
Je sais cependant que je ne peux la confondre avec personne. Il me semble
même que si je la croisais sans la voir, quelque chose en moi m'avertirait
de sa présence. Je continue pourtant de me retourner brusquement sur des
silhouettes dont je me demande ensuite en quoi elles ont pu me rappeler
celle de Julie. Je ne rencontrerai pas Julie, non parce qu'elle a dû quitter
Paris comme elle en avait l'intention mais parce que nous ne nous croiserons
pas deux fois. Elle me l'a dit. Elle m'a dit souvent que la vie ne passait pas
deux fois au même endroit. Elle, devait savoir ce qu'était la vie, qui ne
laissait aucune place à l'indécision, lui préférait les erreurs et les emporte-
ments. Moi, je ne savais pas grand-chose et pas grand-chose non plus de
Julie. Parce que je passais au moins trois soirées par semaine avec elle et
nous partions le vendredi soir aux Marots, j'avais fini par croire que c'était
ainsi que Julie vivait. J'étais heureux avec un entêtement aveugle. J'aimais
Julie, ses réactions vives, ses colères et ses désirs qui lui donnaient un même
éclat, ses soudaines fureurs dont la brièveté me laissait croire qu'elles étaient

sans gravité. Parce que ensuite elle riait, je pensais qu'elle avait la même hâte que moi à les oublier. Ainsi, je n'ai pas attaché beaucoup d'importance, même si elle me blessait quelquefois, à son animosité contre Boy. Lui-même y répondait avec bonne humeur et souvent parvenait à faire rire Julie.
– C'est vrai, avouait-elle, il me fait rire mais ça ne change rien.
– Tu ne le trouves même pas sympathique ?
– Non.
– Mais qu'est-ce qu'il faut qu'il fasse ?
– Rien. Justement je voudrais qu'il en fasse moins.
– Tu es injuste. Il ne vient même plus aux Marots.
– Il n'a pas besoin de venir pour être là.
C'est vrai, Boy a toujours laissé partout des traces de son passage, des signes, des billets glissés dans mes livres, mes poches, mes tiroirs. Souvent je ne les découvrais que bien après son départ. Ces messages m'émerveillaient par leur à-propos. Ils révélaient la connaissance que Boy avait de mes habitudes, de mon emploi du temps, de mes pensées.
Dans la poche d'une veste légère que je portais au printemps, un billet disait par exemple : « C'est bientôt Pâques, j'arrive. » Un autre, inséré dans un livre, m'annonçait que Boy avait laissé quatorze messages en tout. Je les avais rarement tous découverts, aussi je me mettais à fouiller ma chambre. Une fois, j'en ai déniché un fixé à l'aide de papier adhésif au dos d'un tiroir de commode. Il était ainsi libellé : « Franchement, je ne pensais pas que tu trouverais celui-là. » J'ai aussi gardé un billet qu'il avait réussi à glisser dans mon portefeuille : « Clément, ceci n'est pas un simple bout de papier. » Ce jeu s'est poursuivi pendant des années et maintenant encore Boy continue d'inscrire des messages sur les glaces que maman n'efface que lorsqu'elle est certaine que je les ai lus.
Aux Marots, où nous avions passé tous les deux le dimanche précédent, Boy avait écrit à la craie sur le mur de l'appentis[9], au-dessus du tas de bûches : « Commence par la pile de gauche. » C'est Julie qui a découvert cette inscription. Elle a laissé tomber les bûches qu'elle tenait dans ses bras et s'est tournée vers moi.
– Eh bien, m'a-t-elle dit d'une voix glacée, ramasse celles-la et commence par la pile de gauche.
J'ai ri.
– Écoute, c'est un jeu. Il a toujours fait ça. Quand j'étais au lycée avec lui...
– Ah non, a coupé Julie, je t'en prie ! Épargne-moi les souvenirs d'enfance.
Plus tard elle m'a souri d'un air contrit.
– Tu m'en veux ?
– Non.
– Je sais, a soupiré Julie, tu n'es jamais fâché mais tu ne fais rien pour que ça cesse.
Un jour, elle a trouvé dans le cellier une enveloppe à son nom. Elle m'a tendu, sans un mot, la feuille qu'elle contenait : « Ne soyez plus jalouse. Ceci est un message exclusivement à votre adresse. »
– Comment a-t-il su que ce serait toi qui tomberais dessus ?
– Il est merveilleux, n'est-ce pas, a dit Julie d'une voix cassée, vraiment merveilleux !
Ces incidents n'étaient pas fréquents mais sans doute ont-ils, ajoutés à d'autres, commencé à tisser le réseau serré de malaises et de frayeurs où je me suis trouvé soudain pris.

(L'Héritier, pp. 117 à 120.)

COMMENT PASSE-T-ON UNE JOURNÉE DEHORS ?

Boy parlait toujours le premier de nos projets à maman. Je lui en laissais le soin, persuadé qu'elle ne saurait rien lui refuser. Boy, même très jeune ne demandait en fait aucune permission. Il annonçait ce qu'il avait l'intention de faire, comme si l'idée venait de lui en venir et lui paraissait excellente. De cette façon il ne sollicitait[10] pas une autorisation mais une opinion ou mieux encore une approbation, ce qui pour lui faisait toute la différence.
– Défendre une bonne idée ne te met jamais en position d'infériorité, disait-il avec assurance.
L'idée plantée comme un jalon pour marquer un territoire, il suffisait ensuite d'avancer. Comme presque toutes les théories de Boy, celle-ci m'a séduit. J'ai voulu la mettre en pratique mais ou je n'en avais pas bien compris le mécanisme ou je ne possédais pas les moyens de l'appliquer. Maman m'a regardé d'un air froid et sévère.
– Qu'est-ce que ça veut dire au juste, passer la journée dehors ?
Je n'en savais plus rien. Les mots, une fois dans la bouche de ma mère, rendaient mon projet trop vague ou trop ambitieux. J'ai haussé les épaules avec découragement.
– Bien, a dit maman, je vois que nous nous comprenons.
Affreusement déçu et un peu humilié, j'ai raconté cet incident à Boy. Il a eu un geste d'impatience.
– Tu t'y es mal pris. Il fallait lui donner l'impression que l'idée venait d'elle.
– Mais comment veux-tu que maman ait une idée pareille ?
– Alors pourquoi l'as-tu choisie ?
Il me semble que passer une journée dehors était l'un de mes désirs les plus profonds mais probablement aussi l'un des plus inaccessibles. Si j'avais réussi à rendre possible le premier pas de cette aventure, le premier geste de cette exploration, je serais sans doute, une fois la porte refermée derrière moi, resté indécis et perdu.

Comment passe-t-on une journée dehors ? Faut-il à chaque instant choisir la direction ou faire imprudemment confiance au hasard ? Va-t-on de rue en boulevard, de square en avenue et de quel pas ? Si ces lieux familiers devenaient soudain étrangers, peut-être hostiles ? Je ne crois pas être jamais sorti seul sans but précis, sauf aux Marots mais sans perdre la direction du village ou du moins les repères suffisants pour la retrouver. Même aujourd'hui je ne saurais pas quoi faire d'une journée dehors.

(L'Héritier, pp. 128-129.)

ELLE NE SENTAIT RIEN. ELLE VOYAIT

Lorsque j'étais petit et que je me trouvais ainsi dans son chemin, elle (ma mère) posait sa main sur ma nuque[11] et me conduisait avec elle dans son mouvement. J'ai grandi. Elle a dû lever le bras un peu plus haut et comme je grandissais encore elle a fini par renoncer à ce geste. Elle n'en a pas trouvé d'autre. Je me suis appuyé au chambranle[12] de la porte et j'ai touché du doigt les marques jamais effacées de mes tailles successives. La dernière s'arrêtait un peu au-dessus de mon coude. À partir de là, ma mère avait renoncé à me mesurer. Elle le faisait du regard maintenant.

– Qu'est-ce que tu espères de cette histoire avec Julie ?

– Quelle histoire ?

– Tu sais très bien ce que je veux dire.

– Non.

– Ça ne te mènera nulle part.

Elle le disait sans beaucoup d'assurance mais c'était une affirmation volontaire. J'ai haussé les épaules.

– Tout ceci ne me regarde pas, Clément, mais je ne peux pas m'empêcher de voir que quelque chose cloche.

Elle s'était avancée d'un pas. Elle se rendait compte que debout dans la cuisine et moi si près du couloir, elle n'était pas en position favorable. Elle m'a saisi par la manche de mon pyjama.

– Car il y a bien quelque chose qui cloche, n'est-ce pas ?

– Je ne sais pas.

– Tu ne sais pas, tu ne sais pas ! Depuis que tu parles tu n'as que cette phrase à la bouche !

– Mais c'est vrai, je ne sais pas !

J'avais crié. Elle a lâché mon bras.

– Quelque chose ne va pas, Clément, je le vois.

J'ai reculé dans le couloir et je me suis appuyé au mur. Ma mère a toujours vu ce qui m'inquiétait ou m'agitait. Elle n'avait aucun de ces avertissements obscurs qui au lieu de vous ouvrir les yeux vous rendent aveugle et vous laissent désemparé. Elle ne sentait rien. Elle voyait. Je ne pouvais ni la surprendre ni l'étonner. Encore moins la tromper. Je n'essayais pas. Je n'ai jamais essayé. Même tout petit. Non seulement ma mère ne m'aurait pas laissé impunément lui raconter des histoires mais avant même que j'aie ouvert la bouche, elle m'aurait transpercé du regard et comme un papillon épinglé sur une planche, j'aurais en vain battu des ailes. Je n'ai jamais eu d'échappatoire. Le mensonge le plus pauvre avortait[13] dans ma bouche et, le front brûlant, les mains moites[14], je ravalais cette chose mort-née tandis que ma mère m'assurait qu'il était plus simple de dire la vérité.

– Ensuite, ajoutait-elle, tu seras soulagé.

J'ai vécu de soulagements répétés, de ceux dont Boy disait qu'ils n'apprennent pas à porter les fardeaux[15]. J'ai vécu de silences effrayés, de petits renoncements et d'accommodements. Je me suis enlisé[16]. C'est ainsi que j'ai perdu Julie. Je l'ai perdue ce jour-là parce que le désir de ma mère était plus fort que le mien. Je l'ai perdue chaque jour parce que ma mère portait en elle une douleur insurmontable qu'en vingt-six ans je n'étais jamais parvenu à soulager et qu'elle ne me le pardonnait pas. J'ai perdu Julie depuis l'enfance, parce que ma mère s'est assurée que je n'apprendrais pas à la rencontrer.

(L'Héritier, pp. 136 à 138. Éd. Gallimard, coll. nrf, 1985.)

POUR MIEUX COMPRENDRE

1 une bouderie : un état par lequel on tient, sans parler. à faire savoir à tout le monde qu'on est de mauvaise humeur.

2 muré : enfermé.

3 rivés l'un à l'autre : très fortement serrés l'un contre l'autre.

4 indéfectible : destiné à durer toujours, à être toujours là.

5 s'engourdir : perdre sa sensibilité aux choses, perdre son énergie, son désir de bouger.

6 extravagant : très peu habituel, étonnant, inattendu.

7 lover : ici, elle a lové ses bras autour de mon cou : elle a entouré mon cou de ses bras de très près en épousant ses formes comme le ferait un serpent.

8 saugrenu : bizarre.

9 un appentis : petit toit à une seule pente dont la partie haute est appuyée sur un mur et la partie basse sur des poteaux ou des colonnettes.

10 solliciter : demander.

11 la nuque :

12 le chambranle de la porte :

13 avorter : accoucher d'un fœtus ou d'un enfant mort. Ici, le mensonge avortait : n'arrivait pas à sortir.

14 moite : humide de transpiration.

15 un fardeau : une lourde charge.

16 s'enliser : s'enfoncer.

QUESTIONS

1 Comment comprenez-vous cette phrase : « J'ai perdu Julie depuis l'enfance, parce que ma mère s'est assurée que je n'apprendrais pas à la rencontrer » ?

2 Que pensez-vous de la manière de Boy d'être présent tout en étant physiquement absent ? Réagiriez-vous comme Julie si vous vous trouviez à sa place ?

3 À travers tout le roman trouvez des exemples de ce jugement de Clément sur lui-même : « J'ai vécu de soulagements répétés ».

4 Faites le portrait de Julie.

5 Que veut dire pour vous « Passer la journée dehors » ?

L'AUTEUR —————————————————— GEORGES PEREC

Né à Paris le 7 mars 1936 de parents d'origine juive polonaise, Georges Perec a passé son enfance dans l'une des plus belles régions montagneuses de France et d'Europe : le Vercors. Mais c'est surtout la vie moderne dans les villes qu'il décrit le plus souvent dans ses livres. Les gens qui l'intéressent ne sont ni riches ni pauvres, ni très jeunes ni très vieux – entre 18 et 50 ans.

Il a fait, à la Sorbonne, des études de sociologie et travaillé longtemps au Centre National de la Recherche Scientifique (C.N.R.S.). À 29 ans, son premier roman Les Choses, *obtient le prix Renaudot et le rend très vite célèbre. Il a également fait du cinéma. En 1973, il participe à la réalisation d'un film, tiré de son troisième roman* Un homme qui dort, *qui obtient le prix Jean Vigo.*

En 1978, il obtient un second prix littéraire, le prix Médicis, avec un roman auquel il a travaillé pendant 9 ans : La Vie mode d'emploi. *Ce roman, très gros, où se croisent des histoires très différentes de personnages qui habitent le même immeuble, est construit à la manière d'un puzzle. Très attiré par les mathématiques et les jeux de langage, Perec a écrit des romans où il s'obligeait à ne pas employer certaines lettres – par exemple* La Disparition *où il n'utilise jamais le « e » muet... qui est pourtant la voyelle la plus fréquente du français – il a fait des grilles de mots croisés, des pièces de théâtre et des dialogues de films.*
Il est mort en mars 1982.

LES ŒUVRES CHOISIES ─────────────────────

Dans Un homme qui dort *(Denoël 1967), porté à l'écran par Perec lui-même en 1973, l'univers se réduit à une chambre dans Paris et il n'y a qu'un seul personnage, un jeune étudiant pauvre, de plus en plus indifférent, insensible au monde qui l'entoure. Le livre est entièrement écrit à la deuxième personne du singulier ; le point de vue de l'étudiant et celui du narrateur – l'auteur en train de raconter – sont donc à la fois très liés et tout à fait distincts.*

La deuxième œuvre dont nous avons extrait quelques passages est La Vie mode d'emploi *(1978, Le Livre de Poche n° 5341). C'est le chef-d'œuvre de Perec. Il nous montre et nous raconte la vie et les histoires de nombreuses personnes qui ont habité le même immeuble ou l'habitent toujours. Parmi ces histoires il y en a une qui les traverse toutes, liée à un personnage à la fois très présent et très mystérieux dont on ne sait tout d'abord qu'une chose : son projet de fabriquer un puzzle parfait représentant une marine (tableau figurant des scènes maritimes). Riche, anglais, original, le personnage a une vie qui se forme – à la manière d'un puzzle – au fur et à mesure que se développent les récits concernant les autres occupants de l'immeuble. Quand il meurt, le roman est terminé.*

UN HOMME QUI DORT

Le soleil tape sur les feuilles de zinc de la toiture[1]. En face de toi, à la hauteur de tes yeux, sur une étagère de bois blanc, il y a un bol de Nescafé à moitié vide, un peu sale, un paquet de sucre tirant sur sa fin[2], une cigarette qui se consume[3] dans un cendrier publicitaire en fausse opaline[4] blanchâtre. Quelqu'un va et vient dans la chambre voisine, tousse, traîne les pieds, déplace des meubles, ouvre des tiroirs. Une goutte d'eau perle[5] continuellement au robinet du poste d'eau sur le palier[6]. Les bruits de la rue Saint-Honoré montent de tout en bas.

Deux heures sonnent au clocher de Saint-Roch. Tu relèves les yeux, tu t'arrêtes de lire, mais tu ne lisais déjà plus depuis longtemps. Tu poses le livre ouvert à côté de toi, sur la banquette. Tu tends la main, tu écrases la cigarette qui fume dans le cendrier, tu achèves le bol de Nescafé : il est à peine tiède, trop sucré, un peu amer.
Tu es trempé de sueur[7]. Tu te lèves, tu vas vers la fenêtre que tu fermes. Tu ouvres le robinet du minuscule lavabo, tu passes un gant de toilette humide sur ton front, sur ta nuque[8], sur tes épaules. Bras et jambes repliés, tu te couches de côté sur la banquette étroite. Tu fermes les yeux. Ta tête est lourde, tes jambes engourdies[9].

Plus tard, le jour de ton examen arrive et tu ne te lèves pas. Ce n'est pas un geste prémédité[10], ce n'est pas un geste, d'ailleurs, mais une absence de geste, un geste que tu ne fais pas, des gestes que tu évites de faire. Tu t'es couché tôt, ton sommeil a été paisible[11], tu avais remonté ton réveil, tu l'as entendu sonner, tu as attendu qu'il sonne, pendant plusieurs minutes au moins, déjà réveillé par la chaleur, ou par la lumière, ou par le bruit des laitiers, des boueurs[12], ou par l'attente.
Ton réveil sonne, tu ne bouges absolument pas, tu restes dans ton lit, tu refermes les yeux. D'autres réveils se mettent à sonner dans des chambres voisines. Tu entends des bruits d'eau, des portes qui se ferment, des pas qui se précipitent dans les escaliers. La rue Saint-Honoré commence à s'emplir de bruits de voitures, crissement des pneus, passage des vitesses, brefs appels d'avertisseurs[13]. Des volets claquent, les marchands relèvent leurs rideaux de fer.
Tu ne bouges pas. Tu ne bougeras pas.

/... (pp. 20 et 21.)

Tu restes dans ta chambre, sans manger, sans lire, presque sans bouger. Tu regardes la bassine, l'étagère, tes genoux, ton regard, dans le miroir fêlé[14], le bol, l'interrupteur[15]. Tu écoutes les bruits de la rue, la goutte d'eau au robinet du palier, les bruits de ton voisin, ses raclements[16] de gorge, les tiroirs qu'il ouvre et ferme, ses quintes de toux[17], le sifflement de sa bouilloire[18]. Tu suis, sur le plafond, la ligne sinueuse d'une mince fissure[19], l'itinéraire inutile d'une mouche, la progression presque repérable[20] des ombres.
Ceci est ta vie. Ceci est à toi. Tu peux faire l'exact inventaire de ta maigre fortune, le bilan précis de ton premier quart de siècle. Tu as vingt-cinq ans et vingt-neuf dents, trois chemises et huit chaussettes, quelques livres que tu ne lis plus, quelques disques que tu n'écoutes plus. Tu n'as pas envie de te souvenir d'autre chose, ni de ta famille, ni de tes études, ni de tes amours, ni de tes amis, ni de tes vacances, ni de tes projets. Tu as voyagé et tu n'as rien rapporté de tes voyages. Tu es assis et tu ne veux qu'attendre, attendre seulement jusqu'à ce qu'il n'y ait plus rien à attendre : que vienne la nuit, que sonnent les heures, que les jours s'en aillent, que les souvenirs s'estompent[21].
Tu ne revois pas tes amis. Tu n'ouvres pas ta porte. Tu ne descends pas chercher ton courrier. Tu ne rends pas les livres que tu as empruntés à la Bibliothèque de l'Institut pédagogique. Tu n'écris pas à tes parents.
Tu ne sors qu'à la nuit tombée, comme les rats, les chats et les monstres. Tu traînes dans les rues, tu te glisses dans les petits cinémas crasseux[22] des Grands Boulevards. Parfois, tu marches toute la nuit ; parfois, tu dors tout le jour.

/... (pp. 27 et 28.)

Il y a mille manières de tuer le temps et aucune ne ressemble à l'autre, mais elles se valent toutes, mille façons de ne rien attendre, mille jeux que tu peux inventer et abandonner tout de suite.
Tu as tout à apprendre, tout ce qui ne s'apprend pas : la solitude, l'indifférence, la patience, le silence. Tu dois te déshabituer[23] de tout : d'aller à la rencontre de ceux que si longtemps tu as côtoyés[24], de prendre tes repas, tes cafés à la place que chaque jour d'autres ont retenue pour toi, ont parfois défendue pour toi, de traîner dans la complicité[25] fade[26] des amitiés qui n'en finissent pas de se survivre, dans la rancœur[27] opportuniste[28] et lâche[29] des liaisons[30] qui s'effilochent[31].

Tu es seul, et parce que tu es seul, il faut que tu ne regardes jamais les minutes. Tu ne dois plus ouvrir ton courrier avec fébrilité[32], tu ne dois plus être déçu si tu n'y trouves qu'un prospectus t'invitant à acquérir pour la modique[33] somme de soixante-dix-sept francs un service à gâteaux gravé à ton chiffre[34] ou les trésors de l'art occidental.
Tu dois oublier d'espérer, d'entreprendre, de réussir, de persévérer[35].
Tu te laisses aller, et cela t'est presque facile. Tu évites les chemins que tu as trop longtemps empruntés. Tu laisses le temps qui passe effacer la mémoire des visages, des numéros de téléphone, des adresses, des sourires, des voix.
Tu oublies que tu as appris à oublier, que tu t'es, un jour, forcé à l'oubli. Tu traînes sur le boulevard Saint-Michel sans plus rien reconnaître, ignorant des vitrines, ignoré du flot montant et descendant des étudiants. Tu n'entres plus dans les cafés, tu n'en fais plus le tour d'un air soucieux, allant jusque

dans les arrière-salles à la recherche de tu ne sais plus qui. Tu ne cherches plus personne dans les queues qui se forment toutes les deux heures devant les sept cinémas de la rue Champollion. Tu n'erres[36] plus comme une âme en peine dans la grande cour de la Sorbonne, tu n'arpentes[37] plus les longs couloirs pour atteindre la sortie des salles, tu ne vas plus quêter[38] des saluts, des sourires, des signes de reconnaissance dans la bibliothèque.

Tu es seul. Tu apprends à marcher comme un homme seul, à flâner, à traîner, à voir sans regarder, à regarder sans voir. Tu apprends la transparence, l'immobilité, l'inexistence. Tu apprends à être une ombre et à regarder les hommes comme s'ils étaient des pierres. Tu apprends à rester assis, à rester couché, à rester debout. Tu apprends à mastiquer chaque bouchée, à trouver le même goût atone[39] à chaque parcelle de nourriture que tu portes à ta bouche. Tu apprends à regarder les tableaux exposés dans les galeries de peinture comme s'ils étaient des bouts de murs, de plafonds, et les murs, les plafonds, comme s'ils étaient des toiles dont tu suis sans fatigue les dizaines, les milliers de chemins toujours recommencés, labyrinthes[40] inexorables[41], texte que nul ne saurait déchiffrer, visages en décomposition[42].

/... (pp. 62/63.)

De la terrasse d'un café, assis en face d'un demi[43] de bière ou d'un café noir, tu regardes la rue. Des voitures particulières, des taxis, des camionnettes, des autobus, des motocyclettes, des vélomoteurs passent, en groupes compacts que de rares et brèves accalmies[44] séparent : les reflets lointains des feux qui règlent la circulation. Sur les trottoirs coulent les doubles flots continus, mais beaucoup plus fluides, des passants. Deux hommes porteurs des mêmes porte-documents en faux cuir se croisent d'un même pas fatigué ; une mère et sa fille, des enfants, des femmes âgées chargées de filets, un militaire, un homme aux bras lestés[45] de deux lourdes valises, et d'autres encore, avec des paquets, avec des journaux, avec des pipes, des parapluies, des chiens, des ventres, des chapeaux, des voitures d'enfant, des uniformes, les uns courant presque, les autres traînant les pieds, s'arrêtant près des vitrines, se saluant, se séparant, se dépassant, se croisant, vieux et jeunes, hommes et femmes, heureux et malheureux. Des groupes sans cesse dissous[46] et reformés s'entassent auprès des stations d'arrêt des autobus. Un homme-sandwich[47] distribue des prospectus[48]. Une femme adresse en vain de grands gestes aux taxis qui passent. La sirène[49] d'une voiture de pompiers ou de police-secours vient vers toi en s'amplifiant[50].

Des dépanneurs[51] passent en trombe, appelés pour quelles urgences ? Tu ne sais rien des lois qui font se rassembler ces gens qui ne se connaissent pas, que tu ne connais pas, dans cette rue où tu viens pour la première fois de ta vie, et où tu n'as rien à faire, sinon regarder cette foule qui va et vient, se précipite, s'arrête : ces pieds sur les trottoirs, ces roues sur les chaussées que font-ils tous ? Où vont-ils tous ? Qui les appelle ? Qui les fait revenir ? Quelle force ou quel mystère les fait poser alternativement le pied droit puis le pied gauche sur le trottoir avec, d'ailleurs, une coordination[52] qui saurait difficilement être plus efficace ? Des milliers d'actions inutiles se rassemblent au même instant dans le champ trop étroit de ton regard presque neutre. Ils tendent en même temps leurs mains droites et se la serrent comme s'ils voulaient la broyer[53], ils émettent avec leur bouches des messages apparemment pourvus de sens, ils tordent en tous sens leurs joues, leur nez, leurs sourcils, leurs lèvres, leurs mains, ponctuant leurs discours de mimiques[54] expressives ; ils sortent leurs agendas, ils se dépassent, se saluent, s'invectivent[55], se congratulent[56], se bousculent ; ils s'acheminent sans te voir, et pourtant, tu es à quelques centimètres d'eux, assis à la terrasse d'un café, et tu ne cesses pas de les regarder.

/... (pp. 65 à 68.)

Tu n'as rien appris, sinon que la solitude n'apprend rien, que l'indifférence n'apprend rien : c'était un leurre[57], une illusion[58] fascinante[59] et piégée[60]. Tu étais seul et voilà tout et tu voulais te protéger ; qu'entre le monde et toi les ponts soient à jamais coupés. Mais tu es si peu de chose et le monde est un si grand mot : tu n'as jamais fait qu'errer dans une grande ville, que longer sur quelques kilomètres des façades, des devantures, des parcs et des quais.

L'indifférence est inutile. Tu peux vouloir ou ne pas vouloir, qu'importe ! Faire ou ne pas faire une partie de billard électrique, quelqu'un, de toute façon, glissera une pièce de vingt centimes dans la fente de l'appareil. Tu peux croire qu'à manger chaque jour le même repas tu accomplis un geste décisif[61]. Mais ton refus est inutile. Ta neutralité ne veut rien dire. Ton inertie[62] est aussi vaine[63] que ta colère.
Tu crois passer, indifférent, longer les avenues, dériver[64] dans la ville, suivre le chemin des foules, percer le jeu des ombres et des fissures.
Mais rien ne s'est passé : nul miracle, nulle explosion.

Chaque jour égrené[65] n'a fait qu'éroder[66] ta patience, que mettre à vif l'hypocrisie de tes ridicules efforts. Il aurait fallu que le temps s'arrête tout à fait, mais nul n'est assez fort pour lutter contre le temps. Tu as pu tricher, gagner des miettes, des secondes : mais les cloches de Saint-Roch, l'alternance des feux au croisement de la rue des Pyramides et de la rue Saint-Honoré, la chute prévisible de la goutte d'eau au robinet du poste d'eau sur le palier, n'ont jamais cessé de mesurer les heures, les minutes, les jours et les saisons. Tu as pu faire semblant de l'oublier, tu as pu marcher la nuit, dormir le jour. Tu ne l'as jamais trompé tout à fait.
Longtemps tu as construit et détruit tes refuges[67] : l'ordre ou l'inaction, la dérive ou le sommeil, les rondes de nuit, les instants neutres, la fuite des ombres et des lumières. Peut-être pourrais-tu longtemps encore continuer à te mentir, à t'abrutir[68], à t'enferrer[69]. Mais le jeu est fini, la grande fête, l'ivresse fallacieuse[70] de la vie suspendue. Le monde n'a pas bougé et tu n'as pas changé. L'indifférence ne t'a pas rendu différent.
Tu n'es pas mort. Tu n'es pas devenu fou.
Les désastres n'existent pas, ils sont ailleurs. La plus petite catastrophe aurait peut-être suffi à te sauver : tu aurais tout perdu, tu aurais eu quelque chose à défendre, des mots à dire pour convaincre, pour émouvoir. Mais tu n'es même pas malade. Tes jours ni tes nuits ne sont pas en danger. Tes yeux voient, ta main ne tremble pas, ton pouls[71] est régulier, ton cœur bat. Si tu étais laid, ta laideur serait peut-être fascinante, mais tu n'es même pas laid, ni bossu[72], ni bègue[73], ni manchot[74], ni cul-de-jatte[75] et pas même claudicant[76].

(Un homme qui dort, pp. 158 à 161. Éd. Denoël, 1967.)

POUR MIEUX COMPRENDRE

¹ **une toiture :** un toit.

² **tirant sur sa fin :** qui va finir bientôt.

³ **se consumer :** ici brûler.

⁴ **opaline :** substance vitreuse dont on fait des vases, des cendriers, des lustres, ...

⁵ **perler :** prendre la forme d'une perle.

⁶ **un palier :** l'espace devant les portes des appartements.

⁷ **trempé de sueur :** mouillé par la transpiration.

⁸ **une nuque :** voir p. 84.

⁹ **engourdi :** difficile à faire bouger.

¹⁰ **prémédité :** préparé.

¹¹ **paisible :** calme.

¹² **un boueur,** on dit aussi **éboueur :** personne chargée de ramasser les ordures.

¹³ **un avertisseur :** un klaxon.

¹⁴ **fêlé :** où il y a la marque d'une cassure, d'une fente, d'une *fêlure*.

¹⁵ **un interrupteur :**

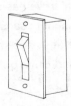

¹⁶ **un raclement :** bruit produit par un frottement.

¹⁷ **une quinte de toux :** une série de toussotements ; quand on tousse plusieurs fois de suite.

¹⁸ **une bouilloire :**

¹⁹ **une fissure :** une fente.

²⁰ **repérable :** qu'on peut suivre.

²¹ **s'estompent :** s'évanouissent, disparaissent, ne soient plus clairs.

²² **crasseux :** très sale.

²³ **se déshabituer :** perdre l'habitude.

²⁴ **côtoyer :** fréquenter, avoir pour ami, pour relation.

²⁵ **complicité :** entente profonde entre deux personnes.

²⁶ **fade :** sans goût.

²⁷ **rancœur :** sentiment négatif envers quelqu'un ou quelque chose qui laisse un goût désagréable.

²⁸ **opportuniste :** qui veut profiter n'importe comment et à n'importe quel prix d'une occasion.

²⁹ **lâche :** contraire de courageux.

³⁰ **liaisons :** amitiés.

³¹ **s'effilochent :** perdent leur qualité comme une corde qui se transforme en plusieurs fils.

³² **fébrilité :** impatience nerveuse.

³³ **modique :** peu élevée.

³⁴ **ton chiffre :** tes initiales.

³⁵ **persévérer :** avoir la volonté de continuer.

³⁶ **errer :** marcher sans but.

³⁷ **arpenter :** parcourir à grands pas.

³⁸ **quêter :** chercher, demander.

³⁹ **atone :** sans rien de caractéristique.

⁴⁰ **un labyrinthe :** des chemins qui se croisent souvent et où l'on se perd facilement.

⁴¹ **inexorable :** sans pitié, qui résiste aux prières.

⁴² **en décomposition :** en mauvais état, perdant leur forme.

⁴³ **un demi :** un quart de litre de bière.

⁴⁴ **une accalmie :** moment de calme après l'agitation.

45 lestés : alourdis.

46 des groupes dissous : des groupes dont les membres ont été séparés.

47 un homme sandwich :

48 un prospectus : un document publicitaire.

49 la sirène : le son très fort produit par un appareil sur une voiture.

50 s'amplifier : grandir.

51 un dépanneur : quelqu'un qui répare les voitures qui ne marchent plus, qui sont en panne.

52 une coordination : ici, ordre entre les différents moments de chaque action.

53 broyer : écraser, réduire en petits morceaux par pression ou choc.

54 une mimique : expression du visage.

55 invectiver : prononcer des paroles violentes.

56 congratuler : saluer.

57 un leurre : quelque chose qui attire pour tromper.

58 une illusion : quelque chose qu'on croit vrai et qui est faux.

59 fascinant : qui rend immobile, paralysé à force de charme.

60 piégé : fait pour attraper.

61 un geste décisif : très important.

62 l'inertie : l'absence d'action.

63 vaine : inutile.

64 dériver : ici perdre son chemin.

65 égrené : passé.

66 éroder : user.

67 un refuge : lieu où on se cache, où on se protège.

68 abrutir quelqu'un : le rendre bête, idiot.

69 s'enferrer : se prendre à ses propres mensonges.

70 fallacieux : faux.

71 le pouls : les pulsations du cœur.

72 bossu : qui a une déformation très visible du dos.

73 bègue : qui répète certaines syllabes et n'arrive pas à finir ses mots.

74 manchot : sans bras ou sans main.

75 cul-de-jatte : sans jambes.

76 claudicant : qui boîte, qui ne marche pas régulièrement sur ses deux jambes.

QUESTIONS

1 À quelle personne est écrit *Un homme qui dort* ? Connaissez-vous d'autres romans écrits de cette façon ? Qu'en pensez-vous ?

2 Certains passages d'*Un homme qui dort* ne manquent pas d'humour. Par exemple : « Tu as vingt-cinq ans et vingt-neuf dents, trois chemises et huit chaussettes, ... » Trouvez-en d'autres.

3 À plusieurs reprises Perec montre que le principal problème de l'homme est le temps qui passe. Relevez les différents passages où il traite ce problème et dites ce que vous en pensez.

AU CINQUIÈME DROITE

Au cinquième droite, tout au fond : c'est juste au-dessus que Gaspard Winckler avait son atelier. Valène se souvenait du paquet qu'il avait reçu chaque quinzaine, pendant vingt ans : même au plus fort de la guerre, ils avaient continué à arriver régulièrement, identiques, absolument identiques ; évidemment, il y avait les timbres qui étaient différents, cela permettait à la concierge, qui n'était pas encore Madame Nochère, mais Madame Claveau, de les réclamer pour son fils Michel ; mais à part les timbres, il n'y avait rien qui distinguait un paquet de l'autre : le même papier kraft[1], la même ficelle, le même cachet de cire[2], la même étiquette ; c'est à croire qu'avant de partir, Bartlebooth avait demandé à Smautf de prévoir la quantité de papier de soie, de kraft, de ficelle, de cire à cacheter, qu'il faudrait pour les cinq cents paquets ! Il ne devait même pas avoir eu besoin de le demander, Smautf l'avait certainement compris tout seul ! Et ils n'en étaient pas à une malle[3] près.

Ici, au cinquième droite, la pièce est vide. C'est une salle de bains, peinte en orange mat[4]. Sur le bord de la baignoire, une grande coquille de nacre[5], provenant d'une huître perlière, contient un savon et une pierre ponce[6]. Au-dessus du lavabo, il y a un miroir octogonal[7] encadré de marbre veiné. Entre la baignoire et le lavabo, un cardigan[8] de cashmere écossais et une jupe à bretelles sont jetés sur un fauteuil pliant.

La porte du fond est ouverte et donne sur un long corridor. Une jeune fille d'à peine dix-huit ans se dirige vers la salle de bains. Elle est nue. Elle tient dans la main droite un œuf qu'elle utilisera pour se laver les cheveux, et dans la main gauche le n° 40 de la revue *Les Lettres Nouvelles* (juillet-août 1956) dans lequel se trouve, outre une note de Jacques Lederer sur *Le Journal d'un Prêtre*, de Paul Jury (Gallimard), une nouvelle de Luigi Pirandello, datée de 1913, intitulée *Dans le gouffre*, qui raconte comment Roméo Daddi devint fou.

(La Vie mode d'emploi, pp. 36-37.)

Au dernier étage, sous les toits, une toute petite chambre occupée par une jeune Anglaise de seize ans, Jane Sutton, qui travaille comme fille au pair chez les Rorschash.
La jeune fille est debout près de la fenêtre. Le visage illuminé de joie, elle lit – ou peut-être même relit pour la vingtième fois – une lettre, tout en grignotant[9] un quignon de pain[10]. Une cage est accrochée à la fenêtre ; elle contient un oiseau au plumage gris dont la patte gauche est cerclée d'une bague de métal.

Le lit est très étroit : c'est en fait un matelas de mousse posé sur trois cubes de bois faisant office[11] de tiroirs, recouvert d'un édredon en patchwork. Fixée au mur au-dessus du lit, une plaque de liège, d'environ soixante centimètres sur un mètre, sur laquelle sont épinglés plusieurs papiers – le mode d'emploi d'un grille-pain électrique, un ticket de laverie, un calendrier, les horaires des cours de l'Alliance française et trois photos montrant la jeune fille – de deux ou trois ans plus jeune – dans des pièces de théâtre données par son école en Angleterre, à Greenhill, tout près de Harrow, où, quelque soixante-cinq ans auparavant, Bartlebooth, à la suite de Byron, de Sir Robert Peel, de Sheridan, de Spencer, de John Perceval, de Lord Palmerston et d'une foule d'hommes tout aussi éminents[12], était allé au collège.
Sur la première photographie, Jane Sutton apparaît en page, debout, avec une culotte de brocart rouge à parements d'or, bas rouge clair, une chemise blanche, et un pourpoint court, sans col, de couleur rouge, à manches légèrement bouffantes, à rebords de soie jaune effrangée[13].

Sur la seconde, elle est la princesse Béryl, agenouillée au chevet[14] de son grand-père, le roi Utherpandragon (« *Quand le roi Utherpandragon se trouva atteint du mal de la mort il fit venir auprès de lui la princesse... »*).
La troisième photo montre quatorze jeunes filles alignées. Jane est la quatrième en partant de la gauche (une croix au-dessus de sa tête la désigne, sinon il serait difficile de la reconnaître). C'est la scène finale du *Comte de Gleichen* de Yorick :
Le comte de Gleichen fut fait prisonnier dans un combat contre les Sarrasins[15], et condamné à l'esclavage. Comme il fut employé aux travaux des jardins du sérail[16], la fille du sultan le remarqua. Elle jugea qu'il était homme de qualité, conçut de l'amour pour lui[17], et lui offrit de favoriser[18] son évasion s'il voulait l'épouser. Il lui fit répondre qu'il était marié ; ce qui ne donna pas le moindre scrupule[19] à la princesse accoutumée au rite de la pluralité des femmes. Ils furent bientôt d'accord, cinglèrent[20], et abordèrent à Venise. Le comte alla à Rome et raconta à Grégoire IX chaque particularité de son histoire. Le pape sur la promesse qu'il lui fit de convertir la Sarrasine, lui donna des dispenses[21] pour garder ses deux femmes.
La première fut si transportée de joie à l'arrivée de son mari, sous quelque condition qu'il lui fût rendu, qu'elle acquiesça à tout, et témoigna à sa bienfaitrice[22] l'excès de sa reconnaissance. L'histoire nous apprend que la Sarrasine n'eut point d'enfants, et qu'elle aima d'amour maternel ceux de sa rivale. Quel dommage qu'elle ne donnât pas le jour à un être qui lui ressemblât !
On montre à Gleichen le lit où ces trois rares individus dormaient ensemble. Ils furent enterrés dans le même tombeau chez les Bénédictins de Petersbourg.

LA BELLE POLONAISE
LE PETIT MAHMOUD ET L'HOMME AU REGARD VIDE

Elzbieta Orlowska – la Belle Polonaise comme tout le monde l'appelle dans le quartier – est une femme d'une trentaine d'années, grande, majestueuse[23] et grave, avec une lourde chevelure blonde le plus souvent relevée en chignon, des yeux bleu sombre, une peau très blanche, un cou charnu[24] s'attachant sur des épaules rondes et presque grasses. Debout, dans sa chambre, à peu près au centre de la pièce, un bras en l'air, elle essuie une petite suspension[25] aux branches de cuivre ajouré qui semble une copie en réduction d'un lustre d'intérieur hollandais.

La chambre est toute petite et bien rangée. À gauche, collé contre la cloison[26], le lit, une banquette étroite garnie de quelques coussins, sous laquelle ont été aménagés[27] des tiroirs : puis une table en bois blanc avec une machine à écrire portative et divers papiers, et une autre table, plus petite encore, pliante, en métal, supportant un camping-gaz et plusieurs ustensiles de cuisine.

Contre le mur de droite il y a un lit à barreaux et un tabouret[28]. Un autre tabouret, à côté de la banquette, remplissant l'espace étroit qui la sépare de la porte, sert de table de nuit : y voisinent une lampe au pied torsadé, un cendrier octogonal de faïence blanche, une petite boîte à cigarettes en bois sculpté affectant la forme[29] d'un tonneau, un volumineux essai intitulé *The Arabian Knights. New Visions of Islamic Feudalism in the Beginnings of the Hegira,* signé d'un certain Charles Nenneley, et un roman policier de Lawrence Wargrave, *Le juge est l'assassin :* X a tué A de telle façon que la justice, qui le sait, ne peut l'inculper[30]. Le juge d'instruction tue B de telle façon que X est suspecté, arrêté, jugé, reconnu coupable et exécuté sans avoir jamais rien pu faire pour prouver son innocence.

Le sol est couvert d'un linoléum rouge sombre. Les murs, garnis d'étagères, où sont rangés les vêtements, les livres, la vaisselle, etc., sont peints en beige clair. Deux affiches aux couleurs très vives, sur le mur de droite, entre le lit d'enfant et la porte, les éclairent un peu : la première est le portrait d'un clown, avec un nez en balle de ping-pong, une mèche rouge carotte, un costume à carreaux, un gigantesque nœud papillon à pois et de longues chaussures très aplaties[31]. La seconde représente six hommes debout les uns à côté des autres : l'un porte toute sa barbe, une barbe noire, un autre a une grosse bague[32] au doigt, un autre a une ceinture rouge, un autre a des pantalons déchirés aux genoux, un autre n'a qu'un œil ouvert et le dernier montre les dents.

Quand on lui demande quelle est la signification de cette affiche, Elzbieta Orlowska répond qu'elle illustre une comptine très populaire en Pologne, où elle sert à endormir les petits enfants :

– J'ai rencontré six hommes, dit la maman.
– Comment sont-ils donc ? demande l'enfant.
– Le premier a une barbe noire, dit la maman.
– Pourquoi ? demande l'enfant.
– Parce qu'il ne sait pas se raser, pardi[33] *! dit la maman.*
– Et le second ? demande l'enfant.
– Le second a une bague, dit la maman.
– Pourquoi ? demande l'enfant.
– Parce qu'il est marié, pardi ! dit la maman.
– Et le troisième ? demande l'enfant.
– Le troisième a une ceinture à son pantalon, dit la maman.
– Pourquoi ? demande l'enfant.
– Parce que sinon il tomberait, pardi ! dit la maman.
– Et le quatrième ? demande l'enfant.
– Le quatrième a déchiré ses pantalons, dit la maman.
– Pourquoi ? demande l'enfant.
– Parce qu'il a couru trop fort, pardi ! dit la maman.
– Et le cinquième ? demande l'enfant.
– Le cinquième n'a qu'un œil d'ouvert, dit la maman.
– Pourquoi ? demande l'enfant.
– Parce qu'il est en train de s'endormir, comme toi, mon enfant, dit la maman d'une voix très douce.
– Et le dernier ? demande en murmurant l'enfant.
– Le dernier montre les dents, dit la maman dans un souffle.
Il ne faut surtout pas dire que le petit enfant demande alors quoi que ce soit, car s'il a le malheur de dire :
– Pourquoi ?
– Parce qu'il va te manger si tu ne dors pas, pardi ! dira la mère d'une voix tonitruante[34].

Elzbieta Orlowska avait onze ans lorsqu'elle vint pour la première fois en France. C'était dans une colonie de vacances à Parçay-les-Pins, Maine-et-Loire. La colonie dépendait du ministère des Affaires étrangères et rassemblait des enfants dont les parents appartenaient aux personnels du ministère et des ambassades. La petite Elzbieta y était allée parce que son père était concierge à l'Ambassade de France à Varsovie. La vocation de la colonie était, par principe, plutôt internationale, mais il se trouva cette année-là, qu'elle comportait une forte majorité de petits Français et que les quelques étrangers s'y sentirent passablement dépaysés[35]. Parmi eux se trouvait un petit Tunisien prénommé Boubaker. Son père, musulman traditionnaliste[36] qui vivait presque sans contact avec la culture française, n'aurait jamais songé à l'envoyer en France, mais son oncle, archiviste au Quai d'Orsay[37], avait tenu à le faire venir, persuadé que c'était la meilleure manière de familiariser son jeune neveu avec une langue et une civilisation que les générations nouvelles de Tunisiens, désormais indépendants, ne pouvaient plus se permettre d'ignorer.

Très vite, Elzbieta et Boubaker devinrent inséparables. Ils restaient à l'écart des autres, ne prenaient pas part à leurs jeux, mais marchaient en se tenant par le petit doigt, se regardaient en souriant, se racontaient, chacun dans leur langue de longues histoires que l'autre écoutait, ravi[38], sans les comprendre. Les autres enfants ne les aimaient pas, leur faisaient des blagues[39] cruelles[40], cachaient des cadavres de mulots[41] dans leurs lits, mais les adultes qui venaient passer une journée avec leurs rejetons[42] s'extasiaient[43] devant ce couple, elle toute potelée, avec ses tresses blondes et sa peau comme un biscuit de Saxe, et lui, fluet[44] et frisé, souple comme une liane, avec une peau mate, des cheveux noirs de jais[45], d'immenses yeux pleins d'une tendresse angélique. Le dernier jour de la colonie, ils se piquèrent le pouce et mélangèrent leur sang en faisant le serment de s'aimer éternellement.

Ils ne se revirent pas pendant les dix années qui suivirent, mais ils s'écrivirent deux fois par semaine des lettres de plus en plus amoureuses. Très vite, Elzbieta parvint à persuader ses parents de lui faire apprendre le français et l'arabe parce qu'elle irait vivre en Tunisie avec son mari Boubaker. Pour lui, ce fut beaucoup plus difficile et pendant des mois il s'évertua[46] à convaincre son père, qui l'avait toujours terrorisé, qu'il ne voulait pour rien au monde lui manquer de respect, qu'il continuerait d'être fidèle à la tradition de l'Islam et à l'enseignement du Coran, et que ce n'était pas parce qu'il allait épouser une Occidentale qu'il s'habillerait pour autant à l'européenne ou irait vivre dans la ville française.

Le problème le plus ardu fut d'obtenir les autorisations nécessaires à la venue d'Elzbieta en Tunisie. Cela prit plus de dix-huit mois de tracasseries[47] administratives tant de la part des Tunisiens que de la part des Polonais. Il existait entre la Tunisie et la Pologne des accords de coopération aux termes desquels des étudiants tunisiens pouvaient aller en Pologne faire des études d'ingénieur, cependant que des dentistes, agronomes[48] et vétérinaires[49] polonais pouvaient venir travailler comme fonctionnaires aux ministères de la Santé publique ou de l'Agriculture tunisiens. Mais Elzbieta n'était ni dentiste, ni vétérinaire, ni agronome, et pendant un an, toutes les demandes de visa qu'elle déposa, de quelque explication qu'elle les accompagnât, lui furent retournées avec la mention : « ne répond pas aux critères définis par les accords sus-visés. » Il fallut que, par une série singulièrement complexe de tractations[50], Elzbieta parvienne à passer par-dessus la tête des services officiels et aille raconter son histoire à un vice-secrétaire d'État pour que, à peine six mois plus tard, elle soit enfin embauchée[51] comme traductrice-interprète au consulat de Pologne à Tunis – l'administration prenant enfin en compte le fait qu'elle était licenciée d'arabe et de français. Elle débarqua à l'aéroport de Tunis-Carthage le premier juin mille neuf cent soixante-six. Il y avait un soleil radieux. Elle était resplendissante de bonheur, de liberté et d'amour. Parmi la foule des Tunisiens qui, depuis les terrasses, faisaient de grands signes aux arrivants, elle chercha des yeux sans le voir son fiancé. À plusieurs reprises ils s'étaient envoyé des photographies, lui en train de jouer au football, ou en maillot de bain sur la plage de Salammbo, ou en djellaba[52] et babouches[53] brodées à côté de son père, le dépassant d'une tête, elle faisant du ski à Zakopane, ou sautant sur un cheval d'arçon[54]. Elle était sûre de le reconnaître, mais elle hésita pourtant un instant quand elle le vit : il était dans le hall, juste derrière les guichets de la police, et la première chose qu'elle lui dit fut :
– Mais tu n'as pas grandi !

Quand ils s'étaient connus, à Parçay-les-Pins, ils avaient la même taille ; mais alors qu'il n'avait grandi que de vingt ou trente centimètres, elle en avait pris au moins soixante : elle mesurait un mètre soixante-dix-sept et lui pas tout à fait un mètre cinquante-cinq ; elle ressemblait à un tournesol[55] au cœur de l'été, lui était sec et rabougri comme un citron oublié sur une étagère de cuisine.

La première chose que fit Boubaker fut de l'emmener voir son père. Il était écrivain public et calligraphe[56]. Il travaillait dans une minuscule échoppe[57] de la Médina ; il y vendait des cartables, des trousses et des crayons, mais surtout ses clients venaient lui demander d'inscrire leurs noms sur des diplômes ou des certificats ou de recopier des phrases sacrées sur des parchemins[58] qu'ils faisaient encadrer. Elzbieta le découvrit, assis en tailleur[59], une planchette sur les genoux, le nez chaussé de lunettes dont les verres avaient l'épaisseur d'un fond de gobelet[60], taillant ses plumes d'un air important. C'était un homme petit, maigre, très pincé[61], le teint vert, l'œil faux avec un sourire abominable[62], déconcerté et silencieux avec les femmes. En deux ans, c'est à peine s'il adressa trois fois la parole à sa bru[63]. La première année fut la pire ; Elzbieta et Boubaker la passèrent dans la maison du père, en ville arabe. Ils avaient une chambre à eux, un espace assez large pour leur lit, sans lumière, séparée des chambres des beaux-frères par de minces cloisons au travers desquelles elle se sentait non seulement écoutée mais épiée[64]. Ils ne pouvaient même pas prendre leurs repas ensemble ; il mangeait avec son père et ses grands frères ; elle devait les servir en silence et retourner à la cuisine avec les femmes et les enfants, où sa belle-mère l'accablait[65], de baisers, de caresses, de sucreries, d'harassantes[66] jérémiades[67] sur son ventre et sur ses reins et de questions presque obscènes[68] sur la nature des caresses que son mari lui donnait ou lui demandait.

La deuxième année, après qu'elle eut mis au monde son fils qui fut appelé Mahmoud, elle se révolta et entraîna Boubaker dans sa révolte. Ils louèrent un appartement de trois pièces hautes et froides, effroyablement meublées. Une ou deux fois ils furent invités par des collègues européen de Boubaker ; une ou deux fois elle donna chez elle des dîners ternes à des coopérants fades ; le reste du temps, il lui fallait insister pendant des semaines pour qu'ils aillent ensemble dans un restaurant ; il cherchait chaque fois un prétexte pour rester à la maison ou pour sortir seul.

Il était d'une jalousie tenace[69] et tatillonne ; tous les soirs, quand elle rentrait du consulat, elle devait lui raconter sa journée dans ses moindres détails et énumérer tous les hommes qu'elle avait vus, combien de temps ils étaient restés dans son bureau, ce qu'ils lui avaient dit, ce qu'elle avait répondu, et où était-elle allée déjeuner, et pourquoi avait-elle téléphoné si longtemps à une telle, etc. Et, quand il leur arrivait de marcher ensemble dans la rue et que les hommes se retournaient sur le passage de cette beauté blonde, Boubaker lui faisait, à peine rentrés, des scènes épouvantables[70], comme si elle avait été responsable de la blondeur de ses cheveux, de la blancheur de sa peau et du bleu de ses yeux. Elle sentait qu'il aurait voulu la séquestrer[71], la dérober[72] à jamais aux yeux des autres, la garder pour son seul regard, pour sa seule adoration muette et fébrile.

Elle mit deux ans à mesurer la distance qu'il y avait entre les rêves qu'ils avaient entretenus pendant dix ans, et cette réalité mesquine[73] qui serait désormais sa vie. Elle se mit à haïr son mari, et reportant sur son fils tout l'amour qu'elle avait éprouvé, décida de s'enfuir avec l'enfant. Avec la complicité de quelques-uns de ses compatriotes elle parvint à quitter clandestinement[74] la Tunisie à bord d'un navire lithuanien qui la débarqua à Naples d'où, par voie de terre, elle gagna la France.
Le hasard voulut qu'elle arrivât à Paris au plus fort des événements de Mai 68. Dans ce déferlement[75] d'ivresses et de bonheurs, elle vécut une passion éphémère[76] avec un jeune Américain, un chanteur de folk-song qui quitta Paris le soir où l'Odéon fut repris. Peu de temps après, elle trouva cette

chambre : c'était celle de Germaine, la lingère[77] de Bartlebooth, qui prit sa retraite cette année-là et que l'Anglais ne fit pas remplacer.

Les premiers mois elle se cacha, craignant que Boubaker ne fasse un jour irruption[78] et lui reprenne l'enfant. Plus tard elle apprit que cédant aux exhortations de son père, il avait laissé une marieuse le remarier à une veuve mère de quatre enfants et qu'il était retourné habiter dans la Médina.

Elle se mit à vivre une vie simple et presque monastique[79], tout entière centrée sur son fils. Pour gagner sa vie, elle trouva une place dans une société d'export-import qui faisait du commerce avec les pays arabes et pour laquelle elle traduisait des modes d'emploi, des règlements administratifs et des descriptifs techniques. Mais l'entreprise ne tarda pas à faire faillite[80] et elle vit depuis lors avec quelques vacations[81] du C.N.R.S.[82] qui lui donne à faire des analyses d'articles arabes et polonais pour le *Bulletin signalétique*, complétant ce maigre salaire avec quelques heures de ménage.

Elle fut tout de suite très aimée dans la maison. Bartlebooth lui-même, son logeur, dont l'indifférence pour ce qui se passait dans l'immeuble avait toujours semblé à chacun un fait acquis, se prit d'affection pour elle. À plusieurs reprises, avant que sa passion morbide[83] ne la condamnât à jamais à une solitude de plus en plus stricte, il l'invita à dîner. Une fois même – chose qu'il n'avait jamais faite avec personne et qu'il ne fit jamais plus –il lui montra le puzzle qu'il reconstituait cette quinzaine-là : c'était un port de pêche de l'île de Vancouver, Hammertown, un port blanc de neige, avec quelques maisons basses et quelques pêcheurs en vestes fourrées halant[84] sur la grève une longue barque blême[85].

En dehors des amis qu'elle s'est faits dans l'immeuble, Elzbieta ne connaît presque personne à Paris. Elle a perdu tout contact avec la Pologne et ne fréquente pas les Polonais exilés[86]. Un seul vient régulièrement la voir, un homme plutôt âgé, au regard vide, avec une éternelle écharpe de flanelle blanche et une canne. De cet homme qui semble revenu de tout, elle dit qu'il fut avant la guerre le clown le plus populaire de Varsovie et que c'est lui qui est représenté sur l'affiche. Elle l'a rencontré il y a trois ans au square Anna de Noailles où elle surveillait son fils qui jouait au sable. Il vint s'asseoir sur le même banc qu'elle et elle s'aperçut qu'il lisait une édition polonaise des *Filles du feu – Sylwia i inne opowiadania*. Ils devinrent amis. Il vient deux fois par mois dîner chez elle. Comme il n'a plus une seule dent, elle le nourrit de lait chaud et de crèmes aux œufs.

Il ne vit pas à Paris, mais dans un petit village appelé Nivillers, dans l'Oise, près de Beauvais, une maison sans étage, longue et basse, avec des fenêtres à petits carreaux multicolores. C'est là que le petit Mahmoud, qui a aujourd'hui neuf ans, vient de partir pour les vacances.

(La Vie mode d'emploi, pp. 334 à 341.)

1 le papier kraft : papier très résistant, le plus souvent de couleur beige, pour les emballages.

2 un cachet de cire : marque imprimée dans la cire et servant à la fois de signature et de fermeture d'une enveloppe ou d'un paquet.

3 une malle :

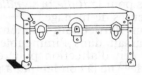

4 mat : non brillant.

5 une coquille de nacre :

6 une pierre ponce : pierre dure et poreuse – avec des trous – pour se nettoyer en la frottant sur le corps.

7 octogonal : à huit côtés.

8 un cardigan : sorte de pull-over.

9 grignoter : manger, petit à petit du bout des dents.

10 un quignon de pain : un morceau de pain.

11 faire office de : servir de.

12 éminent : célèbre.

13 effrangé : transformé en *frange* c'est-à-dire avec des fils qui pendent.

14 être au chevet de quelqu'un : être près de quelqu'un qui est étendu parce qu'il est malade ou mort.

15 les Sarrasins : ancien nom des Arabes en Europe.

16 un sérail : palais lorsqu'il s'agit des sultans turcs.

17 concevoir de l'amour pour quelqu'un : en tomber amoureux(se), avoir de l'amour pour quelqu'un.

18 favoriser : aider.

19 un scrupule : un remords, une hésitation.

20 cingler : ici, naviguer.

21 une dispense : permission de ne pas obéir à une loi générale.

22 une bienfaitrice : personne qui fait du bien autour d'elle.

23 majestueux(se) : qui a quelque chose de royal. On dit « Majesté » à un roi ou une reine.

24 charnu : où il y a de la chair.

25 une suspension : élément d'éclairage suspendu.

26 une cloison : un mur fin.

27 aménager des tiroirs : faire des tiroirs.

28 un tabouret :

29 affecter la forme de : imiter la forme de.

30 inculper : accuser.

31 un clown :

32 une bague :

33 **pardi !** : exclamation pour renforcer ce qu'on vient de dire.

34 **tonitruant** : très fort.

35 **dépaysé** : qui ne se sent pas chez lui dans un pays.

36 **traditionnaliste** : attaché aux traditions, conservateur.

37 **le Quai d'Orsay** : façon courante de désigner le ministère des Relations extérieures, qui se trouve précisément sur ce quai de la Seine.

38 **ravi** : très content.

39 **une blague** : une chose pour rire.

40 **cruel** : très méchant.

41 **un mulot** : sorte de rat.

42 **un rejeton** : (familier) un enfant.

43 **s'extasier** : admirer fortement et avec plaisir.

44 **fluet** : très très mince.

45 **noir de jais** : très noir.

46 **s'évertuer** : faire beaucoup d'effort.

47 **une tracasserie** : difficulté, agacement, ennui.

48 **un agronome** : ingénieur agricole.

49 **un vétérinaire** : médecin pour les animaux.

50 **une tractation** : une opération.

51 **embauché** : engagé, pris pour travailler.

52 **une djellaba** : sorte de robe droite que portent les hommes dans beaucoup de pays arabes et de pays musulmans.

53 **des babouches** : sortes de pantoufles orientales.

54 **un cheval d'arçon** : un jouet en forme de cheval.

55 **un tournesol** : plante qui se *tourne* vers le soleil.

56 **un calligraphe** : personne spécialisée dans la belle écriture.

57 **une échoppe** : une boutique, un atelier.

58 **un parchemin** : papier épais et de valeur.

59 **assis en tailleur** :

60 **un gobelet** : sorte de verre.

61 **quelqu'un de pincé** : qui n'est pas détendu et semble mécontent, a l'air de se forcer.

62 **abominable** : laid et effrayant.

63 **la bru** : la femme du fils.

64 **épié** : observé.

65 **accabler** : couvrir au point d'étouffer.

66 **harassant** : épuisant.

67 **une jérémiade** : plainte. Formé sur le nom du prophète Jérémie.

68 **obscène** : grossier.

69 **tenace** : dure, *tatillonne* : attentive à tous les détails.

70 **épouvantable** : effrayant.

71 **séquestrer** : enfermer.

72 **dérober** : enlever.

73 **mesquin** : petit, sans joie ni générosité.

74 **clandestinement** : en secret.

75 **un déferlement** :. une succession rapide. Comme les vagues se suivent quand la mer est agitée.

76 **éphémère** : qui ne dure pas.

77 **une lingère** : personne qui lave les vêtements.

78 **faire irruption** : entrer brusquement.

79 **monastique** : comme celle des moines, hommes de religion qui vivent isolés des femmes et du monde.

80 **faire faillite :** ne plus avoir d'argent.

81 **une vacation :** un travail temporaire.

82 **le C.N.R.S. :** le Centre National de la Recherche Scientifique.

83 **morbide :** qui mène à la mort.

84 **haler :** tirer.

85 **blême :** d'une couleur pâle, qui n'est pas vive.

86 **exilé :** obligé de vivre hors son pays.

QUESTIONS

1   Dans tous les textes de Georges Perec que vous avez lus les objets ont une place très importante. Perec a dit lui-même que dans le monde moderne le bonheur passe nécessairement par les relations que nous avons avec les objets. Dans les textes de *La Vie mode d'emploi* relevez des objets qui sont décrits de manière à être inséparables de certains sentiments, de certaines impressions.

2   « Au cinquième, droite » est un chapitre indépendant de *La Vie mode d'emploi*. Il y a dans ce texte un événement. Une action importante ou un sentiment qui est comme une action. Lequel ?

3   Quelle est, selon vous et selon ce que vous devinez des opinions de l'auteur, la ou les « morales » possibles de l'histoire de « la Belle Polonaise... »

4   Faites, en français ou dans votre langue puis en français le portrait de chacun des personnages qui apparaissent dans « La Belle Polonaise » et « Jane Sutton ».

5   Écrivez un texte expliquant, avec des exemples, les éléments qui vous paraissent communs à tous les textes de Perec que vous avez lus dans ce livre.

L'AUTEUR ———————————————— PASCAL LAÎNÉ

Né le 10 mai 1942 à Anet (Normandie) Pascal Laîné a connu le succès dès son premier livre B comme Barrabas *(1967) et c'est pratiquement le seul auteur de sa génération à avoir obtenu avant l'âge de 35 ans deux des plus grands prix littéraires français : le prix Médicis en 1971 pour* L'Irrévolution *et le prix Goncourt en 1974 pour* La Dentellière. *Ce dernier roman, porté à l'écran par Claude Goretta en 1977 avec Isabelle Huppert – dont la célébrité doit beaucoup à ce film – compte parmi les romans les plus vendus – 929 000 exemplaires en 1987 – (Folio n° 726) en France.*

Agrégé de philosophie, brillant « normalien », professeur au lycée Louis-le-Grand – l'un des plus prestigieux de Paris et de France – puis à l'Université, Pascal Laîné est aussi connu pour un ouvrage sociologique de qualité La Femme et ses images *(Stock, 1974).*

La Dentellière *est l'œuvre la plus populaire de Pascal Laîné. C'est aussi à notre avis la plus originale par plusieurs aspects. D'abord par ce qu'elle a le courage de dire sur les difficultés de communication à l'intérieur d'une même culture nationale entre personnes de « milieux » différents, ensuite par la précision et l'extraordinaire réalisme dans la description de ces choses à la fois élémentaires et essentielles que sont entre un homme et une femme mais aussi entre deux êtres proches : le silence, le sens d'un geste, d'un vêtement, l'appétit, l'attention. Enfin par une lucidité très rare non seulement dans la littérature mais dans toute la société française. Lucidité qui se manifeste par la multiplication des points de vue sur une même situation et la capacité de faire parler – comme chez Duras et Sarraute – plusieurs voix dans un passage très court.*

VOICI POMME

Voici Pomme dans sa dix-huitième année. Elle et sa mère habitent maintenant la banlieue de Paris, quelque part du côté de Suresnes ou d'Asnières. C'est dans un grand immeuble, escalier D, porte F. Ça s'appelle la Cité des Cosmonautes[1].

Ici on voit Pomme et sa mère assises côte à côte sur le divan de skaï[2] noir. Elles sont immobiles. Elles ont le même regard blanc dans le même axe, qui pourrait être celui d'un objectif photographique. C'est l'écran de la télévision qui fait une lueur grise où les reliefs des visages s'estompent comme sur une vieille photo d'album. Là, Pomme est en train de lire un magazine, couchée à plat ventre sur son lit. Sa tête et le magazine sont légèrement décalés[3] par rapport au reste du corps, du côté de la lumière de la fenêtre, secondée par une lampe de chevet[4] à cause du grand mur pas loin de la fenêtre.
Elle feuillette plutôt qu'elle ne lit, Pomme. « Soudain Giordano l'enlace. Elle voudrait protester mais elle éprouve une sensation nouvelle, inconnue, agréable, qui la trouble jusqu'aux fibres les plus intimes de son être. Ils se regardent et quelque chose naît en cet instant entre eux. Giordano sent une sorte de fluide[5] passer de l'un à l'autre... Un manteau d'étoiles resplendit[6] sur eux tandis qu'ils s'acheminent lentement, la main dans la main. »

Depuis un an elles étaient installées, Pomme et sa mère, dans ce deux-pièces où commençait de se développer une vie nouvelle, avec des fleurs dans un vase et un porte-savon dans la salle de bains.
La mère de Pomme avait beaucoup changé. Elle portait maintenant des blouses de nylon blanc quand elle était à faire le ménage, ou bien à ne rien faire, ou quand elle vendait des œufs.
Elle vendait aussi des berlingots[7] de lait, du beurre au quart ou à la motte[8], du fromage. Elle prenait son grand couteau à double manche, elle posait le tranchant sur la meule[9] de gruyère selon la grosseur qu'on lui demandait, et elle se faisait confirmer : « Comme ça, ou plus ? »
Le soir, le canapé de skaï était un grand lit avec des draps blancs ou bleu ciel. Le regard trempé dans la crème fraîche du plafond, la vendeuse et sa petite s'endormaient sous leurs couvertures de laine rose.

(La Dentellière, p. 28 à 32.)

LE CHARME DE POMME

Tous les matins, elle prenait le train. Elle descendait à Saint-Lazare et trottinait sans regarder les vitrines jusqu'au salon de coiffure. Elle enfilait[10] sa blouse rose. Elle se regardait l'œil dans la glace. Vérifiait le léger maquillage.

À cette heure-là les petites vendeuses, dactylos[11] ou précisément coiffeuses colorient de leur débandade[12] les lavures brunes de la foule sur les trottoirs. Mais Pomme avait autre chose que cette joliesse. Peut-être une espèce de beauté malgré la jupe à mi-cuisse, le pull-over trop étroit.
Et cela faisait d'elle, à la fin, une personne fort ambiguë. Au milieu des parfums, des flacons, des artifices sans prestige du salon de coiffure sa simplicité devenait mystérieuse. Le charme de Pomme c'est qu'elle était autre, sauf l'érotisme stéréotypé du petit bourrelet[13] entre la jupe et le pull. Toutefois cela impliquait une certaine distance, cette sorte de charme. Elle attirait et tenait en respect à la fois. Elle attirait surtout, mais en interdisant qu'on s'en rendît vraiment compte. Elle n'était pas coquine, même pas le regard. À la place il y aurait peut-être eu de l'impudeur[14] si on avait su lire ce qui n'était pas écrit. Car cette virginité (cette « page vierge »), mais par là même cette vraie nudité d'un visage que rien n'habillait (aucune arrière-pensée) ne pouvait aller sans impudeur, celle de Suzanne ou de Suzon surprise au bain[15], et redoublée si on peut dire de n'avoir pas été préméditée[16], de ne s'être voulue pour nul regard.

Sa bouche n'était maquillée que de sa propre placidité[17] charnue[18], ses paupières se fermaient quelquefois mais sur la pure saveur d'exister. Aucune provocation même soupçonnable[19] dans une si profonde paix. Mais elle n'avait pas à provoquer, Pomme, elle n'avait pas à s'offrir. Elle était naturellement offerte, comme à cet âge les filles, dont le corps n'a pas encore rajusté ses allures à toutes ses nouvelles éventualités[20].

(La Dentellière, pp. 33-34.)

ELLE N'AVAIT JAMAIS VU LA MER

On irait à la mer, mais où ?
Plus question de choisir, car on s'y prenait bien trop tard, mais il restait une petite chambre à louer à Cabourg, sur la Manche. Et ce n'était pas cher, surtout pour le mois d'août. Et puis on leur fit entendre[21], à l'agence, que c'était à prendre ou à laisser. Il y avait des gens qui attendaient, assis dans des fauteuils derrière Marylène et Pomme. Il y en avait même debout. Marylène versa donc les arrhes[22] et il lui fut remis, ainsi qu'à Pomme, un prospectus avec des images sur « Cabourg, sa plage de sable fin, sa digue de 1 800 mètres, son Casino, ses fleurs dans les jardins du Casino ».
C'était d'un exotisme[23] modeste, comparé au voyage qu'avait fait entrevoir le publicitaire au menton d'acier. Elle devait aller au Maroc, Marylène, dans un « club » aux confins du désert. Il y aurait eu des oasis et des mirages, des palmiers, des dromadaires et leur tangage sur les dunes. Elle se serait baignée la nuit. Elle aurait fait l'amour sur la grève, ensuite. Elle aurait connu la grande ivresse dans la nuit sauvage. Du fond de l'Afrique, elle aurait entendu le combat du tigre et du rhinocéros.
A Cabourg, elle allait quand même avoir les dunes et le téléphone (en bas, dans la boutique du propriétaire). Et puis Marylène donnait maintenant dans le modeste et le simple. Elle dit à Pomme : « Quelle chance tu as ! Tiens, par exemple, tu ne connais pas la Côte d'Azur. Tu as encore tout à découvrir. »

Elle n'avait jamais vu la mer, Pomme, sauf sur des cartes postales ou sur les affiches de la S.N.C.F., qu'elle connaissait bien, pourtant, puisqu'elle passait tous les jours à la gare Saint-Lazare.
La chambre qu'on avait louée fut encore plus petite et plus malcommode qu'on ne l'avait redouté. Dehors il pleuvait. Marylène déballa ses deux grosses valises en maugréant[25]. Elle en sortit ses petites robes diaphanes[26] et autres buées[27] vestimentaires, les déplia devant Pomme, et puis les jeta sur le lit dans un geste de répudiation[28] malheureuse : « Je ne pourrai jamais mettre ça !... ça non plus... tiens ! et ça tu me vois avec ça, ici ? » Pomme fit remarquer que les gens, dehors, avaient des parapluies.
Enfin le temps s'éclaircit. « Ça n'aura été qu'une averse[29] », dit Pomme par amitié pour Marylène.

Elle avait envie d'aller voir tout de suite la mer. Marylène ne fut pas mécontente non plus d'échapper à la petite chambre où on entendait dégorger[30] la gouttière, juste au-dessus de la fenêtre. On arriva sur la digue. Pas de mer ! C'était la marée basse, il n'y avait que du sable à perte de vue, et puis une étroite bande luisante, très, très loin. De rares vivants erraient au bord de cette catastrophe, en bottes de caoutchouc et en imperméable. Il y avait des parasols, aussi, mais tous repliés. Quelques-uns s'étaient renversés (...) Pomme avait froid. Marylène était d'humeur ironique et parlait des pull-overs qu'elle avait laissés à Paris. On décida de continuer la promenade « en ville ».

On parcourut deux ou trois fois l'avenue de la Mer, où il y avait des vitrines. On acheta des cartes postales représentant les « jardins du Casino » ou le « port de plaisance » par beau temps. Enfin on alla boire un chocolat chaud au « thé dansant » du Casino.

Il y avait un pianiste, un contrebassiste et un batteur qui fonctionnaient mécaniquement. Parfois le pianiste et le contrebassiste tombaient en panne. Ça ne marchait plus que sur un seul moteur, qui s'emballait[31] pendant quelques secondes. Puis le pianiste écrasait son mégot[32] dans une soucoupe, il crachait un bon coup dans ses mains (ou quelque chose d'approchant), et il se remettait à sarcler[33] dans ses notes. Tout rentrait dans l'ordre.

Personne ne dansait car il ne se trouvait au bord de la piste que deux autres couples de femmes, grelottant[34] d'ennui devant leurs boissons chaudes, exactement comme Marylène et Pomme.

(La Dentellière, pp. 66 à 70.)

CABOURG

Le climat frais et vivifiant[35] de Cabourg est particulièrement recommandé aux enfants, aux vieillards, aux convalescents[36]. Des leçons de gymnastique sont organisées sur la plage, sous la direction d'un moniteur agréé[37]. Les adultes peuvent s'y inscrire. Outre le tennis et le golf, de nombreuses activités sportives ou distractives s'offrent au choix des vacanciers : équitation[38], école de voile, club de bridge, et, bien sûr, le Casino, avec son orchestre typique, sa boule, sa roulette, et tous les samedis une soirée de gala, animée par une vedette du music-hall.

La plage de sable fin est large, surtout à marée basse ; on peut louer une cabine ou un parasol. Tout est prévu pour la distraction des enfants et la tranquillité des parents : promenades à dos d'âne ou de poney, terrain de jeux constamment surveillé, et chaque semaine un concours de châteaux de sable doté[39] de nombreux prix.

Parmi les festivités régulièrement organisées par le syndicat d'initiative, dirigé depuis vingt-trois ans par le dynamique et toujours jeune P.L., on notera surtout le corso[40] fleuri, à la fin du mois de juillet. C'est à juste titre que Cabourg est appelée « la plage des fleurs », et ce jour-là davantage encore que les autres : les commerçants de la ville rivalisent[41] d'imagination et de goût dans la décoration des chars qui défilent sur la digue. Les enfants des écoles et de la paroisse[42] jettent sur la foule des pétales de roses. Quelques jours plus tard, c'est le grand concours d'élégance automobile, également sur la digue. La distribution des prix se fait au Casino. Au cours de la même soirée les Messieurs de l'assistance[43] participent à l'élection de miss Cabourg, parmi les jeunes filles présentées par le sympathique président du syndicat d'initiative[44].

(La Dentellière, pp. 101-103.)

POUR MIEUX COMPRENDRE

1 un cosmonaute : celui qui voyage dans le *cosmos*.

2 le skaï : tissu qui imite le cuir.

3 être décalé par rapport à : en avant ou en arrière par rapport à un autre objet.

4 une lampe de chevet : une lampe proche du lit.

5 un fluide : un liquide. Ici : une force, une influence, un courant qui passe d'une personne à une autre.

6 resplendir : briller en renvoyant de la lumière.

7 un berlingot : lorsqu'on parle de lait c'est un emballage qui a, en plus gros, la forme d'un bonbon.

8 à la motte : au morceau.

9 une meule : grand fromage ayant la forme d'un disque très épais.

10 enfiler : mettre.

11 une dactylo : abréviation de dactylographe. Employée ou secrétaire tapant à la machine à écrire (faisant de la dactylographie).

12 une débandade : départ dans un grand désordre suggérant une fuite.

13 un bourrelet : une partie du corps plus gonflée, dont on voit la rondeur.

14 l'impudeur : le fait de ne pas avoir honte de montrer ce qui ne doit pas être montré (en public).

15 Suzanne surprise au bain : thème célèbre de plusieurs tableaux de l'époque classique.

16 prémédité : préparé, volontaire.

17 la placidité : le calme, la profonde tranquillité.

18 charnu : fait de beaucoup de chair.

19 soupçonnable : sur quoi peuvent peser des soupçons. Ici : imaginable.

20 une éventualité : une chose qui pourrait arriver.

21 entendre : prêter attention à. Ici : comprendre.

22 des arrhes : somme d'argent que l'on donne à l'avance au moment de la conclusion d'un contrat ou d'une réservation.

23 l'exotisme : désir, recherche de ce qui n'appartient pas à sa culture, à sa civilisation ; qui vient de loin.

24 les confins : les parties d'un territoire qui se trouvent à ses extrêmités, à ses frontières lointaines.

25 maugréer : montrer qu'on n'est pas content en protestant à mi-voix « entre ses dents ».

26 diaphane : presque transparent.

27 buée : légère vapeur.

28 la répudiation : acte par lequel l'un des deux époux casse le contrat de mariage sans avoir besoin de l'accord de l'autre. Ici, geste de rejet.

29 une averse : pluie soudaine, brève et violente.

30 dégorger : faire sortir de soi. Ici : laisser sortir l'eau.

31 s'emballer : se mettre à aller très vite.

32 un mégot : un reste de cigarette.

33 sarcler : au sens propre « enlever les mauvaises herbes ». Ici : gratter, jouer de façon mécanique sans beaucoup de talent.

34 grelotter : trembler de froid.

35 vivifiant : qui donne le sentiment d'être en bonne santé.

36 un convalescent : celui qui est guéri mais n'a pas encore retrouvé toute sa santé.

37 agréé : qui a reçu l'« agrément » c'est-à-dire l'autorisation officielle de faire son métier.

38 équitation : pratique sportive du cheval.

39 doté de : avec.

40 le corso : défilé de chars.

41 rivaliser avec quelqu'un : entrer en compétition, être en concurrence avec quelqu'un.

42 une paroisse : sur un territoire, l'ensemble des personnes dont un curé ou un pasteur ont la responsabilité spirituelle.

43 l'assistance : les spectateurs.

44 un syndicat d'initiative : bureau fournissant aux touristes toutes sortes de renseignements sur une ville dans le but de développer le tourisme.

QUESTIONS

1   Faites en dix lignes le portrait de Pomme.

2   Pourquoi, selon vous, Laîné a-t-il appelé son héroïne Pomme ?

3   À quoi ressemble la description qui est faite de Cabourg dans le passage qui porte ce titre ? À quoi voit-on qu'elle est ironique ?

4   Faites en dix lignes le portrait de la mère de Pomme.

5   Comment situez-vous socialement l'appartement où vivent Pomme et sa mère ?

6   Présentez en dix lignes une « station balnéaire » (une ville ou un village au bord de la mer où les gens vont passer des vacances) que vous connaissez.

LE STYLE DE MARYLÈNE

Marylène voulut aller jusqu'au « Garden tennis-club ». On acheta deux cartes de « visiteurs », valables un mois. Pomme et Marylène se promenèrent dans les allées gravillonnées[1]. Pomme regardait les joueurs. Marylène les soupesait[2], les palpait de l'œil comme des étoffes à l'étalage[3] du marché Saint-Pierre[4]. Pomme se déchaussa[5] plusieurs fois, appuyée sur le bras de Marylène, pour se débarrasser des cailloux dans ses chaussures découvertes. Elle était de plus en plus morose, Marylène. Elle avait eu l'idée de passer avec Pomme des vacances de jeunes filles sages. Mais ç'aurait dû être au Grand Hôtel. Elle aurait fait promener par le portier sa meute[6] de pékinois. Elle aurait pris le petit déjeuner dans une chemise de nuit en batiste[7]. Elle aurait perdu de l'argent au baccara[8], elle aurait reçu chaque jour des gerbes de roses envoyées par des inconnus.

Mais, même ça, ce n'était pas le personnage voulu, tant par le climat que par l'allure de la ville, des maisons, des jardins, par l'absence de boutiques à la mode. Il aurait mieux valu avoir une grande villa un peu désuète[9], comme celles qu'on voyait sur la digue. Il aurait fallu savoir jouer au tennis, monter à cheval (peut-être en amazone)[10]. Et Marylène n'avait pas la sorte de beauté pour ces situations. Il convenait d'être plutôt belle et grande, comme elle, mais moins musquée. Le style de Marylène c'était Juan-les-Pins ; c'étaient les chemisettes transparentes et le relief du slip sous le pantalon. Pas les jupes plissées, les chaussettes blanches et les chemises Lacoste. Elle était beaucoup mieux à sa place dans un cabriolet[11], le bras nonchalemment nu sur la portière, que pédalant les cheveux au vent sur une bicyclette un peu grinçante, un gros pull-over jeté sur les épaules. Or, c'était ça, l'élégance fraîche et saine de Cabourg. Pas de maquillage, ni surtout de bronzage, mais le teint clair (un léger hâle)[12], le regard simple, une féminité désinvolte, de grands pas au-dessus des flaques d'eau. Porter trois jours de suite le même vêtement, se mettre à l'ombre quand il y a du soleil, marcher les autres jours un vieil imperméable sur le dos, un foulard détrempé[13] sur la tête.

Jusque-là elle avait rêvé, Marylène, de grands voyages dans les « jets » de la Pan Am, de ciels tropicaux sur des îlots de corail, et d'étalements au soleil, vêtue seulement d'un collier de coquillage. Maintenant elle comprenait que c'étaient des voluptés[14] d'employés de bureau (...) Le vrai chic, elle le découvrait seulement, étranger, inaccessible. Elle pouvait encore rencontrer le publicitaire le plus athlétique de tout Paris, et savoir le rendre fou de jalousie, il lui manquerait toujours d'avoir passé les étés d'autrefois au bord d'une plage pluvieuse, dans une villa vaste et sonore, aux cloisons[15] tapissées de rires d'enfants et d'une légère poussière. Elle, elle était du côté des « vacanciers », des campeurs, de ceux qui vont et viennent, même les riches qui descendent dans les grands hôtels.
Ça, c'était une question de naissance, soupçonnait Marylène.

(La Dentellière, pp. 71 à 73.)

POMME SE SENTAIT INCONGRUE

... une fois sur la plage elle se trouva tout d'un coup trop blanche, trop grosse au milieu des dorures à motifs sveltes[16] de ces filles dont la nature semblait comporter de s'étendre au soleil, de devenir irrésistiblement des objets de contemplation. Et Pomme se demanda tout d'un coup quoi faire de ses mains, de ses jambes, de son corps, qui ne lui appartenaient que dans l'accomplissement de leur tâche. Car c'était cela, la nature de Pomme, et qui la rendait étrangère aux autres filles, sur le sable (pétales sur un plateau de vermeil)[17] : elle était née pour la besogne. Et, sans savoir au juste pourquoi, Pomme se sentait non pas exactement laide, mais incongrue[18] sur sa serviette de bain. Il lui manquait, au moins ce jour-là, l'aptitude à l'oisiveté. Les autres baigneurs, elle les voyait maintenant comme les automobilistes d'autrefois sur la route de son village : elle en était séparée par une vitre. De son côté de la vitre, face aux hommes et aux femmes nus, il y avait le monde du travail, c'est-à-dire une pudeur qui lui intimait[19] à voix basse de se rhabiller.

En rentrant (mais Pomme n'avait pas décidé de rentrer : elle ne faisait qu'obéir à une main qui la poussait à l'épaule), Pomme aperçut Marylène. Elle triomphait, Marylène, dans un long char rouge à côté d'un homme à large mâchoire[20]. Elle défilait dans l'avenue de la Mer, suivie d'un cortège d'autres voitures. Elle avait sur les gens, ravalés au rang de foule, des regards de chef d'État. C'était la reine, la shahbanou[21], l'altesse. Et Pomme se sentit perdue dans la foule, souverainement confondue dans le public de Marylène par le léger sourire qui lui fut adressé, de si loin, de si haut qu'elle n'osa pas y répondre.

En remontant dans la chambre, Pomme vit tout de suite que Marylène avait emporté ses affaires. Elle trouva un petit mot : « Tu seras bien mieux, ma chérie. J'ai emporté les cintres[22] dont tu n'as pas besoin. J'ai mis des gâteaux pour toi sur le rebord de la fenêtre. Je t'embrasse très fort. »
Cette fois, Pomme eut un sentiment de réduction infinie : Marylène était partie en lui laissant quoi ? De la nourriture !

(La Dentellière, pp. 80-81.)

QUELQUE CHOSE CHANGEAIT

Quelque chose était en train de se passer. Aimery parlait à Pomme. Il parlait très vite et très petit, comme écrivent certaines personnes, en serrant les mots. Pomme ne disait rien. Une partie d'elle-même écoutait ; mais seulement une petite partie. Tout le reste commençait à s'enfoncer dans l'eau tiède, presque un peu trop, d'une rêverie indéfinie. Quelque chose changeait. Pour le jeune homme aussi. Les gens allaient et venaient devant ce couple banal sans rien remarquer, sans même les regarder vraiment. Eux non plus ne voyaient pas les gens. Tout cela n'était presque rien. Peut-être une infime[23] modification dans la teinte[24] et la consistance des choses devant eux : de la boule de chocolat, évidemment, mais aussi des coupes, et de la petite table ronde.

Rien n'avait laissé prévoir cet instant chez l'un ni chez l'autre. Aucun des deux n'y prêtait attention. Est-ce qu'ils se rendaient seulement compte qu'ils avaient déjà besoin de se revoir ?
La voilà qui se déroulait, Pomme, elle jusque-là si close, l'âme en colimaçon[25] : son silence faisait deux petites cornes du côté d'Aimery, se rétractant parfois, mais point complètement, quand le jeune homme posait trop longuement le regard sur elle.
Pendant un moment leurs pensées glissèrent côte à côte, solitaires. Chacun s'enfermait en lui-même, sans chercher à dévider le cocon[26] où l'autre s'était de même enfermé. Ils ne sentaient pas que dans cette solitude, moins d'une heure après qu'ils s'étaient rencontrés, résidait le possible désir d'une vie à deux.

Ce désir devait être en eux depuis longtemps. Chacun devait l'avoir nourri d'une longue timidité, peut-être pas si différente, au fond, chez l'un et chez l'autre. Et c'était maintenant si fort, cette manière étrange d'indifférence à l'autre, ou peut-être même à sa propre émotion, qu'elle oblitérait[27] l'image, le timbre de voix, le regard de l'autre. Quand ils se furent quittés ce soir-là, après s'être suggéré qu'ils se rencontreraient sans doute, sûrement, le lendemain, nul des deux ne put se rappeler exactement le visage de l'autre, quelque effort qu'il fît, soudain soucieux de ce qu'ils avaient vécu.
Cette plongée au cœur de soi-même et de son rêve intérieur a souvent une première apparence d'incongruité ; celle, par exemple, de toutes ces questions que le jeune homme avait posées à Pomme, et dont il ne s'était pas encore avisé d'écouter les réponses. Mais les réponses viendraient en leur temps, bien plus tard. Pomme, elle, n'avait pas besoin de poser de question. Elle était de celles qui savent d'emblée[28] qui est en face d'elles, en de telles circonstances. Ce n'était pas Aimery, mais quelque chose comme une certitude, quelque chose d'intérieur à elle, qui lui appartenait déjà. Un petit garçon de trois ou quatre ans vint se planter devant elle, pendant qu'Aimery parlait. Il suçait un esquimau Gervais, et il bavait. Pomme fit un sourire au petit garçon. Elle ne s'était jamais avisée qu'elle aimait les enfants. Elle aurait voulu le caresser, redresser la mèche de cheveux qui lui tombait sur l'œil. Mais il était juste un peu trop loin d'elle ; il se dandinait[29] d'un pied sur l'autre.

(La Dentellière, pp. 87 à 89.)

Pomme s'endormit ce soir-là d'un sommeil qui l'emporta très loin dans le ventre de la nuit. Elle rêva qu'elle flottait, telle une noyée entre deux eaux. C'était un peu comme la mort, peut-être, mais une mort très paisible qu'elle aurait attendue depuis toujours, et qui aurait été son accomplissement[30], sa vraie beauté délivrée[31] des gestes étroits de la vie. Elle dormit ainsi jusqu'à neuf heures vingt-cinq.

Le futur conservateur[32], au contraire, tarda beaucoup à trouver le sommeil. Il ne pouvait s'empêcher de remuer constamment, avec ses idées, dans son lit. C'est de Pomme qu'il s'agissait, bien entendu. Elle chevauchait à côté de lui sur la lande, coiffée d'un hennin[33]. Il tenait un faucon[34] sur son poing droit ganté de cuir noir, la main gauche sur le pommeau[35] de sa dague[36] ; cependant il s'avisa qu'il ne pouvait pas tenir sur son cheval ainsi ; il dut trouver une autre pose. Plus tard il la voyait étendue sur un lit à baldaquin[37]. Elle était nue sous la transparence des voiles qui flottaient autour du lit. Un lévrier[38] était couché contre ses talons joints. Ses cheveux blonds rehaussaient[39] le brocart[40] d'or des coussins où sa nuque fragile était posée. Il s'endormit sur cette vision mais son sommeil fut agité. Les images se bousculaient. Il avait trop de rêves à la fois pour une seule nuit. Il se réveilla très tôt, fatigué d'avoir tellement erré parmi ses songes. Mais il se sentait plein d'énergie. Il s'avisa qu'il n'avait pas fixé de rendez-vous avec Pomme. Mais comme il avait toute chance de la rencontrer, il se félicita de cette petite incertitude qui mettait un peu de risque dans ce qui était déjà leur aventure.

(La Dentellière, pp. 91-92.)

ABSOLUMENT RIEN À SE DIRE

Ils ne trouvaient absolument rien à se dire, et voilà cinq minutes qu'ils étaient assis l'un près de l'autre sous les encouragements indiscrets du gardien de square. Le futur conservateur avait très peur que Pomme n'eût envie de danser car il ne savait pas danser, et il ne se doutait pas que Pomme se doutait qu'il ne savait pas danser (il n'en était que plus intéressant aux yeux de la jeune fille). Alors il lui proposa d'aller jouer à la boule, à côté. (Il avait pris un peu d'argent, le matin, dans l'intention d'inviter Pomme à déjeuner et – pourquoi pas ? – à dîner.)

On ne s'étonnera pas d'apprendre que Pomme n'était jamais entrée dans une salle de jeu. Elle était très intimidée ; elle écarquillait[41] tous ses sens, pénétrée de ces impressions nouvelles : la grande table verte et le tourniquet où la bille rebondissait, puis s'arrêtait doucement, comme aimantée[42] par les regards ; il y avait aussi l'homme en noir qui prononçait les paroles rituelles[43], établissant le contact, la tension entre les regards et la bille : « Les jeux sont faits ?... rien ne va plus. » Sa voix traînait un peu sur le « rien », et se durcissait tout d'un coup au tranchant du « plus ».
Confiant dans la chance qu'il venait de retrouver, le futur conservateur changea son billet de dix mille en jetons de cinq francs. Il expliqua le jeu à Pomme et lui donna la moitié de ses jetons. Il lui fit savoir qu'il y a des règles mathématiques qui permettent de dominer le hasard et qu'il les connaissait (tout étonné lui-même de sa forfanterie)[44]. Pomme était émerveillée de découvrir ces choses et qu'on pût ainsi gagner de l'argent à simplement se divertir. La vie était bien plus excitante qu'elle n'avait osé le croire jusque-là.

Le futur conservateur perdit son argent en moins de dix coups car il mettait deux jetons à la fois de peur de paraître timoré[45]. Pomme fut un peu plus longue à rendre son dernier jeton car ce n'était pas son argent, elle était très confuse[46] de perdre.
Donc il n'avait plus un sou pour l'inviter à dîner, c'était embarrassant. Il n'avait pas encore parlé comme il voulait à Pomme (mais qu'avait-il donc à lui dire ?) : ils ne pouvaient pas se quitter comme ça.
Pomme vint à son secours et lui proposa de monter chez elle, il y avait de quoi manger. Il pensa que c'était une idée charmante, ou plutôt il lui dit qu'il pensait que c'était une idée charmante. En entrant dans la chambre, pourtant, il se rendit compte qu'il n'avait été tiré d'embarras[47] que pour un embarras plus grand encore ; il était seul, dans une chambre, avec une jeune fille : est-ce qu'il ne faudrait pas, tout à l'heure, qu'il la prenne dans ses bras ? Il la regarda ouvrir une boîte de haricots verts avec un ouvre-boîtes, puis les verser dans un saladier où elle avait auparavant mélangé l'huile Lesieur au vinaigre, avec une pincée de sel. Il ne voyait que son dos et il se demandait si ce dos portait la marque d'un émoi[48], d'une attente.

Ils mangèrent les haricots en salade sans que le jeune homme ait pu déchiffrer les desseins[49] de la jeune fille, qui du reste n'en avait pas. Elle était simplement contente d'être avec le jeune homme, de dîner avec lui, et elle ne s'inquiétait pas du silence du jeune homme qui, lui, se morfondait[50] de ne rien trouver à dire à la jeune fille.
Cette fois, en se quittant, ils prirent garde à se fixer un rendez-vous. Il lui fit répéter deux fois l'heure et le lieu. Il s'en alla ensuite, sans que rien se soit passé entre eux, mais comme un client qui sort d'un magasin où il vient de retenir un objet avec des arrhes.

(La Dentellière, pp. 95 à 99.)

1 gravillonné : tapissé de petits cailloux ou « gravillons », de « fin gravier ».

2 soupeser : peser avec la main. Ici, évaluer.

3 un étalage : endroit où est exposée la marchandise.

4 le marché St-Pierre : marché de tissus très populaire au pied de la butte Montmartre à Paris.

5 se déchausser : enlever ses chaussures.

6 une meute : troupe, bande, grand groupe de chiens.

7 la batiste : tissu de lin, très fin.

8 le baccara : jeu de cartes où le 10, appelé baccara, équivaut à 0.

9 désuet(e) : démodé, vieux.

10 monter à cheval en amazone : en ayant les deux jambes du même côté.

11 un cabriolet :

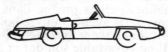

12 un hâle : léger bronzage, quand la peau est devenue plus brune par le soleil.

13 détrempé : mouillé.

14 une volupté : un plaisir.

15 une cloison : une sorte de mur très fin séparant deux pièces.

16 à motifs sveltes : dont le sujet est mince et souple. Le « motif » peut être le « sujet d'une peinture ».

17 vermeil : d'un rouge vif. Ici : d'or.

18 incongru(e) : pas convenable, peu en harmonie avec ce qui l'entoure, contraire à ce qu'on a l'habitude de voir.

19 intimer quelque chose à quelqu'un : ordonner quelque chose à quelqu'un.

20 un visage à large mâchoire :

21 shahbanou : titre de la femme de l'ex-chah d'Iran. Impératrice.

22 un cintre :

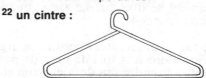

23 infime : tout petit.

24 une teinte : une couleur.

25 en colimaçon :

26 un cocon : enveloppe formée par un long fil de soie, généralement dure, dont les chenilles – avant de devenir insectes – s'entourent, où elles s'enferment.

27 oblitérer : effacer.

28 d'emblée : tout de suite, immédiatement.

29 se dandiner : se balancer avec une certaine maladresse.

30 l'accomplissement : la réalisation de tout ce qui était destiné à être.

31 délivré : libéré.

32 un conservateur (de musée par ex.) **:** un directeur général responsable d'une institution publique.

33 un hennin : ancienne coiffure féminine haute et conique.

34 un faucon : oiseau puissant, rapide, noble et « rapace » c'est-à-dire se nourrissant de viande et ayant le bec « crochu » et les ongles « recourbés ».

35 un pommeau :

36 une dague :

37 un lit à baldaquin :

38 un lévrier : chien à longues jambes, très rapide et accompagnant les « seigneurs » à la chasse.

39 rehausser : relever, donner plus d'éclat.

40 brocart : étoffe où sont cousus de la soie, de l'or ou de l'argent.

41 écarquiller : ouvrir très grand.

42 aimanté : attiré comme un *aimant* : métal qui attire tous les autres métaux.

43 rituel : habituel, qui est répété comme si cela faisait partie d'un *rite* religieux, d'une cérémonie officielle.

44 la forfanterie : l'état de celui qui se vante avec exagération, qui prétend être ou faire des choses au-dessus de ses moyens.

45 timoré : qui a peur du risque, des responsabilités de l'imprévu.

46 confus(e) : embarrassé. Ici : honteuse.

47 un embarras : une situation où on ne sait pas quoi faire.

48 un émoi : un trouble, une émotion.

49 un dessein : une intention.

50 se morfondre : attendre en s'ennuyant.

QUESTIONS

1   Selon Pascal Laîné il existe deux sortes d'élégance, de « chic », comme il existe deux sortes de plages et deux sortes de filles. Recherchez les passages où il fait ces comparaisons et dites ce que vous en pensez.

2   Cherchez dix différences entre Pomme et Aimery.

3   À quoi remarque-t-on que la description des rêves d'Aimery est ironique ?

4   Qu'est-ce qui a changé et qu'est-ce qui n'a pas changé en Pomme après sa rencontre avec Aimery ?

5   Qu'est-ce qui, selon vous, intéresse Aimery dans Pomme et qu'est-ce qui intéresse Pomme dans Aimery ?

LA SIMPLE MAJESTÉ DE SON GESTE DE « DENTELLIÈRE »

Le visage de Pomme avait quelque chose de net et de lisible. Pourtant on n'y pouvait rien déchiffrer que de très naïf et de décevant. Mais s'agissait-il de lire ? L'étudiant se plaisait à la pensée qu'il devait y avoir là comme un message, provisoirement indéchiffrable. Or la substance dont Pomme était faite, aussi précieuse la devinât-on, se révélait d'une opacité sans défaut, comme un bijou dont la perfection eût été de n'avoir point d'éclat.

Et les efforts d'Aimery pour se saisir de Pomme, pour y déposer des couleurs, des reflets selon ce qu'il voulait croire d'elle, échouaient tous de la même manière. La jeune fille était d'une pâte facilement malléable[1], mais avec la propriété de perdre aussitôt l'empreinte[2] qu'on y avait faite. À la moindre inattention de lui, elle redevenait une sphère parfaitement blanche.

Pomme semblait se pénétrer des paroles d'Aimery, des paysages qu'il lui enjoignait[3] d'admirer, ou de la musique, par exemple de cette symphonie de Mahler entendue sur le transistor que Marylène avait oublié dans la chambre meublée.

Et le jeune homme avait découvert peut-être ce qui faisait la beauté secrète et sans rayonnement de Pomme. C'était un ruisseau sous les grands arbres noirs d'une forêt bavaroise, dont le cours n'avait nulle fontaine terrestre mais s'alimentait aux averses du soleil entre les sapins. Le soleil faisait alors sur l'herbe une sorte d'obscurité.

Pomme s'était doucement levée, après la dernière note de la symphonie ; elle avait détaché ses mains du poste de radio et les avait portées à son visage comme pour recueillir les ultimes bruissements des hautes branches entremêlées de la musique et de son âme. Puis elle était allée faire la vaisselle qui restait du déjeuner.

Or n'était-ce pas cela, Pomme : un rêve qui s'achevait dans la mousse d'un évier[4], ou dans les touffes de cheveux[5] sur le carrelage du salon de coiffure ? La simplicité de la jeune fille avait de naturelles connivences[6] avec les effets les plus subtils de l'art ; elle en avait de même avec les choses, avec les ustensiles[7]. Et l'un n'allait peut-être pas sans l'autre. La beauté soudaine et non délibérée qui émanait de Pomme à ses tâches quotidiennes, lorsqu'elle lavait, qu'elle préparait à dîner, empreinte de la simple majesté de son geste de « Dentellière », était du même au-delà, sans doute, qu'une symphonie de Mahler.

Mais cela, l'étudiant n'aurait su l'admettre. Il n'était pas si simple, lui. Il fallait que le beau, que le précieux aient leur lieu propre, très loin du reste du monde où règnent le banal et le laid.

(La Dentellière, pp. 103 à 105.)

CEPENDANT IL NE LA DÉSIRAIT PAS

Pomme attirait souvent les regards, remarqua un jour le futur conservateur. Et c'étaient des regards sans équivoque[8], d'une franche concupiscence. Cela le flattait un peu, de marcher à côté d'une fille qu'on lui faisait ainsi savoir désirable ; mais en même temps il se trouvait gêné d'éprouver pour elle plutôt une sorte d'attendrissement, au fond très chaste[9]. Les regards qu'il voyait porter sur elle donnaient sans doute du prix à la jeune fille, mais en lui enlevant la sorte de valeur que lui, prétendait y trouver. Et bientôt ces regards l'irritèrent[10]. Il en concevait une étrange jalousie, celle de se voir dérober ce que lui-même ne tenait pas à prendre.
Et quand il décida de faire l'amour avec elle, deux semaines après leur première rencontre, ce fut aussi dans une volonté sombre, inquiète et finalement pusillanime[11], d'en finir sans doute avec l'incertitude de son sentiment, avec cette sorte de remords[12] ou de soupçon de ne pas savoir qui était Pomme, qui elle aurait été pour lui. Il ne cherchait plus à s'assurer qu'elle était précieuse quelque part en un séjour lointain. Il avait peur de l'aimer, au contraire, de s'attacher à elle. Il n'y avait pas quinze jours qu'il la connaissait et déjà, Dieu sait comment, elle faisait partie de ses habitudes ; elle avait pénétré sa vie, elle l'imprégnait, comme l'eau se mélange au Pastis 51[13]. Mais il n'acceptait pas qu'elle pût un jour lui manquer. Il devait la réduire, et en même temps l'écarter[14] de lui.

Et puis c'étaient les derniers jours de vacances. L'un et l'autre allaient rentrer à Paris. Le jeune homme craignait malgré lui que la Dentellière ne lui fît quand ils partiraient un adieu sans façon et sans espoir. Et cette crainte révélait en lui le sentiment, pour une fois, de la personnalité de Pomme : elle l'aimait, à n'en pas douter, mais elle aurait tout simplement cassé le fil de leur histoire entre ses dents, et rangé son ouvrage sans paraître y songer davantage. Alors il voulait lui faire savoir qu'il tenait d'une certaine manière à elle, à condition de ne pas le lui dire. Il se serait jugé ridicule alors. Il l'aurait été en effet, car ce qu'il éprouvait pour elle ne pouvait pas être « appelé » de l'amour, même si cette inquiétude était en quelque sorte (mais alors en vérité) de l'amour.
Cependant il ne la désirait pas. Il était bien trop occupé par toutes ces questions pour la désirer. Son corps était empêché. Plus d'une fois il avait cru sentir ses lèvres affleurer[15] la peau tiède et légèrement ambrée[16] de la jeune fille, à l'endroit où la nuque se détache de la bretelle du soutien-gorge. Mais rien ne s'était passé : il lui avait parlé comme d'habitude, et des paroles seulement avaient pris la place que le regard venait d'assigner[17] aux lèvres. Alors il lui parla encore. Gauchement[18], mais la jeune fille ne s'esclaffa[19] point. Elle parut réfléchir un instant ; puis elle dit que ce serait « quand il voudrait ». Aimery fut soulagé, mais en même temps désappointé[20] par une

aussi simple réponse. Cela ne correspondait pas à l'effort qu'il avait fait pour s'exprimer ni surtout, pensait-il, à la gravité de la circonstance. Pomme lui avait déjà laissé entendre qu'elle était vierge. Il le croyait. Alors, alors, pourquoi cette si facile soumission ? Cela n'avait-il donc aucune importance pour elle ? S'il avait été conséquent[21] avec lui-même il ne se serait pas posé cette question. N'avait-il point subodoré[22] l'« inimportance » pour la jeune fille de leur possible séparation ?

On arrêta que[23] ce serait pour le soir même. Pendant le reste de la journée, passée comme les autres à se promener soigneusement par les petites routes de l'arrière-pays, Pomme ne se montra nullement troublée. Elle convint avec Aimery que les sites étaient bien sublimes[24], ce jour-là comme les autres. Quand ils descendirent de la voiture, sur le chemin du retour, pour marcher sur la jetée du port à Ouistreham, elle lui prit la main.

C'est là qu'ils dînèrent ensemble, face à face. À plusieurs reprises elle posa encore sa main sur la main du jeune homme. Lui, regardait avec étonnement le visage de Pomme, où rien ne se donnait toujours à lire. Il se rappelait la décision qu'ils avaient prise le matin ; c'était comme un très ancien souvenir. Il se disait que Pomme, maintenant, lui tenait la main, que lui-même laissait sa main dans celle de Pomme, doucement, et qu'ils faisaient un très vieux couple. Un calme courant de tendresse passait d'un bord à l'autre de la table, parmi les assiettes, les verres à moitié pleins, et les plats. Et sous l'éclairage de ce sentiment, le visage de Pomme devint brièvement mais nettement déchiffrable[25], dans son opacité[26] même : c'était le visage de sa femme.

Pomme eut un léger frisson un peu après la salade verte. Il alla prendre le châle qu'elle avait laissé dans la voiture et le lui posa sur les épaules. Elle lui dit « merci » ; elle eut un sourire de jeune femme enceinte. Alors l'étudiant réprima[27] un mouvement de révolte : ou bien il s'était fait jouer, prendre au piège ; ou bien il allait commettre un acte abominable[28] avec cette créature tellement désarmée. Il alluma une cigarette.

En rentrant à Cabourg, il compta les bornes kilométriques jusqu'à l'entrée de la ville. S'il y en avait un nombre impair, il ne monterait pas dans la chambre.

(La Dentellière, *pp. 107 à 112.*)

IL Y AURA UN PEU D'ELLE EN LUI

Il descendait prendre son café-crème au *Jean-Bart*. Avec deux croissants. Il méditait une demi-heure sur son avenir. Il pensait à Pomme, par intermittence.

Pomme assumait avec gentillesse et gaîté les frais supplémentaires du ménage ; elle avait la présence légère ; elle savait disparaître au gré parfois taciturne[29] du jeune homme au front pensif.

Elle rentrait vers huit heures, le soir, les provisions[30] faites. Comme c'était encore les vacances pour l'étudiant, celui-ci restait à lire dans la chambre, ou bien il profitait des belles journées de septembre pour se promener, sur les quais, dans les jardins des Tuileries. Il passait parfois une heure au Louvre. Ce serait une des époques les plus heureuses de sa vie. Jamais il n'avait goûté pareille saveur de liberté, de paix avec soi-même. Il flânait[31] tout l'après-midi. Il ne rentrait qu'au soleil couchant, par le pont des Arts, l'Institut, la rue de l'Université : sa vie d'alors aurait été, pensait-il, nourrie du sens le plus riche de ces noms prestigieux. C'était quand même autre chose, non, que d'habiter la rue Edmond-Gondinet dans le XIIIe, ou la place Octave-Chanute, au-dessus d'un Félix Potin[32] ! Il se souvenait de Pomme au moment de remonter dans la chambre. Parfois il essayait de la retrouver chez les commerçants.

Il lui avait appris à s'habiller, à Pomme : c'était d'un autre style que celui du salon de coiffure. Elle avait des blue-jeans, maintenant, et des espadrilles comme à la plage (elle mettait une jupe et des souliers vernis pour aller travailler). Elle s'était laissé convaincre de ne plus porter de soutien-gorge sous ses chemisettes. Elle avait la poitrine un peu grasse, mais ronde, et tendre comme le rythme lent d'un tango. Pour aller avec l'étudiant sur la place Saint-Germain, le samedi soir, elle se faisait des bouclettes avec son fer à friser.

Voici donc nos deux personnages en situation. Pomme fera le ménage. Aimery fera des projets. Elle n'aura pas le temps, Pomme, de participer aux projets d'Aimery. Ce n'est pas son rôle ; c'est au présent qu'elle doit vivre. Quant aux projets du garçon, ils le dispensent à peu près de toute activité. Pomme et l'étudiant vivront, dans l'intimité[33] factice[34] de leur chambrette, deux existences absolument parallèles. Aimery s'en trouvera satisfait, car l'essentiel, pour le futur conservateur, c'est qu'on ne le dérange pas. Et Pomme ne le dérangera pas ; elle fera mieux : elle s'interposera[35] entre les choses et lui, afin que les choses ne viennent pas à le distraire de ses lectures et de ses méditations.

Mais l'important c'est qu'elle aussi, elle surtout, se jugera satisfaite du partage : quand son ami, par courtoisie[36] ou machinalement, fera mine[37] d'essuyer une assiette qu'elle aura lavée, ou de retaper[38] le lit, la jeune fille s'insurgera[39] : il ne devra pas faire ça ; il ne devra pas savoir le faire, car c'est à ce prix qu'il pourra lire, étudier, réfléchir, et Pomme se fera une obligation et un privilège de le payer. Ses humbles[40] tâches, dédiées[41] à l'étudiant, deviendront un peu de son savoir, de sa substance. Il y aura un peu d'elle, en lui. Elle ne demande rien d'autre.

(La Dentellière, pp. 120-122.)

UN JOUR ELLE LE SURPRIT QUAND MÊME

Maintenant il évitait de passer avec elle de longs moments d'oisiveté, à cause de ces silences, d'elle, de lui, et d'elle encore. Le soir, après leur bref repas, il reprenait simplement ses lectures de l'après-midi, dans des livres empruntés à la bibliothèque. Pomme s'affairait à la vaisselle, très longuement ; comme si elle avait eu peur de rester inactive devant lui. Et quand elle avait fini avec la vaisselle, ou bien avec le linge, elle feuilletait attentivement des livres de chez Gallimard qu'il lui avait dit de lire. Ses doigts sentaient bon le Paic[42]-Citron.

Il y avait les dimanches. Aimery les passait quelquefois dans sa famille ; mais il n'aimait pas laisser Pomme derrière lui (comme une fenêtre qu'il aurait oublié de fermer). Alors il restait le plus souvent avec elle. Cela lui épargnait[43] du moins d'imaginer la jeune fille, toute seule, incapable même de s'ennuyer, mais affairée[44] pour l'amour de lui à de dérisoires besognes[45]. Toutes les fois qu'il revenait de Normandie, le dimanche soir, il trouvait l'offrande naïve d'un nouveau coussin décoré au crochet ; ou bien elle avait soigneusement raccommodé[46] quelque vêtement qu'il avait oublié de jeter, l'hiver précédent. Il avait honte pour elle et pour lui : il y avait quelque chose de monstrueux dans ces minables[47] malentendus[48]. Il se taisait. Il ne pouvait pas lui faire comprendre ; il n'y avait rien à lui faire comprendre. Alors il préférait passer les dimanches avec elle ; il pouvait la surveiller, lui éviter l'humiliation de ces dévouements stupides ; ou plutôt s'en éviter, à lui, le remords.
Mais il ne trouvait rien à lui dire ; et elle, trouvait que c'était bien ainsi. Il ne pouvait tout de même pas lire, ou l'obliger à lire, elle, toute la journée. Il la laissait faire un peu de ménage ; au reste il n'aurait pas pu l'en empêcher. Mais il se disait en même temps, avec une sorte de pitié pour elle, et d'amertume, qu'il n'y avait rien qui valût la peine d'être nettoyé, restauré[49] ou remis en place dans la chambre où se passait leur vie.

Comme ils n'avaient ni l'un ni l'autre d'amis, ou du moins d'amis à qui montrer l'« autre », ils n'avaient pas non plus le recours[50] de rendre ou de recevoir des visites. Pomme n'allait plus jamais dans le studio de Marylène. Et d'ailleurs Marylène ne s'intéressait plus à Pomme.
Alors les deux amoureux allaient au cinéma, ou bien ils allaient se promener. L'étudiant n'avait pas perdu son habitude d'admirer tout haut les reflets du Pont-Neuf sur la Seine, ou la brume de novembre dans les jardins des Tuileries. Il semblait que son besoin romantique et cuistre[51] de s'extasier devant de « belles choses » se fût exaspéré[52] depuis qu'il vivait avec Pomme. Il ne savait pas aimer tout bonnement, sans prononcer du même coup un jugement, une sentence[53]. Il n'avait jamais tout à fait fini de séparer le bon grain de l'ivraie. C'était plus fort que lui, il devait constamment faire l'exa-

minateur, le comptable, le médecin légiste[54]. Le plaisir était pour peu, là-dedans ; à moins que son plaisir eût été de ne jamais s'abandonner à son simple penchant (mais était-il seulement capable d'un « penchant » ?). Il lui fallait plutôt des contraintes, à chaque instant son nouveau pensum[55].

Et Pomme ? Est-ce qu'elle savait ressentir un peu les choses comme lui ? Cela aussi faisait partie des vérifications à faire, malgré son soupçon grandissant de la futilité[56], au fond, de la petite personne. À tout ce qu'il lui désignait comme admirable, Pomme acquiesçait[57]. Mais il se demandait si ce « oui » émanait seulement de sa docilité (peut-être une vague crainte de lui, qui la faisait s'affairer inutilement à son « ménage ») ou si Pomme était sincère. Mais comment aurait-elle pu ne pas être sincère ? Cela faisait partie justement de sa docilité. Aimery se persuada peu à peu que la question de la sincérité de Pomme n'avait pas de sens. Il devait y avoir quelque chose, en elle, qui lui intimait tout naturellement de ressentir une émotion en même temps que lui. Alors ce ne pouvait être la même émotion.

Un jour elle le surprit quand même, Pomme. Ils visitaient l'église Saint-Étienne-du-Mont (enfin c'était comme d'habitude la promenade guidée sous la férule[58] du chartiste[59]). Elle avait voulu s'asseoir un moment (ce n'était pas dans ses mœurs de « vouloir » ainsi) : il lui avait demandé si elle se sentait fatiguée. Elle lui avait dit que non, que tout allait bien mais qu'elle voulait rester encore un moment « parce que ces lieux lui donnaient envie de prier ». Quand ils sortirent, il lui demanda (question qu'il n'avait jamais songé à lui poser) si elle croyait en Dieu. Elle eut alors un regard éclairé d'une infinie tendresse, mais qui le traversa seulement, et elle lui répondit : « Mais oui ! » Et cette réponse lui parut pour une fois ne pas s'adresser à lui, ne pas obéir à sa sollicitation[60], c'était comme si elle avait parlé avec quelqu'un d'autre, qui se fût trouvé derrière lui, et que lui, n'aurait pas vu.

(La Dentellière, pp. 128 à 132. Éd. Gallimard, 1974.)

1 malléable : qui se laisse manier, à laquelle on peut donner la forme que l'on veut.

2 une empreinte : une marque.

3 enjoindre à quelqu'un de faire quelque chose : ordonner à quelqu'un de faire quelque chose.

4 un évier : lavabo d'une cuisine.

5 une touffe de cheveux : ensemble de cheveux coupés mais restés les uns contre les autres comme si c'étaient des bouquets.

6 une connivence : entente secrète, complicité, accord discret.

7 un ustensile : objet qui sert à quelque chose.

8 sans équivoque : sur le sens desquels on ne peut avoir aucun doute.

9 chaste : sans désir sexuel physique.

10 irriter : mettre en colère.

11 pusillanime : lâche, sans courage.

12 un remords : douleur morale due au sentiment d'avoir mal agi.

13 le Pastis : apéritif à base d'anis auquel on ajoute de l'eau et qui donne une boisson blanche très populaire dans le midi de la France.

14 écarter : séparer. Ici : éloigner.

15 affleurer : toucher à peine, très légèrement.

16 ambré : qui a le parfum de l'ambre gris.

17 assigner : indiquer (avec autorité).

18 gauchement : maladroitement.

19 s'esclaffer : partir d'un éclat de rire.

20 désappointé : déçu, ne trouvant pas ce à quoi il s'attendait.

21 conséquent : logique.

22 subodorer : deviner.

23 arrêter que : décider que.

24 sublime : très très beau.

25 déchiffrable : comportant des signes qu'on peut comprendre, dont on a compris le code, le secret.

26 l'opacité : contraire de la transparence. C'est ce qui ne se laisse pas traverser par le regard.

27 réprimer : étouffer, empêcher une chose de s'exprimer, de se montrer, de sortir.

28 abominable : très méchant, moralement condamnable.

29 taciturne : qui ne parle pas beaucoup.

30 les provisions : il s'agit de la nourriture.

31 flâner : se promener tout doucement sans but précis.

32 Félix Potin : chaîne de magasins d'alimentation.

33 intimité : *all. :* Vertraulichkeit - *ang. :* intimacy - *esp. :* intimidad - *ital. :* intimità.

34 factice : artificielle.

35 s'interposer entre A et B : se mettre entre A et B.

36 par courtoisie : par gentillesse et politesse.

37 faire mine de faire quelque chose : donner l'impression de vouloir faire quelque chose.

38 retaper : remettre dans sa forme. Ici : faire.

39 s'insurger : se révolter.

40 humble : modeste.

41 dédié : offert.

42 Paic : marque de savon pour la vaisselle.

43 épargner quelque chose à quelqu'un : faire en sorte qu'il ne soit pas obligé de faire cette chose.

44 affairé : occupé.

45 de dérisoires besognes : des occupations, des petits travaux sans aucune importance, ridicules à force d'être insignifiants.

46 raccommoder : réparer avec une aiguille et un fil.

47 minable : d'une médiocrité ou d'une pauvreté qui inspire la pitié.

48 un malentendu entre deux personnes : quand ils croient se comprendre alors qu'ils ne se comprennent pas.

49 restauré : remis en bon état.

50 un recours : une solution, une possibilité, une compensation.

51 un cuistre : quelqu'un qui « étale », montre avec beaucoup d'assurance et de prétention des connaissances mal assimilées, mal digérées.

52 exaspérer : rendre plus intense, plus pénible. Ici : accentuer, augmenter.

53 une sentence : opinion exprimée d'une manière autoritaire ou en se prenant trop au sérieux.

54 un médecin légiste : celui qui examine le cadavre d'une personne assassinée ou morte dans des circonstances mystérieuses pour établir les causes de la mort.

55 un pensum : une punition.

56 la futilité : l'insignifiance, le caractère « superficiel ».

57 acquiescer : dire oui.

58 faire quelque chose sous la férule de quelqu'un : sous sa direction autoritaire. « Férule » qui ne s'emploie plus seul désignait une palette en bois avec laquelle on frappait sur les doigts d'un élève qui avait commis une faute.

59 un chartiste : étudiant à l'École des Chartes où l'on étudie les documents anciens. École d'enseignement supérieur (Grande École) très prestigieuse en France.

60 une sollicitation : une demande.

QUESTIONS

1 Quel rapport y a-t-il selon vous entre le célèbre tableau de Vermeer *La Dentellière* et Pomme ?

2 Pourquoi Aimery est-il « surpris » par Pomme ?

3 Faites un portrait des « défauts » d'Aimery en dix lignes. Ces défauts sont partagés par beaucoup d'intellectuels et de professeurs. Pourquoi ?

4 « L'essentiel pour le futur conservateur c'est qu'on ne le dérange pas », « Pomme fera le ménage. Aimery fera des projets ». Commentez ces phrases. À quoi vous font-elles penser ?

5 Imaginez l'évolution des rapports de Pomme et d'Aimery. Vous comparerez vos hypothèses au roman.

Louis-René Des Forêts est né en 1918 à Paris. Il a passé son enfance entre la capitale et le Berry (une région du centre de la France où les terres sont riches et dont les traditions orales et musicales ont beaucoup marqué l'imaginaire national français). À 9 ans il entre en pension dans un collège religieux de Bretagne. À 13 ans il se découvre une vocation de marin.

Il dira plus tard dans une interview que les deux grands rêves de sa vie étaient de composer de la musique et d'avoir un métier qui lui ferait faire de longs voyages en bateau autour du monde. Il n'a encore réalisé ni l'un ni l'autre mais il a écrit et l'on retrouve l'appel de la mer dans plusieurs de ses œuvres. La musique, on la retrouve dans son style très travaillé. Les phrases, bien que parfois très longues, sont mélodieuses et se lisent bien si l'on prend la peine de suivre le rythme suggéré par la construction syntaxique et la ponctuation.

En 1936 il commence des études de Droit et de Sciences politiques à Paris, ce qui ne l'empêche pas de publier des critiques musicales dans différentes revues.

Mobilisé en 1939, il est démobilisé en 1941 et se retire à la campagne pour écrire Les Mendiants *dont il publiera une première version en 1943. Il participe à la Résistance. Au lendemain de la guerre il publie* Le Bavard, *qui comme son titre l'indique est l'histoire d'un homme qui n'arrive pas à... se taire. C'est surtout une exploration exceptionnelle des pouvoirs et des illusions de la parole.*

Ne livrant de sa production que ce qu'il considère à la fois parfait et essentiel Louis-René Des Forêts n'a pas beaucoup publié. En 1960 paraît un recueil de nouvelles

La Chambre des enfants *et en 1967 un long poème en alexandrins* Les Mégères de la mer. *En 1985, dans une revue littéraire, des fragments d'une œuvre inachevée, tournée vers l'exploration des relations de la musique, de l'enfance et de l'écriture,* Ostinato.

Comme Henri Michaux il s'est orienté sur le tard vers la peinture qui semble constituer depuis le début des années 70 son activité créatrice principale. Il a exposé ses œuvres à Paris au Centre Georges-Pompidou en 1978.

L'ŒUVRE CHOISIE

Les Mendiants *ne sont pas seulement une « œuvre de référence » pour beaucoup de Français amoureux de bonne littérature, c'est aussi une œuvre qui a marqué un grand nombre d'écrivains, même parmi les plus grands. Plusieurs techniques qui seront reprises beaucoup plus tard par d'autres écrivains quand ce n'est pas par des courants littéraires tout entiers, se sont imposées dans la littérature française avec ce livre. C'est le cas par exemple de ces événements – nous en avons choisi un – qui sont racontés successivement par des personnages différents. C'est également le cas de ce travail de l'écriture qui vise à effacer les frontières du réel et de l'imaginaire lorsque le récit est, comme c'est souvent le cas dans son œuvre, mené par des adolescents.*

Ce roman montre bien d'autre part le mélange de tension et d'indifférence, de dureté et de froideur, de curiosité passionnée et de tiédeur, d'amour de la mise en scène de soi et de haine de soi qui caractérisent l'homme et la femme modernes. Écrit il y a plus de 40 ans sous une forme apparemment classique c'est un ouvrage qui annonce une époque que nous n'avons pas encore fini de vivre.

Louis-René Des Forêts a donné une version définitive des Mendiants *en 1986 aux Éditions Gallimard qui ont publié l'essentiel de son œuvre et chez qui il collabore depuis 1953, à l'Encyclopédie de la Pléiade puis au Comité de lecture.*

Lorsque je suis arrivé devant sa table, j'ai été tout de suite choqué par le regard troublant et à mon sens inconvenant qu'elle promenait sur les gens ; elle balançait sa jambe et se penchait sur la paille qu'elle mordillait et suçotait en faisant beaucoup trop de bruit ; c'était mon opinion. Je lui dis que je la cherchais depuis bien plus d'une heure dans tous les cafés du quartier. Elle ne répondit pas et détourna la tête pour sourire à un jeune homme qui sourit à son tour et se rembrunit[1] sitôt qu'il eut constaté ma présence. Je la maudissais ; j'approchai ma main de la sienne qui était molle et sans chaleur. Elle sortit une cigarette et repoussa sa chaise en arrière. Je m'efforçai de me dissimuler le côté pénible de la situation ; nous n'avions de commun que notre attitude hostile qui, je crois, n'était ni chez l'un ni chez l'autre en rien simulée. Nous étions tout bonnement las[2] l'un de l'autre ; et cependant pour mon compte, il m'est impossible de me détacher froidement : toute rupture me rend malade. Je lui tendis une allumette, ses lèvres trop peintes tremblaient ; pour un peu, je me serais laissé aller à l'écraser sur cette obscène chair rouge cerise et je ris soudain en imaginant sa mine stupéfaite et indignée. – « Pourquoi souris-tu ? » Mais je repris une figure grave et même un peu sévère. « Tu as l'air maussade ? » – « Je le suis », répondis-je. Elle éclata de rire et se renversa en arrière sur sa chaise et regarda tout autour de la salle d'une façon provocante ; j'étais agacé mais résolu à ne pas le lui laisser voir, à ne pas lui faire connaître les raisons de sa disgrâce ; nous nous quitterions sèchement et je m'efforcerais d'éviter toute explication, et d'ailleurs nous n'avions rien à expliquer ; j'avais été seul, souffert de l'être, et son petit charme m'avait sorti de la solitude ; je m'étais quelque peu leurré[3], imaginant une longue liaison qui serait mieux qu'un passe-temps agréable, mais j'étais d'une légèreté d'enfant et je savais à présent que ce n'était pas sérieux du tout, bien qu'il me fût impossible de provoquer une rupture, sinon d'en caresser le projet avec cette complaisance[4] rêveuse des velléitaires[5] qui répugnent à franchir le pas décisif.

Elle posa sa main sur mon bras et me demanda l'heure qu'il était, et le froid de sa bague, je m'en souviens, me fit sursauter ; elle comprit qu'elle m'inspirait du dégoût, et retira sa main en pinçant les lèvres. Par pitié, car la pitié dicte souvent mes gestes et m'a fait commettre par trop de sottises, j'avançai à mon tour ma main le long de la sienne que je frôlai et sa main se pelota[6] dans ma paume que j'eus le courage, ou la lâcheté, de refermer. – « Tu m'aimes ? » Je ne répondis pas mais souris vaguement et d'un coup brusque j'abandonnai sa main sur le marbre de la table. Elle poussa un léger cri d'indignation, car il était clair que j'avais fait un aveu ; elle ouvrit son sac et le referma d'un coup sec : un cliquetis qui mettait un terme une fois pour toutes à quelque chose. Je fronçai les sourcils et hélai le garçon auquel je payai la consommation.

Elle se leva d'abord en jetant sa cigarette sur les pieds d'un jeune homme qui protesta assez haut, mais ce geste me plut énormément. Nous marchâmes à une certaine distance l'un de l'autre et en silence. Je ne tenais plus à elle, j'étais calme et sur son visage un peu buté toutefois, je remarquai un calme de même nature. Je m'étonnais, mais je me félicitais surtout de mon calme. Elle stationna devant une devanture où brillaient des bas de soie, et chantonna en se baissant vers la glace : elle regardait toujours les choses de très près et même les gens ; au début, lorsqu'elle me dévisageait sous le nez avec son regard vague, j'avais envie de rire, et le jour où je lui avais dit qu'elle ressemblait à une fouine[7], elle était devenue rouge de colère : – « Je n'ai pourtant pas le museau de la fouine, mon profil n'a rien de fuyant. » Quand elle se releva en sifflotant encore et qu'elle reprit sa marche volontairement indolente, je pensais qu'elle avait l'air humilié. Considérait-elle mon indifférence comme une défaite ? J'avais cru d'abord qu'elle me lâchait aussi froidement que je la lâchais, et maintenant je pensai que j'étais le seul lâcheur, et je fus pris d'un peu de honte et de pitié et je serrai de son côté, mais elle s'écarta et frotta le mur, et comme je continuais de serrer, elle s'arrêta et tourna la tête vers moi en m'observant d'un air étonné ; je la regardai dans les yeux, elle parut gênée, elle détourna les yeux et marcha de nouveau. Ma compassion était tombée : son regard surpris, illuminé par l'espoir que ça allait reprendre entre nous, que mon humeur avait tourné, puis soudain assombri parce que, après examen, elle voyait que je faisais plutôt une méchante tête.

Sur la place, nous nous arrêtâmes. Elle dit d'une voix impersonnelle, en tirant une cigarette que je lui offrais : – « Alors, on se quitte ici ? – Oui. Te reverrai-je demain ? » sur un ton très uniforme. Je regardais les voitures et les passants, mais je sentais qu'elle me fixait avec un regard perçant. Elle voulait être sûre de bien comprendre mes paroles ; je savais qu'elle ne cherchait pas à se leurrer. Sûre de mes sentiments d'indifférence, elle laisserait tomber sur-le-champ ; et, par pitié, j'évitais la parole cruelle qu'elle ne consentirait à provoquer ni par la violence ni par les pleurs qu'elle détestait ; elle détestait aussi les machinations[8] ; simplement elle attendait le mot de la séparation. – « Eh bien, entendu, à demain. » Je lui serrai la main comme nous faisions toujours dans la rue. Je savais et elle savait, j'en étais sûr, qu'il n'y aurait pas de lendemain ; sa main molle et froide se raidit dans mes doigts ; elle me regarda d'un œil dur, puis eut un sourire qui déforma sa bouche. Elle fit demi-tour et traversa la rue sans précipitation. Je la vis, mêlée à la foule, défiler[9] le long des arbres du jardin public, à pas lents. Elle jeta sa cigarette et déboutonna ses gants en levant exagérément la tête : elle se faisait une raison.
Je ne me sentais pas très solide, et j'étais prêt à la rejoindre ; je croyais me tromper ; je n'étais pas assez dur ; une sorte d'attendrissement, de dépit et un manque inquiétant d'assurance me donnaient mal aux tempes et je m'assis quelque temps sur un banc : j'attendais la souffrance d'un moment à l'autre, mais elle ne venait pas assez vite ; je souhaitais souffrir sur-le-champ, mais je ne souffrais pas encore ; déjà moins indifférent, j'étais tourmenté par un malaise trop vague ; la lumière s'adoucissait ; j'avais perdu quelque chose de très important ; je me sentais seul, las et sans la fièvre qui me soutient ; je ne voulais plus penser à Hélène qui ne pensait plus à moi ; mais j'avais abandonné quelque chose de très important ; le sang ne m'agitait plus. De quoi me nourrir ? Je prenais tout au sérieux, mais avais-je fini de vivre ? Et ce moment pénible était sans valeur, voilà ce que je devais me répéter sans cesse. Ne pas attacher plus d'importance à ce petit malaise affreusement humain qu'à une bouchée de pain mal avalée. Et nous lui avons serré la main et nous l'avons quittée et ce fut tout pour aujourd'hui. Je me levai d'un coup sec et je remontai l'avenue, en aspirant l'air tiède assez joyeusement. Je ne savais pas très bien où j'allais.

(Les Mendiants, pp. 37 à 40.)

Je regardais distraitement le flot agité des gens ; ils ont l'air plus hébétés[10] que préoccupés ; je me demandais quelles étaient leurs pensées ; au fond, je m'en moquais pas mal ; je me demandais surtout s'il viendrait, je me persuadais que je ne tenais pas beaucoup à lui, j'affectais l'air détaché, j'ai autant d'hommes que je veux et il n'est pas si drôle et pas ce qu'on appelle beau ; et pourtant j'y tenais énormément, mais je m'obstinais à affecter l'indifférence ; je dissimulais mon cœur ; et j'ai horreur des aveux, des paroles tendres, des gestes ; heureusement, lui non plus n'aime pas les tendresses. En général, les hommes sont odieusement sentimentaux, mais il n'était pas un homme ordinaire ; il me fait un peu peur, il n'est pas solide ; je ne puis pas m'appuyer sur lui ; il peut me faire défaut quand j'aurai le plus besoin de lui, et mes yeux s'embuèrent de larmes, c'était grotesque.

Depuis quelques jours, il semblait distrait ; s'il venait aussi souvent dans ma loge, et même plus assidûment[11], son visage était plus souvent maussade[12] ; il faisait tout d'un cœur lourd. L'autre soir, il avait refusé d'aller voir le départ de l'*Ibsen* et quand je lui ai dit que j'en mourais d'envie, il a fini par céder, mais il n'a pas desserré les dents, comme s'il m'en voulait ; je ne l'avais pas emmené de force, j'y aurais volontiers renoncé, mais puisque cela me faisait plaisir, qu'on y aille, si, si, qu'on y aille et que je me dépêche de mettre mon manteau. C'est trop facile de céder, quitte à faire une sale tête[13] toute la soirée. Je me demandais s'il n'était pas jaloux et, pour l'éprouver, je faisais semblant de m'intéresser beaucoup à ce monsieur-ci, à ce monsieur-là et j'étais ravie de sa mine crispée[14], bien qu'il fît visiblement effort pour cacher son exaspération[15]. Par moments, ses joues rougissaient comme celles d'un petit garçon : il avait horreur que je me fasse remarquer, et j'adorais me faire remarquer pour qu'il en eût horreur. Je me demande pourquoi j'étais si provocante ; plus on s'aime, plus on croise l'épée.

Dès que j'aperçus sa silhouette mêlée à la foule compacte qu'il s'efforçait d'écarter, je pris une physionomie un peu coquine[16], regardant à droite, à gauche, bien en face les messieurs attablés seuls qui me fixaient en souriant ; ils ne se doutaient pas de mon indifférence à leur égard, et que dès la première tentative d'approche, je les giflais séance tenante[17]. Puis j'aspirai un peu de vichy-fraise. Il s'approcha tout haletant[18] et la figure congestionnée sur laquelle il passait un mouchoir. Il avait couru de café en café, il ne se rappelait plus où je lui avais donné rendez-vous. Il semblait me reprocher d'avoir choisi cet établissement comme si j'avais eu de bonnes raisons pour m'attabler précisément à celui-ci ; et pour l'enfoncer dans son erreur dont je me retenais de rire, j'ai fait de l'œil à un jeune homme assez chic qui pâlit et détourna la tête avec dégoût – va donc, mauviette ! Soudain, je sentis sa main chaude descendre le long de mon bras et elle enferma mes doigts qui se raidirent un peu. J'avais mal au crâne, la sueur collait ma chemise. Grégoire me regardait avec des yeux ronds, et je me demandais si je lui plaisais, ses pupilles grises me rendaient folle ; je crois que s'il n'avait pas eu ces yeux gris et transparents qui lui donnaient un air de jeunesse extrême et de divination, il ne m'eût pas si vivement troublée, je ne l'aurais pas tant adoré. Il lâcha ma main et chercha dans sa poche des allumettes. Tandis qu'il me donnait du feu, je vis sa figure s'éclairer d'un sourire très déplaisant, il regardait ma bouche d'une façon inconvenante et j'aurais voulu la cacher avec ma main. Quand je lui demandai pourquoi il riait tout seul, il dit qu'il était de mauvaise humeur. J'étais trop nerveuse : j'éclatai de rire et, pour l'exaspérer davantage, je regardai impudemment les consommateurs dont quelques-uns se rallièrent en souriant à ma joie insolite.

Pendant un long moment, je ne pensais plus à rien, ma tête était vide ; j'étais simplement heureuse d'être auprès de lui. Puis l'inquiétude me serra la gorge : viendrait-il avec moi ce soir ? Il était capable, pour me contrarier ou se contrarier lui-même, de prétexter un rendez-vous avec une autre femme, il ne cachait pas ses autres amours ; au contraire, c'était un jeu très amusant de secouer la tête quand je lui demandais de m'accompagner au cinéma, il assistait très satisfait au spectacle de ma colère rentrée ; je n'étais pas sûre qu'il allait réellement avec d'autres femmes ; il s'entourait de mystères et se donnait les apparences d'un homme libre ; au début, je croyais que c'était pour me rendre encore plus folle de lui ; mais j'y songe, Grégoire n'était pas du tout normal.
Il ne faisait plus attention à moi, ses yeux étaient fixes et vides, il semblait s'embêter. Je lui demandai l'heure et quand je posai ma main sur son bras, il frissonna comme si un serpent l'eut mordu ; ses pommettes rougirent et il me regarda avec une sorte de dégoût et d'affairement[19] ; je retirai aussitôt ma main, j'avais une affreuse envie de pleurer, il abusait cruellement de son pouvoir. Cependant, ses yeux devinrent soudain très tendres et il caressa d'une main légère ma paume, il serra mes doigts qui craquèrent comme des biscuits ; je sentais tout mon corps trembler ; je serrai les jambes et mon regard se fixa dans le sien où je croyais toujours me perdre. Maladroitement, mais je suis maladroite entre les bras d'un homme, devant lui plus encore : il fait une critique intérieure de mes moindres gestes, de mes moindres paroles, je me penchai vers lui, je lui demandai s'il m'aimait ; rien n'était plus propre à l'horripiler[20] que cette sorte de question : « Laisse ça aux bonniches[21]. » Il fit sa moue[22] furieuse et lâcha brutalement mon poignet qui sonna contre la table et je ne pus m'empêcher de pousser un cri de surprise ; je maudissais ma sottise ; il ne me la pardonnerait pas aujourd'hui et c'était une soirée de fichue ; j'étais furieuse contre moi-même et malheureuse, malheureuse à pleurer. Il paya le garçon, ses sourcils se rejoignirent au-dessus de son petit nez froncé.

En passant devant la rangée des clients, un jeune homme me fixa avec insolence et cligna de l'œil ; il était maigre et laid, à écraser comme une punaise, et Grégoire était sûrement très irrité ; je jetai ma cigarette sur ses pieds qu'il écarta ; j'aurais voulu qu'il prît feu. Grégoire n'avait pas vu l'avance de ce petit crétin, ni mon geste de colère méprisante. Il marchait à grandes enjambées sans dire un mot ; son front s'était quelque peu détendu ; il avait l'air moins furieux, mais nous marchions très écartés l'un de l'autre ; je croyais qu'il n'osait pas se rapprocher ; honteux de sa brutalité, il ne savait comment se faire pardonner. Je trouvai un truc : je m'arrêtai devant la devanture d'un magasin et je regardai un bon moment une jambe de cire ; j'avais envie de la caresser : ce devait être souple, glissant, froid, et après, me poser la main sur le front ; la migraine me serrait les tempes. Il m'attendait, les mains pendantes, je pensais qu'il viendrait tout près de moi, il restait immobile, ses yeux étaient froids. Je le trouvai un peu ridicule ; rien n'est bête comme un homme qui fait la tête[23] ; je sifflotai d'un air dégagé, l'envie de céder me quitta : laissons-le bouder.

Nous nous mîmes en marche : l'époux et l'épouse en promenade dominicale. Nous traversâmes le canal et enfilâmes une autre rue bordée de platanes aux troncs très pâles et dont les ombres frissonnaient[24] sur le macadam. J'étais tout à coup furieuse contre Grégoire qui continuait à regarder droit devant lui, comme si je ne comptais plus ; je ne lui pardonnerais pas ce nouveau caprice : il trouvait très comique de me faire languir[25] en affectant une mortelle indifférence, mais il se pourrait que je trouve très drôle de simuler de mon côté une parfaite froideur ; et du reste, il me dégoûtait, il me dégoûtait, il me dégoûtait. Comme il s'approchait de moi en marchant, je m'écartai, je me refusais à lui, il ne me voulait pas quand je le voulais, et quand il me voudrait, il saurait désormais que je ne lui accorde pas ce qu'il demande, et comme il se pressait contre moi, je m'écartai davantage et mon bras droit frotta le mur. Je tournai la tête vers lui : il me regardait fixement d'un air heureux ; un coup de joie m'étouffa : il revenait vers moi, mais la lueur heureuse de son regard s'éteignit et fit place à une sorte d'éclair sombre et cruel ; il détaillait mon visage avec l'insensibilité d'un médecin. Je détournai aussitôt la tête et, absolument furieuse, je décidai de conserver mon sang-froid ; j'avais l'impression vague que l'impassibilité[26] le mettrait hors de lui. Les hommes sont orgueilleux : ils n'admettent pas qu'on se joue d'eux comme ils se jouent de nous. Je voulais devenir très dure comme lui ; comme Cloda : elle avait une drôle de façon d'envoyer promener l'homme qui la prenait par la sécheresse brutale ; elle lâchait prise sur-le-champ, et le type revenait bien vite vers elle inquiet de ses sentiments implacables. Moi, je ne suis pas assez forte, je ne sais pas cacher ma passion, je ne peux pas cacher ma passion, je pleurais à ses pieds quand il eût fallu conserver un visage rigide, et comme il adorait mes pleurs, il s'arrangeait pour que ce genre de scènes se renouvelât assez souvent ; et puis, je ne suis pas intelligente en amour, je suis très bêtasse, et je sentais ma faiblesse, mais je n'arrivais pas à me corriger ; mais c'était parce que je l'aimais à en mourir, et cet amour, une souffrance folle et intolérable, me rendait idiote. Il tirait profit de ma tension et de mon égarement.

Nous fîmes halte sur la place et je compris qu'il me quittait ici, mais je voulais être assurée qu'on ne se séparait pas pour toujours. Il m'offrit une cigarette et demanda d'une voix molle et sans timbre[27] : « Se reverra-t-on demain ? » et la joie inonda tout mon corps ; je cessai d'étouffer, je gardai cependant un visage impassible et j'acquiesçai en le fixant d'un regard indifférent : « Entendu, à demain », dit-il, et il me tendit sa main que je serrai fort. J'aurais voulu qu'il m'embrasse, mais nous étions en pleine rue ; cette poignée de main était sèche ; les pommettes me brûlaient, j'aurais voulu qu'il me dise quelque chose de très tendre, mais ses yeux étaient brillants de désir ; leur chaleur me réconforta sérieusement. Je traversai la rue en chantonnant : demain matin, il viendrait chez moi le sourire aux lèvres.

(Les Mendiants, pp. 56 à 60. Éd. Gallimard, coll. nrf, 1986.)

POUR MIEUX COMPRENDRE

[1] **se rembrunir :** prendre un air sombre, chagriné.

[2] **las :** fatigué.

[3] **se leurrer :** se tromper, se faire ou se donner des illusions.

[4] **la complaisance :** disposition à accepter pour faire plaisir ou se faire plaisir et sans avoir à fournir d'effort ce qu'on ne devrait pas accepter.

[5] **un velléitaire :** quelqu'un qui ne se décide jamais à faire ce qu'il veut, qui s'arrête aux intentions.

[6] **se peloter :** s'enrouler comme une *pelote*.

[7] **une fouine :** *all. :* Heugabel – *ang. :* stone marten (visage de fouine weasel face) – *esp. :* Garduña – *ital. :* faìna.

[8] **une machination :** une manœuvre, une ruse généralement peu honnête, peu correcte, peu loyale.

[9] **défiler :** passer l'un derrière l'autre en formant des files. Ici elle « défile le long des arbres » car elle les dépasse l'un après l'autre et son mouvement en réalité « fait défiler » les arbres autour d'elle.

[10] **hébété :** rendu stupide, sans volonté ni réaction.

[11] **assidûment :** régulièrement et fréquemment.

[12] **maussade :** sans enthousiasme, triste.

[13] **faire une sale tête :** bouder, être désagréable, montrer sans le dire qu'on n'est pas content.

[14] **crispé :** tendu.

[15] **l'exaspération :** l'agacement, l'impatience, le sentiment d'en avoir assez et de ne pouvoir rien faire.

[16] **coquin(e) :** qui essaie de séduire sans vraiment en avoir l'air.

[17] **séance tenante :** immédiatement.

[18] **haleter :** respirer fort et vite avec bruit.

[19] **l'affairement :** l'agitation.

[20] **horripiler quelqu'un :** provoquer son énervement, son agacement, son impatience.

[21] **une bonniche :** terme péjoratif pour *bonne* dans le sens de « domestique ».

[22] **une moue :** on dit couramment *faire la moue*. Grimace (expression mécontente) du visage dans laquelle on avance les lèvres et on prend un air dégoûté, ennuyé.

[23] **faire la tête :** montrer par l'expression de son visage qu'on est fâché, mécontent, triste et refuser de parler (voir plus loin « bouder »).

[24] **frissonner :** trembler légèrement. Généralement parce qu'on a froid ou peur.

[25] **faire languir quelqu'un :** faire attendre quelqu'un qui vous désire. (Pour un autre sens de *languir* voir « Une destination ignorée » de Gracq.)

[26] **l'impassibilité :** le contrôle de soi, l'absence de réaction, le très grand calme apparent.

[27] **un timbre de voix :** sa qualité particulière, sa personnalité, ses caractéristiques propres en dehors de la hauteur ou de l'intensité.

QUESTIONS

1 Relevez les diférences dans la description des détails liés aux gestes entre le récit de Grégoire et celui d'Hélène.

2 Relevez ce qui d'une manière générale se trouve dans l'un des deux récits et manque dans l'autre.

3 Trouvez un nom pour les sentiments qu'éprouve successivement chaque personnage de son propre point de vue comparés à ceux qu'il éprouve du point de vue de l'autre.

4 Selon vous Grégoire et Hélène sont-ils très attachés l'un à l'autre ? S'aiment-ils ? Se sépareront-ils ?

5 Cette situation est-elle fréquente ou exceptionnelle dans un couple ?

L'AUTEUR ──────────────────────── JEAN GIONO

Fils du cordonnier Jean-Antoine Giono dont la famille, originaire du Piémont (Italie) s'était installée en France entre 1836 et 1844 et de la repasseuse Pauline Pourcin, fille d'un ouvrier tanneur de Manosque, premier trombone de la Garde impériale de Napoléon III, Jean Fernand Giono, né à Manosque en Provence le 30 mars 1895, mort et enterré dans la même ville les 9 et 10 octobre 1970, est le plus profondément enraciné des grands écrivains de langue française ayant accédé à l'universalité.

Il arrêtera ses études à la classe de seconde et n'effectuera son premier séjour à Paris – une semaine ! – qu'à l'âge de 34 ans à l'occasion de la sortie de son premier roman Colline. Le paysage, la lumière, les odeurs, la terre, les métiers de Provence ont fait Giono. Mais contrairement à beaucoup d'écrivains « régionaux » qui n'arrivent jamais à intéresser les étrangers à leur sensibilité particulière, le monde est venu très vite à Giono. Son premier roman a reçu un prix américain, le Prix Brentano et son troisième Regain (1930) un prix anglais, le Prix Northcliffe. Enfin, chose rare, deux écrivains que tout opposait et qui d'ailleurs se détestaient , André Gide (1869-1951) et Jean Guéhenno (1890-1978), se passionneront pour son premier roman et défendront son œuvre tout au long de leur vie. Il est vrai que le premier était également d'origine piémontaise et que le second était lui aussi fils de cordonnier, mais ce n'est pas, on en conviendra, une raison suffisante.

Il a 11 ou 12 ans quand son père lui propose d'aller tout seul sur les routes « où il voudra » avec un tout petit peu d'argent de poche. Il n'hésitera pas à tenter l'aventure. Parallèlement son père lit avec lui la Bible. « J'ai lu la Bible avec L'Odyssée mais c'est une histoire à laquelle il n'est pas plus possible de croire qu'à L'Odyssée » confie-t-il dans une interview.

«Je partais pour le Mont d'Or, un livre sous le bras. J'avais 15 ans. Le livre était un Jocelyn relié de toile grise. J'étais timide, maigre et pâle. J'avais lu Le Rouge et le Noir et Ruy Blas» écrira-t-il dans son Journal et il précise qu'il découvrira simultanément la Provence et les «grands Grecs». Les livres d'Henri de Régnier ou d'André Gide coûtaient 3,50 F «tandis qu'Aristophane, Eschyle, Sophocle, Théocrite, Homère, Virgile ne coûtaient que 0,95 F dans la collection Garnier. Voilà la raison qui a présidé à la confection de ma bibliothèque d'adolescent. Voilà les livres dont j'ai subi l'influence à l'époque où les impressions se gravent profondément dans les âmes sensibles» souligne-t-il, toujours dans son Journal.

Lorsqu'un accident de santé de son père et la pauvreté de la famille l'obligeront en 1911 à quitter l'école pour travailler il sera chasseur puis employé dans une banque de Manosque. Il gardera cet emploi jusqu'en 1929. En-tretemps c'est la guerre. Il participe à de nombreuses batailles « ...les Éparges, Verdun, la prise de Noyon, le siège de Saint-Quentin, la Somme avec les Anglais c'est-à-dire sans les Anglais, et la boucherie en plein soleil des attaques Nivelle au Chemin des Dames. J'ai 22 ans et j'ai peur. Depuis que nous avons été décimés à Ver-dun, je me refuse à monter à l'attaque ». Ses camarades sont presque tous morts. En 1918, au cours des enga-gements, il est gazé pour avoir enlevé un instant son masque. Il a les paupières brûlées. Il s'en souviendra *dans* Je ne peux pas oublier, *un texte pacifiste devenu classique (1934) et surtout dans son roman* Le Grand Troupeau *(1931).*

De 1928 à l'année de sa mort Giono, qui vit de sa plume à partir de 1929, publiera en moyenne un livre chaque année.

Il fera deux fois de la prison. Deux mois en 1939 sous l'inculpation d'anti-militarisme. Cinq mois en 1944 pour « collaboration » avec les Allemands. La première accusation était justifiée mais ses amis et notamment André Gide et le cinéaste Abel Gance feront campagne pour le libérer et il sera dispensé de toute obligation de service militaire. La seconde est injustifiée. Il a même été démontré qu'il a abrité pendant la guerre des Résistants et des hommes et des femmes persécutés par le régime de Vichy qui collaborait avec les Allemands.

Plusieurs cinéastes se sont inspirés de ses œuvres. Marcel Pagnol d'abord qui a porté au cinéma entre autres son deuxième roman Un de Baumugnes *(1929) sous le titre d'*Angèle *avec Fernandel en 1934 et toujours avec Fernandel* Regain *ainsi qu'un épisode de* Jean le Bleu *(1932) sous le titre* La Femme du boulanger. Le Chant du monde *(1934) a été adapté au cinéma en 1948,* L'Eau vive *l'a été en 1958 par François Villiers avec Pascale Audret et a inspiré à Guy Béart la célèbre chanson qui porte le même titre. François Leterrier a tourné* Un roi sans divertissement, *l'œuvre que nous avons choisie, avec Claude Giraud, Charles Vanel et Colette Renard en 1963. Ce film a obtenu la même année le Grand Prix du Cinéma français et l'année suivante le Grand Prix du festival de Chicago. En hommage à sa contribution au cinéma, Jean Giono a été choisi président du jury du festival de Cannes en 1961.*

L'Amérique s'est intéressée très tôt à son œuvre pour la diffusion de laquelle l'un des principaux traducteurs, Catherine Clarck, et l'écrivain Henry Miller, ont beaucoup fait. Tout Giono ou presque est traduit en anglais et de nombreux romans le sont dans plusieurs autres langues.

Un roi sans divertissement *est une œuvre charnière, c'est-à-dire qu'elle vient à un moment où Giono est en train de changer de style. Ses phrases deviennent plus courtes. Les descriptions qui faisaient jusque-là de la nature le personnage principal de ses romans se réduisent au profit de la description des hommes et d'une accélération de la narration ou si l'on préfère de l'action.*

Le roman que nous avons choisi peut être lu comme un roman policier. Il se présente comme la chronique d'un événement réel, presque comme un récit historique. Mais à plusieurs reprises l'ambiance est celle de Colline *ou du* Chant du monde *ces romans où la neige, un fleuve, la couleur du ciel, l'odeur d'un animal expriment les désirs, les joies et les terreurs des hommes sans qu'il soit possible de distinguer l'homme de la nature qui au propre comme au figuré l'enveloppe. Et cela, aucun écrivain de langue française n'avait su, avant Giono l'exprimer avec autant de force.*

Sans aborder un instant la question de la guerre, ce roman pose à travers l'évolution de l'enquêteur – le capitaine Langlois – le sens de la vie lorsqu'on a pu trouver le criminel et qu'on l'a exécuté mais qu'on n'a pas pu comprendre les raisons de son crime. D'une manière à notre avis beaucoup plus convaincante que celle d'Albert Camus, Jean Giono montre dans ce livre combien chacun de nous est qu'il le veuille ou non solidaire du Mal qui se manifeste chez les autres.

Le titre est la première partie d'une Pensée de Blaise Pascal (1623-1662) : *« Un roi sans divertissement est un homme plein de misère ». Pascal était un farouche défenseur de la foi chrétienne ; un homme tout à la fois de science, d'esprit et d'orthodoxie. Giono a cessé toute pratique religieuse après sa première communion et il est courant de considérer que son œuvre exalte la nature d'une façon « païenne ». Que faut-il en conclure ? Peu de livres, sauf peut-être récemment mais avec beaucoup moins de force* Le Nom de la Rose *d'Umberto Eco, enquêtent aussi bien et avec autant d'« innocents » sur l'origine et l'étendue du Mal.*

MARIE CHAZOTTES

43 (1800 évidemment). Décembre. L'hiver qui avait commencé tôt et depuis, dare-dare[1], sans démarrer. Chaque jour la bise[2] ; les nuages s'entassent dans le fer à cheval entre l'Archat, le Jocond, la Plainie, le mont des Pâtres et l'Avers. Aux nuages d'octobre déjà noirs se sont ajoutés les nuages de novembre encore plus noirs, puis ceux de décembre par-dessus, très noirs et très lourds. Tout se tasse[3] sur nous, sans bouger.

(...)

À midi, tout est couvert, tout est effacé, il n'y a plus de monde, plus de bruits, plus rien.

(...)

Une heure, deux heures, trois heures ; la neige continue à tomber. Quatre heures ; la nuit ; on allume les âtres[4] ; il neige. Cinq heures. Six, sept ; on allume les lampes ; il neige. Dehors, il n'y a plus ni terre ni ciel, ni village, ni montagne ; il n'y a plus que les amas[5] croulants[6] de cette épaisse poussière glacée d'un monde qui a dû éclater. La pièce même où l'âtre s'éteint n'est plus habitable.
Il n'y a plus d'habitable, c'est-à-dire il n'y a plus d'endroit où l'on puisse imaginer un monde aux couleurs du paon[7], que le lit. Et encore, bien couverts et bien serrés, à deux, ou à trois, quatre, des fois cinq. On n'imagine pas que ça puisse être encore si vaste, les corps. Qui aurait pensé à Chichiliane ?
Et pourtant, c'était justement ça.
Un jour, deux jours, trois jours, vingt jours de neige ; jusqu'aux environs du 16 décembre. on ne sait pas exactement la date, mais enfin, 15, 16 ou 17, c'est un de ces trois jours-là, le soir, qu'on ne trouva plus Marie Chazottes.
– Comment, on ne la trouve plus ?
– Non, disparue.
– Qu'est-ce que vous me dites là ?
– Disparue depuis trois heures de l'après-midi. On a d'abord cru qu'elle était allée chez sa commère[8], non ; chez une telle, non. On ne l'a vue nulle part.

(...)

Marie Chazottes a bel et bien disparu. Elle est sortie de chez elle vers les trois heures de l'après-midi, juste avec un fichu[9], et sa mère a même dû la rappeler pour qu'elle mette ses sabots ; elle sortait en chaussons[10], n'allant, dit-elle, que jusqu'au hangar[11] de l'autre côté de la grange. Elle a tourné l'angle du mur et, depuis, plus rien.

Les uns disent... cinquante histoires naturellement, pendant que la neige continue à tomber, tout décembre.

Cette Marie Chazottes avait vingt ans, vingt-deux ans. Difficile aussi de savoir comment elle était, car ici on vous dit : « C'est une belle femme » pour « une grosse femme ». Belle ? Il faut de gros mollets, de grosses cuisses, une grosse poitrine et se bouger assez vite ; alors c'est beau. Sinon, on considère que c'est du temps perdu. On ira jusqu'à dire : « Elle est pas mal », ou : « Elle est jolie », mais on ne dira jamais : Elle est belle. »

(Un roi sans divertissement, pp. 13 à 17.)

TOUT LE MONDE ÉTAIT MENACÉ !

En 43, on ne pensa pas une minute que Marie Chazottes avait pu *s'enlever.* Un gendarme prononça le mot, mais, c'était un gendarme et originaire de la vallée du Graisivaudan. D'ailleurs, *s'enlever* avec qui ? Tous les garçons du village étaient là. De plus, tout le monde le savait, elle ne *fréquentait*[12] pas. Et, quand sa mère la rappela pour lui faire mettre ses sabots, elle sortait en chaussons. À se faire *enlever,* c'était à se faire enlever par un ange, alors !

On ne parla pas d'ange mais c'est tout juste. Quand Bergues et les deux autres braconniers[13] et qui connaissaient parfaitement leur affaire (tous les coins où l'on peut se perdre) rentrèrent bredouilles[14], on parla de diable en tout cas. On en parla même tellement que le dimanche d'après le curé fit un sermon spécial à ce sujet. Il y avait très peu de monde pour l'entendre ; à part quelques vieilles curieuses on sortait le moins possible. Le curé dit que le diable est un ange, un ange noir, mais un ange. C'est-à-dire que, s'il avait eu à faire avec Marie Chazottes, il s'y serait pris autrement. Il n'en manque pas de femmes qui sont dans sa clientèle, elles ne disparaissent pas, au contraire. Si le diable avait voulu s'occuper de Marie Chazottes, il ne l'aurait pas emportée. il l'aurait...

Juste à ce moment-là on entendit un coup de fusil dehors et deux cris. La neige ne s'était pas arrêtée de tomber parce que c'était dimanche, au contraire, et le jour était si sombre que cette messe de dix heures du matin avait une lumière de fin de vêpres[15].

– Ne bougez pas, dit le curé à ses dix ou douze vieilles tout d'un coup transies[16].

Il descendit de chaire, fit cacher son abbéton[17] dans un confessionnal et il alla ouvrir la porte. C'était un bel homme. La porte pouvait être ouverte, il la bouchait avec toute sa carrure[18]. La place de l'église était déserte.

– Qu'est-ce que c'est ? cria le curé pour se faire entendre de ceux qu'il voyait vaguement à travers la neige et à travers les vitres du Café de la route. Ceux-là sortirent et dirent qu'ils n'en savaient rien.
– Eh bien, venez ici, dit le curé. Vous voyez bien que je suis en surplis[19] et en souliers à boucles. J'ai là des femmes qu'il faut raccompagner chez elles. Cest en raccompagnant la Martoune que Bergues et deux autres types qui prenaient l'apéritif au Café de la route tombèrent sur le petit groupe éberlué[20] dans lequel se tenait l'homme qui venait de tirer le coup de fusil. C'était un nommé Ravanel dont le nom a été transmis (ainsi d'ailleurs que tous les noms que je vous indique) car il avait bien failli participer au drame autrement que par le coup de fusil qui avait arrêté net le sermon de M. le curé sur le diable. M. le curé avait raison. Il ne s'agissait pas du diable. C'était beaucoup plus inquiétant.

La Martoune habite le quartier des Pelousères. C'est juste à l'angle de la boulangerie de Fagot, une d'abord rue, puis route, puis sente, qui monte vers le Bois noir. Quartier très aimable de maisons toutes séparées les unes des autres par de petits jardins potagers[21] et de fleurs. Au moment de l'histoire, puisque c'était l'hiver, et un des plus rudes qu'on ait connus, la neige qui tombait depuis plus d'un mois sans arrêt avait naturellement recouvert les jardins ; et les maisons étaient comme plantées à vingt mètres l'une de l'autre dans une steppe unie et toute blanche.
C'est là, devant sa propre grange que Ravanel, stupide mais tremblant de colère, se tenait avec deux de ses plus proches voisins. Et voilà ce qu'il dit, après que Bergues, avec beaucoup de présence d'esprit, lui eut enlevé des mains ce fusil dans lequel il restait encore un coup à tirer.
– J'ai dit au petit (le petit, c'était Ravanel Georges qui, à ce moment-là, avait vingt ans et, si vous en jugez par le Ravanel qui de nos jours conduit les camions et est justement le petit-fils de ce fameux Georges, ça devait être un petit assez gros), j'ai dit au petit : « Va voir ce que font les gorets[22]. » Il y avait des bruits catholiques[23] (vous comprendrez pourquoi tout à l'heure). Il est sorti. Il a tourné le coin ; là, à trois mètres. Heureusement, moi j'étais resté devant la vitre de la porte. Il tourne le coin. Il n'a pas plus tôt tourné le coin que je l'entends crier. Je sors. Je tourne le coin. Je le trouve étendu par terre. Deux secondes et, là-haut, entre la maison de Richaud et celle des Pelous, j'ai vu passer un homme qui courait vers la grange de Gari. Le temps de prendre mon fusil et je lui ai tiré dessus pendant qu'il montait là-haut vers la petite chapelle. Et là, il est descendu dans le chemin creux.

On avait rentré le Georges. Il était d'ailleurs sur pied et il buvait un peu d'alcool d'hysope[24] pour se remettre. Et voilà ce qu'il dit :
– J'ai tourné le coin. Je n'ai rien vu. Rien du tout. On m'a couvert la tête avec un foulard[25] et j'ai été chargé comme un sac sur le dos de quelqu'un qui m'emportait, qui a fait quelques pas ; qui m'emportait, quoi. Mais, quand j'ai reçu ce foulard sur la figure, j'ai baissé la tête, ce qui fait que, quand on m'a chargé, au lieu que le foulard m'étrangle en même temps, il ne m'a pas tout à fait étranglé puisque j'ai pu crier. Alors, on m'a rejeté et j'ai entendu le père qui disait : « Oh ! Capounas ! » Et après, il a tiré un coup de fusil.
Il n'avait pas pu aller jusqu'aux soues[26] où, d'ailleurs, le tumulte[27]continuait. On alla se rendre compte et là, on vit quelque chose d'assez malpropre. Un des cochons était couvert de sang. On n'avait pas essayé de l'égorger[28], ce qu'on aurait pu comprendre. On l'avait entaillé de partout, de plus de cent

entailles[29] qui avaient dû être faites avec un couteau tranchant comme un rasoir. La plupart de ces entailles n'étaient pas franches, mais en zigzag, serpentines, en courbes, en arcs de cercle, sur toute la peau, très profondes. On les voyait faites avec plaisir.

Ça, alors, c'était incompréhensible ! Tellement incompréhensible, tellement écœurant[30] (Ravanel frottait la bête avec de la neige et, sur la peau un instant nettoyée, on voyait le suintement du sang réapparaître et dessiner comme les lettres d'un langage barbare, inconnu), tellement menaçant et si directement menaçant que Bergues, d'ordinaire si calme et si philosophique, dit : « Sacré salaud, il faut que je l'attrape. » Et il alla chercher ses raquettes et son fusil.

Mais, entre ce qu'il faut et ce qui arrive !... Bergues rentra bredouille à la tombée de la nuit. Il avait suivi les traces et, dailleurs, des traces de sang. L'homme était blessé. C'était du sang en gouttes, très frais, pur, sur la neige. Blessé sans doute à un bras car les pas étaient normaux, très rapides, à peine posés. D'ailleurs, Bergues n'avait pas perdu de temps ; il était parti sur les traces avec à peine une demi-heure de retard ; c'est un spécialiste des randonnées d'hiver ; il a le meilleur pas de tout le village ; il avait des raquettes, il avait sa colère, il avait tout mais il ne put jamais apercevoir autre chose que cette piste bien tracée, ces belles taches de sang frais sur la neige vierge. La piste menait en plein bois noir et là elle abordait franchement le flanc du Jocond, à pic presque, et se perdait dans les nuages. Oui, dans les nuages. Il n'y a là ni mystère ni truc pour vous faire entendre à mots couverts que nous avons affaire à un dieu, un demi-dieu ou un quart de dieu. Bergues n'est pas fait pour chercher midi à quatorze heures. S'il dit que les traces se perdaient dans les nuages c'est que, à la lettre, elles se perdaient dans les nuages, c'est-à-dire dans ces nuages qui couvraient la montagne. N'oubliez pas que le temps ne s'était pas relevé et que, pendant que je vous raconte les choses, le nuage est toujours en train de couper net la flèche du clocher à la hauteur des lettres de la girouette[31].

Mais alors, brusquement : il ne s'agit plus de se dire Marie Chazottes ci, Marie Chazottes ça ! c'était non seulement Marie Chazottes mais c'était aussi Ravanel Georges (il l'avait échappé de peu), c'était donc tout aussi bien vous ou moi, n'importe qui, tout le monde était menacé ! Tout le village ; sur qui commença à tomber un soir de dimanche bougrement[32] sombre. Ceux qui n'avaient pas de fusil (il y a des familles de veuves) passèrent une sacrée mauvaise nuit. D'ailleurs, ces familles-là où il n'y avait plus d'hommes et des enfants trop jeunes, allèrent passer la nuit dans des maisons où il y avait des hommes solides et des armes. Surtout dans le quartier des Pelousères.

(Un roi sans divertissement, pp. 18 à 24.)

142

UNE TERREUR DE TROUPEAU DE MOUTONS

Bergues disparut. On ne s'en aperçut pas tout de suite. Il était célibataire et personne ne put dire à quel moment exactement il avait manqué au monde. Il braconnait ; il chassait les choses les plus invraisemblables ; il aimait la nature ; il restait parfois absent une semaine. Mais, en hiver 44 on s'inquiéta au bout de quatre ou cinq jours.

Chez lui, tout était placé de façon à faire craindre le pire. Sa porte d'abord n'était pas fermée ; ses raquettes et son fusil étaient là ; sa veste, doublée de peau de mouton, était pendue à son clou. Plus triste encore : son assiette, contenant les restes figés[33] d'un civet de lapin[34] (où l'on voyait les traces qu'avait faites un morceau de pain en ramassant la sauce), était sur la table, à côté d'un verre à moitié plein de vin. Il devait être en train de manger ; quelque chose, quelqu'un avait dû l'appeler dehors ; il était sorti tout de suite, sans peut-être finir d'avaler sa bouchée. Son chapeau était sur le lit. Cette fois, ce fut une terreur de troupeau de moutons. En plein jour (bas, sombre, bleu, neige, nuage coupant la flèche du clocher) on entendit les femmes pleurer, les enfants crier, les portes battre, et il fallut la croix et la bannière[35] pour se mettre à décider quelque chose. Tout le monde parlait des gendarmes ; personne ne voulait aller les chercher. Il fallait faire trois lieues dans la solitude, sous le ciel noir, et, du moment qu'il s'agissait de Bergues : un homme fait, costaud, courageux, le plus malin de tous, personne ne se sentait assez costaud, assez courageux et assez malin désormais. Enfin, ils finirent par accepter d'y aller quatre, tous ensemble. On s'était même écarté de la maison de Bergues comme d'une maison de pestiféré. Elle bâillait[36] à même la neige de la rue, de sa porte grande ouverte que personne n'avait eu le courage de refermer, et le ciel, au-dessus de toutes les têtes, paraissait plus noir que l'intérieur de cette maison.

Au moment du départ des quatre émissaires pour la gendarmerie royale de Clelles, toute la population du village vint piétiner silencieusement autour d'eux qui, fort graves et assez blêmes[37] sous les barbes, mettaient l'arme à la bretelle[38] et assuraient sur leurs vestes fourrées des ceintures pleines de cartouches à sanglier, un arsenal[39] de couteaux tranchants, lames nues, et même une petite hache. Ils chaussèrent finalement leurs raquettes ; on les vit monter très lentement le coteau[40] derrière lequel passe la grande route puis disparaître. Il ne restait plus qu'à se barricader[41].

(Un roi sans divertissement, pp. 40 à 41.)

1 dare-dare : vite et sans interruption, sans s'arrêter ou se reposer.

2 une bise : vent froid qui souffle du nord ou de l'est.

3 tout se tasse sur nous : tout pèse sur nous.

4 un âtre : partie de la cheminée où on fait le feu.

5 un amas : un tas de choses qui se sont ramassées en un endroit.

6 croulant : qui va tomber, qui est sur le point de tomber.

7 un paon [prononcer : « pan »] : oiseau qui a des plumes de plusieurs couleurs qu'il peut dresser et étaler sous la forme d'une grande roue. « Le paon fait la roue. »

8 une commère : femme bavarde. Ici marraine. *All. :* Taufpatin – *Ang. :* godmother – *Esp. :* madrina – *Ital. :* madrina. Mais le mot ne s'emploie plus dans ce sens.

9 un fichu : carré d'étoffe dont les femmes s'entourent les épaules et le cou.

10 des chaussons : chaussures souples en tissu ou en cuir, qui ne couvrent pas les chevilles.

11 un hangar : grand abri pour le matériel agricole.

12 fréquenter : aller habituellement dans un lieu. Ici, sortir avec des garçons.

13 un braconnier : quelqu'un qui chasse ou pêche sans permis avec des instruments interdits là où il ne faut pas et au moment où il n'en a pas le droit.

14 rentrer bredouille : rentrer sans résultats, en ayant échoué dans sa mission.

15 les vêpres : messe de l'après-midi. *All. :* Nachmittagsgottesdienst – *Ang. :* verpers – *Esp. :* visperas – *Ital. :* vespro.

16 transi(e) : tremblant et paralysé par le froid et (ou) la peur.

17 un abbéton : un enfant qui assiste un abbé.

18 la carrure : la largeur du dos d'une épaule à l'autre.

19 un surplis : vêtement de toile blanche et fine que les prêtres portent au-dessus de leur soutane. *All. :* der Talar, Ornat – *Ang. :* surplice – *Esp. :* sobrepelliz – *Ital. :* còtta.

20 éberlué : tellement étonné qu'on ne comprend plus ce qui arrive et que ça se voit sur le visage.

21 un jardin potager : où on cultive des légumes et des fruits.

22 un goret : jeune cochon.

23 des bruits pas catholiques : anormaux.

24 l'hysope : petit arbre aromatique qui a une odeur forte aux fleurs bleues ou violettes des régions méditerranéennes et de l'Asie centrale.

25 un foulard : *All. :* der Schal, der Halstuch – *Ang. :* scarf – *Esp. :* pañuelo, fular – *Ital. :* fazzoletto, pezzuòla.

26 les soues : les étables des cochons, l'endroit où ils dorment et mangent.

27 le tumulte : agitation et bruit.

28 égorger : couper la gorge.

29 une entaille : blessure, coupure qui laisse une marque profonde, enlève une partie de la chair.

30 écœurant : dégoûtant, donnant envie de vomir.

31 une girouette :

32 bougrement : fortement, vraiment.

33 figé : refroidi, durci.

34 un civet de lapin : un ragoût – morceaux de viande et de légumes cuits ensemble – de lapin cuit avec du vin et des oignons.

35 il fallut la croix et la bannière pour : il fallut fournir un très grand effort pour.

36 bâiller : ouvrir involontairement la bouche (parce qu'on a sommeil ou qu'on s'ennuie) ici : être entrouvert, mal fermé.

37 blême : pâle, d'une blancheur maladive.

38 mettre l'arme à la bretelle : la porter de telle sorte qu'elle soit prête à être utilisée immédiatement.

39 un arsenal : un ensemble de moyens et d'instruments pour attaquer et se défendre. Au sens propre l'endroit où l'on construit, répare et arme les navires de guerre.

40 un coteau : versant d'une colline.

41 se barricader : s'enfermer soigneusement chez soi comme si on se mettait derrière des barricades – tas d'objets divers derrière lesquels on se protège pendant les combats des rues.

QUESTIONS
---

1 Faites le portrait de chacun des « disparus ».

2 Qui pourrait être selon vous l'agresseur et pourquoi aurait-il fait ce qu'il a fait ?

3 Quel est le rôle du climat dans ces événements ? Quel est celui de la nature ?

4 Pourquoi la disparition de Bergues est-elle plus inquiétante que celle des autres ?

5 Que feriez-vous, si vous étiez le chef du village et qu'il n'était pas possible de faire appel aux gendarmes, pour attraper l'agresseur ?

UN CAPITAINE NOMMÉ LANGLOIS

... dès onze heures de la nuit, arriva au village, en plus des quatre émissaires qui la guidaient, une petite compagnie de six gendarmes à cheval, avec armes et bagages et un capitaine nommé Langlois.

C'étaient tous de vieux soldats et ils se mirent tout de suite à grognarder[1] avec tant d'aisance qu'on se sentit entièrement rassuré. Ils mirent leurs bidets[2] en réquisition[3] dans les écuries et ils firent un bivouac[4] pour la garde en pleine place du village, avec une guérite[5] en planches, sentinelles, patrouilles, mots de passe, et tout. Langlois sortit de son havresac[6] une très longue pipe en terre et, installé derrière les vitres du Café de la route, il dirigea les opérations.

Malgré cette longue pipe en terre, des pantoufles fourrées et une casquette en poil de bichard[7] dans laquelle il abritait ses oreilles, Langlois était un sacré lascar. Il éclaira un peu les choses ; d'un jour sinistre, mais d'un jour. La table sur laquelle Bergues avait pris son dernier repas était placée devant une fenêtre. Cette fenêtre donnait non pas sur la rue mais sur des prés. Langlois s'assit à la place où Bergues s'était assis pour manger le civet. Langlois fit les gestes de Bergues mangeant son civet et trempant dans la sauce ce morceau de pain qui avait laissé des traces dans le gras figé. Ce faisant, Langlois fut amené à regarder à travers la fenêtre et il demanda : « Ça donne vers quoi ce côté-là ? » (il fallait bien le demander car, ce côté-là, comme les autres en cette saison, *ça donnait* sur de la neige et du coton gris, bleuâtre et noir), ça donnait sur la route d'Avers. Langlois envoya chercher ses bottes. En attendant qu'on les lui apporte il expliqua qu'à son avis Bergues était là en train de manger quand il avait dû voir quelque chose d'extraordinaire qui l'avait attiré dehors tout de suite.

Une fois chaussé, Langlois et un de ses hommes partirent dans la direction qu'avait dû suivre Bergues. Ils n'allèrent pas loin. Ils allèrent jusqu'à l'endroit où la brume et le nuage commençaient à les effacer. Là, ils firent des gestes pour qu'on aille les rejoindre. Pendant qu'on allait vers eux, ils avancèrent encore d'une vingtaine de pas, c'est-à-dire que, par rapport au village, ils entrèrent carrément dans le nuage ; du village, on ne les voyait certainement plus. Ceux qui allaient les rejoindre les voyaient encore parce qu'ils s'approchaient d'eux. Ils étaient penchés sur quelque chose. Ce n'était pas Bergues. C'était un grand piétinement de pattes de corbeaux. En fouillant la neige, à vingt centimètres (qui était à peu près l'épaisseur de neige tombée depuis six jours – en tenant compte du tassement produit par le gel nocturne et le balayage du vent) on trouva une grande plaque de neige agglomérée[9] avec du sang.

Voilà donc l'endroit où Bergues avait fini. Derrière le rideau de nuages. Et à partir de là ? Rien. La neige, vierge tout autour, à part les traces de Langlois du gendarme et de ceux qui les avaient rejoints.

On fit des patrouilles pour rechercher le corps. Non plus au hasard comme pour Marie Chazottes mais méthodiquement, par escouades[10] de quatre : chaque escouade commandée par un gendarme et dans des secteurs précis, marqués au crayon par Langlois sur une carte du canton. On ne trouva rien. Il y avait évidemment quatre-vingt-dix-neuf chances sur cent pour que la neige... et le dégel rendrait le corps. Mais, le dégel n'avait pas rendu le corps de Marie Chazottes. Au bout de quinze jours, Langlois rentra au Café de la route, reprit la longue pipe en terre, les pantoufles et la casquette en peau de bichard.

– Ce qu'il me faudrait savoir, dit-il, c'est pourquoi on les tue et pourquoi on les emporte ? Ce n'est pas pour voler ? Ce n'est pas des assassinats de femmes puisque Bergues et, d'ailleurs, Ravanel Georges... Si on était chez les Zoulous, je dirais que c'est pour les manger... À part ça, moi, je ne vois rien.

On donna de nouveau des mots de passe très stricts à tout le monde. On ferma l'école. On recommanda de ne sortir du village sous aucun prétexte, même en plein jour (d'ailleurs toujours bas, sombre, bleu, neige et nuage) les sorties absolument obligatoires seraient faites en commun et sous la garde de deux gendarmes. Et, dans le village même, il était recommandé de ne pas sortir seul, d'être au moins deux, les hommes, et au moins trois, les femmes.

(...)

Langlois avait fait pendre, à la porte de chaque maison, une vieille bassine et une trique[11]. À la moindre des choses, ordre était donné de tambouriner à coups de trique sur la bassine ; de toutes les forces.

– J'aime mieux, avait dit Langlois, me déranger vingt fois pour rien plutôt que de rater la fois qui compte. « Alors, allez-y, n'hésitez pas ; si vous avez peur, tabassez[12]. » (Il était très bien, Langlois : des moustaches fines, un beau plastron[13], de la jambe[14], il savait parler ; et pas fainéant.)

D'après ce que je vous ai dit, les gens vous font peut-être un peu l'effet de froussards ? Naturellement : nous n'y sommes pas ; c'est eux qui y sont. Et pourtant, ils ne tambourinèrent pas à tout bout de champ sur les bassines ; ils ne tambourinèrent qu'une fois : l'après-midi où Callas Delphin fut rayé de la surface du globe.

– Je n'y peux rien, dit Langlois après huit jours de jurons[15] et de courses à travers des bois perdus dans les nuages. Je n'y peux rien, je ne suis pas Dieu et vous êtes de sacrés imbéciles. Je vous ai dit et répété : « Ne sortez pas seuls, même en plein jour. » Votre Delphin, sa femme prétend qu'il a voulu sortir seul pour se poser sur le fumier[16]. Je comprends ça. Mais c'est facile dans ces cas-là de ne pas s'endormir : hop ! et ça y est, vous m'avez compris ?

(...)

Quand elle s'est décidée à tabasser sur sa casserole, il y avait plus d'une heure que votre delphin était parti. Je lui ai dit : « Mais, crâne de piaf[17], au bout de cinq minutes il fallait tabasser. » Elle me dit : « Le Delphin, y mettait plus de cinq minutes, il avait l'habitude d'y fumer sa pipe ! » Sacré chameau ! enfin, en voilà encore un ! Et celui-là, il nous l'a pris dans la main. J'ai l'air fin, moi !

(Un roi sans divertissement, pp. 41 à 46.)

LA MESSE

La messe se passa sans incidents. Elle fut magnifique. Les cierges brasillaient[18] en buissons et même M. le curé se paya le luxe de mettre dans chaque encensoir[19] une petite pincée de vrai encens. Dès que la fumée balsamique[20] commença à se répandre en orbes[21] balancés dans le petit vaisseau de l'église, Langlois (qui pensait à toutes les églises du canton) eut la certitude que la nuit se passerait sans rapt. « Je comprends tout, se dit-il, et je ne peux rien expliquer. Je suis comme un chien qui flaire un gigot dans un placard. »

À la sortie, M. le curé participa lui-même à la bonne garde de son troupeau. Il se sentait, dit-il, personnellement responsable. Il ne neigeait plus. La nuit était serrée dans un calme de fer. Cela fit une procession le long de laquelle les cierges et les flambeaux avaient des flammes droites comme des fers de lances.

– Je suis très content que tout le monde soit rentré sans encombre, dit M. le curé à Langlois qui le raccompagnait au presbytère[22].

– Il ne pouvait rien se passer ce soir, dit Langlois.

– Pour être un soldat qui a été un héros sur les champs de bataille, dit M. le curé, vous n'en avez pas moins une connaissance exacte des puissances de la messe, je vous en félicite. Avouez que le monstre ne peut pas approcher du sacrifice divin.

Langlois et M. le curé, portant chacun un cierge, se trouvaient à ce moment-là tous les deux seuls au seuil du presbytère ; c'est-à-dire à l'orée du village ; et, à cent mètres au-delà d'un petit pré, on voyait dans la nuit très noire la muraille très noire de la forêt.

– En vérité, dit Langlois, je ne voudrais pas vous troubler, monsieur le curé, mais je crois qu'il s'en approche fort bien et je crois, au contraire, que c'est parce qu'il s'en est approché que nous n'avons rien risqué.

– La grâce divine ? demanda M. le curé.

– Je ne sais pas comment cela peut s'appeler, dit Langlois. Nous sommes des hommes, vous et moi, poursuivit-il, nous n'avons pas à nous effrayer de mots, eh bien, mettons qu'il ait trouvé ce soir un *divertissement* suffisant.

– Vous m'effrayez, dit M. le curé.

– Je ne sais pas encore très bien ce que je veux dire, dit Langlois ; peut-être ne le saurai-je jamais, mais je voudrais bien le savoir. Il est encore trop tôt pour qu'il soit là-bas, poursuivit Langlois en pointant son index vers la lisière ténébreuse des bois[23]. Peut-être même n'y viendra-t-il pas ce soir mais il pourrait fort bien y être et nous guetter sans que nous risquions grand-chose, vous et moi. Nous lui donnons déjà tous les deux, avec nos cierges, tout ce dont il a besoin. C'est drôle, hein, monsieur le curé ! À quoi tient la vie quand même !

Il eut tout de suite l'impression d'avoir dit une incongruité[24]. Le curé le lui fit bien sentir en lui souhaitant à peine le bonsoir.

Quand la porte du presbytère se fut refermée et qu'il eut entendu claquer les deux verrous, Langlois souffla son cierge et retourna au Café de la route en sifflotant un petit air.

– Alors, lui dit Saucisse, tu les as rentrées tes bécasses ?

– Bécasses, tourterelles et perdrix[25], j'ai tout rentré, dit Langlois. Donne-moi un coup de schnick, j'en ai froid au ventre. Ce n'est pas un monstre. C'est un homme comme les autres. Ce qu'il faudrait, veux-tu que je te le dise : c'est la messe de minuit, du premier janvier à la Saint-Sylvestre et sans interruption.

– Tu l'as dit, bouffi[26], dit-elle en lui donnant sa chandelle.

(Un roi sans divertissement, pp. 56 à 58.)

POUR MIEUX COMPRENDRE

---

1 grognarder : formé sur *grogner* – montrer qu'on n'est pas content en disant des choses difficiles à comprendre d'une voix qui rappelle un bruit d'animal – et sur *grognard* – soldat de la vieille garde sous Napoléon Ier.

2 un bidet : un petit cheval.

3 en réquisition dans les écuries : à la charge des propriétaires des écuries, c'est-à-dire que ces propriétaires doivent nourrir et entretenir les chevaux des gendarmes.

4 un bivouac : un campement, une installation provisoire en plein air.

5 une guérite :

6 un havresac : sac qui contient l'équipement et les provisions d'un militaire. Équivalent du « sac à dos » actuel.

7 un bichard : faon – petit – de la biche (emploi régional propre au midi de la France). La biche est la femelle du cerf.

8 fouiller : creuser un sol.

9 aggloméré avec : formant un bloc avec.

10 une escouade : petite troupe, groupe d'hommes. S'utilise toujours avec l'idée d'une action de type militaire ou policier.

11 une bassine et une trique :

12 tabasser (familier) : frapper.

13 un plastron : partie de certains vêtements qui recouvre la poitrine. Ici : un beau torse, une poitrine large.

14 de la jambe : souple, rapide dans ses mouvements (vieilli dans ce sens).

15 un juron : mot grossier que l'on dit lorsque l'on est en colère.

16 se poser sur le fumier : faire ses besoins naturels, aller aux toilettes.

17 un crâne de piaf : tête vide, idiote.

18 brasiller : brûler comme si c'étaient des braises – morceaux de bois transformés en charbons brûlants et rougeoyants.

19 un encensoir :

20 balsamique : qui adoucit et calme comme le ferait un baume.

21 orbe : sorte de sphère, de cercle.

22 un presbytère : maison du curé.

23 La lisière ténébreuse des bois : la ligne qui marque le début du bois. Ténébreuse – de *ténèbres* : nuit noire.

24 une incongruité : quelque chose de déplacé, qui ne se dit pas.

25 bécasse, tourterelle, perdrix : variétés d'oiseaux. Appliqués aux êtres humains, ces noms désignent généralement des personnes douces, fragiles ou sottes (bécasses).

26 tu l'as dit, bouffi (familier) : tu as raison.

QUESTIONS

1   Dans l'un des deux derniers textes se trouve la première explication du titre du roman. Retrouvez-la.

2   Faites le portrait de Langlois.

3   Pourquoi le curé ne semble-t-il pas aimer Langlois ?

4   Relevez un trait « comique » de la description ou du dialogue.

5   Pourquoi Langlois avait-il le soir de la messe « la certitude que la nuit se passerait sans rapt » ?

FRÉDÉRIC II

Frédéric II mit à peu près dix minutes pour trouver ses feuilles de noyer. Il était sur sa porte ; il allait la refermer ; il entendit du bruit dans le hêtre[1]. Naturellement le hêtre était entièrement effacé par la brume. On en voyait le tronc énorme ; tout le reste était complètement perdu. Frédéric II écouta ; ça n'avait l'air de rien ; c'était du bruit. On était bien incapable d'imaginer quoi que ce soit avec ce bruit-là. Des oiseaux ? Alors des gros et qui bougeaient avec précaution, En cette saison il n'y a pas d'oiseaux aux nids. Des rats ? Il semblait qu'à un moment donné ça avait un peu couiné[2] ; ça n'étaient pas des bruits de rats. On ne pouvait absolument rien voir. À l'endroit où se produisait le bruit c'était blanc parfait. Frédéric resta la main sur le loquet[3].

Il n'avait pas mis ses sabots ; ce matin-là il avait ses bottes. Il pouvait marcher sans faire de bruit. Il lâcha doucement le loquet et il s'approcha. À trois, quatre mètres du tronc du hêtre il y avait un buisson de ronces (il y est toujours). Frédéric II était derrière ce buisson depuis peut-être une demi-minute, bouche ouverte et l'œil rond, quand le bruit ressembla à celui que ferait quelque chose, ou quelqu'un, ou une bête, un serpent qui glisserait contre des branches, de l'écorce ; et, de la brume comme d'une trappe, se mirent à descendre un pied chaussé d'une botte, un pantalon, une veste, une toque[4] de fourrure, un homme ! Qui descendait lentement le long des deux mètres cinquante de tronc qui était visible et posa ses pieds par terre. Qui c'était, ce type-là ?

Naturellement, il faisait face au tronc et il tournait le dos à Frédéric II. Il n'avait pas d'allure connue. Il glissa dans un taillis[5], fit quatre ou cinq pas et disparut dans la brume.

« Qu'est-ce qu'il foutait là-haut dedans ? » se dit Frédéric II. Il s'approcha du hêtre et il s'aperçut que, dans le tronc, plantés de distance à distance, de gros clous de charpentier faisaient comme un escalier.

« Et, te foutre, un drôle de type, qu'est-ce que c'est que ça ? se dit Frédéric II. Attends voir », et il commença à monter. C'était facile : les clous étaient placés de telle façon que les pieds et les mains y allaient tout seuls.

Voilà mon Frédéric II sur l'enfourchure du tronc, à l'endroit d'où partaient les branches maîtresses. Et en plein brouillard. Il ne voyait plus le sol. Tout se fit très vite. Il était comme sur quelque chose qui brûlait.

Des quatre branches maîtresses qui, à partir de là s'écartaient les unes des autres, la plus grosse (large à elle seule comme un paquet de trois hommes) était toute balayée de sa neige. On voyait que l'homme était descendu de là. D'ailleurs, de loin en loin, pour aider, toujours les clous de charpentier.

« Cré coquin ! » Frédéric II empoigne les clous et monte. Il monte. Sous lui, la brume se refermait, de plus en plus épaisse, et autour de lui. Et il sent que la branche, au lieu de s'amenuiser[6] comme c'est la règle, s'épaissit au contraire. Ça arrive : ce sont des sortes de chancres[7] qui dilatent le bois.

Celui-ci était dilaté au point maintenant d'avoir au moins l'épaisseur de cinq hommes ; en même temps que la direction de la branche avait tendance à devenir horizontale.

Heureusement que Frédéric II alors s'arrêta peut-être trois secondes pour souffler. Trois secondes pendant lesquelles, sans qu'il s'en rendît compte, son corps et son esprit se préparèrent à la monstruosité[8].
Il s'approcha (il ne monta plus, il s'étira vers le rebord de cette sorte de nid énorme, large comme une vue, que le chancre avait creusé dans l'énorme branche). Il était, à ce moment-là, sans le savoir, tellement prévenu, tellement dédoublé, fendu en deux comme à la hache par l'appréhension que ses mains étaient verrouillées[9] sur les clous et que ses bras étaient raides comme des clefs de maçonnerie. Il n'y avait que sa curiosité terrible qui lui étirait le cou : il était tout dans ses yeux. C'est pourquoi il resta solidement arrimé[10] quand son visage arriva, à travers le brouillard, à trois travers de doigt d'un autre visage, très blanc, très froid, très paisible et qui avait les yeux fermés.
Tout ce que je raconte, depuis le moment où Frédéric II empoigna le premier clou et quitta terre jusqu'à maintenant, n'avait pas duré en tout une minute. Il resta face à face avec le visage très blanc quelques secondes à peine. Le temps de cent mille ans. Il se croyait dans un rêve et face à face avec le visage émaillé[11] de la bergère de l'horloge. Cependant il dit : « Dorothée ! Dorothée morte ! »

(...)

Alors, l'homme ? C'était l'homme !
Frédéric II se retrouva au pied du hêtre sans savoir et sur les traces de l'homme, derrière le buisson, puis, dans le pré qui montait ; des traces nettes, toutes seules, fraîches, dans le brouillard, avec l'espoir de ne pas le rattraper, oh ! non, non ! Et il suivit.
Il dépassa le pré de Carles. Les traces étaient toujours très fraîches tellement que, dans certaines, la neige gelée, retroussée[12] par la pointe du pas, était encore en train de s'ébouler[13] dans l'empreinte. Il dépassa le pré de Bernard. Il pouvait être huit heures du matin à ce moment-là et le brouillard se mit à se déplacer lentement. Par endroits, il s'amincissait jusqu'à permettre de voir les arbres de la route. Dans une de ces éclaircies, Frédéric II aperçut devant lui l'homme qui montait sans se presser. C'était bien cette allure inconnue, cette veste, cette toque de fourrure, cet air boulé[14] ; il était dans le droit sillon des traces.
Frédéric II s'accroupit[15] derrière une haie[16] et lui laissa prendre un peu d'avance. Quand il commença à fondre peu à peu dans des paquets de brumes, Frédéric II reprit le pied. Il se dirigeait droit vers le Jocond, comme la fois de Ravanel où Bergues avait suivi, puis abandonné dans le nuage. Frédéric II savait que, lui, n'abandonnerait pas. À ce moment-là ce n'était pas une question de courage : c'était une question de curiosité.

(...)

La neige était entièrement vierge ; il n'y avait que ces pas tout frais.
L'homme se dirigea très intelligemment vers le bois de Burle. Au bout d'un moment, la lisière de la forêt se mit à noircir le brouillard. L'homme entra dans la forêt.

(...)

Il continua à monter ; sortit du bois ; aborda les pâturages de l'Archat. Avec beaucoup de sûreté, il montait sur l'emplacement exact du sentier malgré l'énorme épaisseur de neige qui uniformisait tout.

Dans ces hauteurs, il y avait beaucoup de lumière. Comme on approchait du sommet de l'Archat, Frédéric II eut malgré tout la prudence de s'arrêter et de laisser l'homme prendre un peu d'avance. Pour quelqu'un qui aurait eu toute sa tête, il aurait pu laisser prendre même une heure d'avance. Dans ces parages, en cette saison, il n'y avait sûrement que cet homme. Sa trace était nette, comme gravée au couteau ; on ne pouvait pas le perdre. Mais Frédéric II dira : « Il me fallait le voir. » Il s'arrêta deux cents mètres plus bas que l'homme qui, ayant atteint le sommet de l'Archat, s'arrêta.

(...)

L'homme commença à descendre de l'autre côté de l'Archat. Frédéric II monta sur ses traces à quatre pattes. Le sommet de l'Archat n'est pas large : une quinzaine de mètres. Frédéric II s'approcha précautionneusement[17] du rebord.

En bas dessous, et toujours avec la même précision, l'homme suivait l'emplacement du sentier ; c'est-à-dire qu'il descendait en zigzag, de son pas de promenade. Il ne s'agissait pas de s'engager dans la pente pendant qu'il était ainsi dans le découvert : la brume ne masquait plus suffisamment. Il fallait attendre qu'il entre dans le bois.

(...)

L'homme descendait paisiblement, d'un tel pas de promenade (qui frappe tellement les gens d'ici pour lesquels ce pas signifie contentement, richesse, préfet, patron, millionnaire) que Frédéric II était obligé de se souvenir de tout le chemin, depuis le hêtre jusqu'ici, où il n'y avait dans la neige qu'une trace, une seule, une et unique : celle de cet homme qui se promenait.

Et qui entra dans le bois. Frédéric II lui laissa le temps de pénétrer un peu profond, puis, par le biais de la corne, il rejoignit les traces. (Plus tard il dira : « J'avais peur de le perdre. ») Maintenant, en effet, il collait à la piste pour des raisons différentes de celles qui l'avaient amené jusque-là. Peut-être même un peu honteux d'être venu jusque-là avec des raisons incompréhensibles ; il était devenu renard. Il rusait[18] de toutes ses forces. Pas un cheveu de sa tête qui pensait à autre chose qu'à ruser. Tout gros qu'il était il était devenu silencieux et aérien, il se déplaçait comme un oiseau ou comme un esprit. Il allait de taillis en taillis sans laisser de traces. (Avec son sens primitif du monde, il dira : « Sans toucher terre. ») Entièrement différent du Frédéric II de la dynastie de la scierie ; plus du tout sur la terre où il faut scier du bois pour gagner de quoi nourrir Frédéric III ; dans un nouveau monde lui aussi ; où il fallait avoir des qualités aventurières. Heureux d'une nouvelle manière extraordinaire ! (Ça, il ne le dira pas. D'abord il ne le sait que confusément ; mais, le saurait-il très exactement, il ne le dirait pas, il le cacherait pour toujours...)

(...)

l'homme ne tourna jamais la tête. À un moment même, juste après avoir traversé le torrent, l'homme qui suivait avec un sens très précis les traces du sentier enfouies sous plus de deux cents mètres de neige, fit un détour assez brusque. Frédéric II, au découvert, en dehors du bois vit, pendant le temps d'un éclair, une tache blanche sous la toque de fourrure : le visage de l'homme. Frédéric II s'immobilisa. (Il dira : « À ce moment-là j'ai dit : c'est foutu ! ») Mais, pendant que Frédéric II immobile s'efforçait de ressembler à un tronc d'arbre, l'homme continua à marcher de son pas, égal et paisible, comme s'il était depuis bien longtemps dans des endroits où il savait que jamais personne ne pourrait plus le rattraper.

Frédéric II gardera de cette poursuite un souvenir *renard*. Quand il parlera du pays derrière l'Archat il en parlera comme Colomb devait parler des Indes Orientales

(...)

Maintenant, le chemin est une petite route sur laquelle il y a des traces de traîneau. Elle tourne à travers les champs de neige quadrillés de barrières de courtil[19]. Les pointes humides de deux ou trois rangées de hampes de maïs[20] émergent comme des poils de barbe. Une odeur de soupe, de suie[21] et de fumier de cheval. L'homme disparaît derrière un épaulement qui doit être une prairie en pente. Cette fois, Frédéric II prend le pas de course. C'est ainsi qu'il tombe tout à coup sur un village : dans lequel l'homme est en train d'entrer.

Frédéric II dira exactement ce qu'il a pensé et ce qu'il a fait. Mais ils suivent paisiblement la rue, l'un derrière l'autre, la rue qui doit s'appeler la grand-rue car ce village est plus conséquent que le nôtre. Il y a trois épiceries, un tabac, une quincaillerie, et ces magasins ont des vitrines derrière lesquelles on voit les gens sous les lampes, dans des rangées d'arrosoirs, de cadenas, de cordes à chiquer[22] et de pots de moutarde. Si l'homme sautait sur quelqu'un, d'un cri (que Frédéric pousserait) il y aurait vingt personnes dehors. Mais l'homme, après la grand-rue, traverse la place de l'église. Il entre dans une autre rue, très belle et très propre ; large ; les maisons sont cossues. Il s'est simplement dirigé vers une de ces maisons, de son pas de promeneur, comme s'il venait de prendre l'air ; du même pas qu'il avait ce matin en quittant le hêtre, et qu'il a tenu tout le long. Il frappe avec le poing la porte d'une de ces maisons, et, pendant qu'on vient lui ouvrir, il racle[23] la semelle de ses bottes sur le racloir. Et puis il entre, et, sur le seuil, il a dénoué de son cou un cache-nez, très humain. Midi sonnait.

Depuis l'entrée de cette rue large aux maisons cossues, il compte une, deux, trois, quatre maisons ; celle de l'homme est la cinquième. Il recompte soigneusement : c'est bien la cinquième ; c'est la seule, d'ailleurs, qui a deux fenêtres de rez-de-chaussée, une de chaque côté de la porte. Après ça, Frédéric II s'en va car il a deux choses à faire : savoir le nom du village ; ici, qu'est-ce que c'est ? Et manger un bout de pain. Depuis ce matin, il n'a que son café dans le ventre. Le nom du village, le plus simple c'est d'aller à la mairie car il ne va pas entrer au café et demander : qu'est-ce que c'est ici ? D'habitude, quand on va quelque part on sait où on va. À la mairie, dans le couloir, il n'a pas besoin d'aller plus loin, il y a l'affiche d'une adjudication de coupe « Mairie de Chichiliane ».

(...)

Il faut rentrer le plus vite possible et voir Langlois.

(...)

le temps est tellement sec qu'il y a deux ou trois types dans les rues, qui vont, doivent aller à des étables, à des bûchers. Au coin de la place de l'église où d'un côté prend la route de Clelles et de l'autre juste la rue de l'homme, il croise un de ces types. Alors il lui demande :

– Dites, cette maison là-bas (ils font quelques pas de côté pour bien la voir), la cinquième, celle qui a deux fenêtres ; vous savez qui est-ce qui y reste ?

On lui répond :

– Oui, oui, c'est M. V.

(Un roi sans divertissement, pp. 62 à 76, Éd. Gallimard, 1948.)

POUR MIEUX COMPRENDRE

[1] **un hêtre :** grand arbre au tronc puissant et élancé, à écorce très fine et à petites feuilles ovales. Très répandu dans toute la France il vient aussitôt après le chêne.

[2] **couiner :** pousser de petits cris. Le rat, le lièvre, le lapin, ... couinent.

[3] **un loquet :** système de fermeture d'une porte.

[4] **une toque :** sorte de coiffure.

[5] **un taillis :** partie d'un bois où les arbres sont de faible dimension.

[6] **s'amenuiser :** devenir de plus en plus « menu » c'est-à-dire petit.

[7] **un chancre :** quelque chose qui ronge, dévore, détruit et grossit.

[8] **la monstruosité :** la chose monstrueuse, effrayante comme pourrait l'être une créature anormale, un monstre.

[9] **verrouillé :** fermé énergiquement.

[10] **arrimé :** attaché.

[11] **un visage émaillé :** froid et lisse comme de *l'émail. All. :* Email – *Ang. :* enamel – *Esp. :* esmalte – *Ital. :* smalto.

[12] **retroussé :** relevé, remonté.

[13] **s'ébouler :** se défaire, retomber.

[14] **un air boulé :** une allure un peu arrondie.

[15] **s'accroupir :** s'asseoir les jambes repliées, sur les talons.

[16] **une haie :** une clôture – barrière de séparation – faite d'arbustes, de branchages, d'arbres ou d'épines.

[17] **précautionneusement :** avec précaution, en faisant très attention.

[18] **ruser :** chercher les moyens de tromper, trouver un détour, un truc pour éviter quelqu'un, échapper à quelqu'un.

[19] **un courtil :** parcelle de terre entourée de barrières située à l'extérieur de la ferme.

[20] **les hampes du maïs :** le haut des tiges, la partie qui soutient l'épi.

[21] **la suie :** la graisse.

[22] **chiquer :** mâcher du tabac.

[23] **racler :** gratter, frotter contre.

QUESTIONS

1   Dans ce dernier passage les indices sur les origines et l'identité de l'assassin se sont accumulés avant même que Frédéric II ne connaisse son nom. Citez-en quelques-uns.

2   Lequel des personnages du roman vous paraît plus proche du narrateur ? Pourquoi ?

3   « Frédéric II gardera de cette poursuite un souvenir *renard* » écrit Giono dans ce dernier passage. Expliquez cette expression.

4   La nature joue un rôle actif dans tous les romans de Giono. Montrez comment ici, elle participe à l'intrigue policière.

5   Trouvez-vous un point commun parmi les victimes de M.V. ? Lequel ? Si vous n'en trouvez pas quel est, selon vous, son mobile (la raison pour laquelle il tue) ?

« J'avoue que pour moi ce qui compte, tout ce qui vraiment en vaut la peine, se présente toujours en imagination au bout d'un voyage ; – il n'y a que là qu'il peut être vraiment question, il me semble, que le rideau se lève. (...) Les grandes légendes qui me parlent directement sont toujours celles qui placent au centre un voyage magique ou angoissant, de l'issue duquel tout va dépendre : celle du Graal, bien entendu, en tout premier lieu. Remarquez qu'il ne s'agit pas d'exploration ou de dépaysement. Il est question avant tout de partir, comme Baudelaire le savait bien. Il s'agit de départs tellement départs qu'aucune arrivée ne pourra jamais les démentir. (...) J'ai assisté avant la guerre au lancement du paquebot « Ile-de-France ». Quand on enlève les derniers vérins, la coque commence à glisser avec une extraordinaire lenteur, au point qu'on se demande un assez long moment si vraiment elle bouge ou ne bouge pas. Alors, avant même qu'on s'en soit rendu compte, on voit de grandes fumées qui s'élèvent ; ce sont les tonnes de suif dont on a enduit les glissières qui se volatilisent. (...) Cela me faisait un peu comprendre, de façon parlante, ce qui m'émeut surtout dans le sentiment du départ. On sentait, on voyait tout d'un coup qu'il y avait, derrière cet ébranlement presque millimétrique, une extraordinaire pression. »

(Préférences, *pp. 60-61, José Corti, 1961.*)

Julien, Louis Poirier dit Gracq est né à Saint-Florent-le-Vieil (en Anjou, sur la Loire) le 27-7-1910, d'une famille bretonne. Sa scolarité s'est faite pour l'essentiel dans un internat à Nantes. Ancien élève de l'École normale supérieure, Agrégé d'histoire, il a enseigné au lycée Claude-Bernard de Paris et est un géographe de grande réputation.

Traducteur de Heinrich Von Kleist (1777-1811) il a été très fortement marqué par le surréalisme – on lui doit la meilleure étude sur André Breton – et par les mouvements romantiques allemand et anglais. Un recueil d'études critiques publié en 1981 En lisant, en écrivant *en fait aujourd'hui l'un des meilleurs lecteurs de Balzac, Proust et Stendhal comme de Jules Verne et Zola par l'attention qu'il porte aux détails vraiment importants de l'écriture ainsi que par le réalisme extraordinaire avec lequel il analyse les thèmes traités par ces auteurs et les raisons qui ont fait leur réputation auprès des lecteurs.*

Son premier roman Au château d'Argol *(1938) est une réexploration du mythe du Graal. Toute son œuvre se nourrit à la fois des légendes celtiques et d'une réinterprétation des opéras de Wagner. En 1945* Un beau ténébreux *retrace l'évolution d'un groupe de jeunes qui se retrouvent à la fin de l'été sur une plage bretonne :* « Je m'enfonce maintenant derrière les villas rangées sur l'amphithéâtre de la plage, je parcours les avenues enfouies sous les arbres, au doux sol brun assourdi par le sable et les aiguilles des pins. Un silence équivoque s'établit sitôt tourné l'angle de la plage (...) le sentiment de la toute puissante réserve des choses monte en moi jusqu'à l'horreur. De même m'est-il arrivé de m'imaginer la représentation finie, me glisser à minuit dans un théâtre vide, et surprendre de la salle obscure un décor pour la première fois refusant de se *prêter au jeu. Des rues une nuit vides, un théâtre qu'on rouvre, une plage pour une saison abandonnée à la mer tissent d'aussi efficaces complots de silence, de bois et de pierre que cinq mille ans, et les secrets de l'Égypte, pour déchaîner les sortilèges autour d'une tombe ouverte. (...) Je devins ce fantomatique voleur de momies lorsque, une brise légère soufflant de la mer et le bruit de la marée montante devenu soudain plus perceptible, le soleil enfin disparut derrière les brumes en cette après-midi du 8 octobre 19... »*

Une œuvre n'est digne de ce nom que si elle est « magique » c'est-à-dire si elle contient en elle un pouvoir de révélation, la capacité de communiquer et de faire savoir ce qui ne s'explique pas par 2 et 2 font 4, nous apprend Gracq. L'amour et la mort exercent leur fascination sur les personnages à travers la mise en scène de la beauté des êtres, du sens du jeu d'échecs, du plaisir de conduire une voiture pour « couler la vitesse en lenteur », et, comme dans tous ses livres, de la joie de vraies conversations *où le jugement de chacun sur ce qu'il a lu, vu ou entendu n'est pas un jeu stérile de la vanité mais une possibilité de plus de voir mieux et plus loin parmi les richesses et les menaces du monde.*

Le Rivage des Syrtes (1951), l'œuvre que nous avons choisie est celle que l'on connaît le mieux de Gracq et ceci pour plusieurs raisons. D'abord elle a eu le prix Goncourt et l'auteur l'a refusé car l'année précédente, il avait fortement critiqué le système des prix littéraires. Ensuite parce que le livre évoque un conflit ancien entre deux pays puissants dont l'un, celui où se trouve le narrateur, représente une civilisation à la fois parfaite et fatiguée, riche et vieillie alors que l'autre, peu connu dans le pays du narrateur, est à la fois jeune et « barbare ». Du moins est-ce ce que pense la plupart des citoyens du vieux pays « civilisé » qui d'ailleurs ne sont jamais allés « de l'autre côté ». De plus, l'ennemi est « oriental »...

Par delà ces allusions politiques plus ou moins transparentes à la « guerre froide » qui oppose la vieille Europe occidentale au monde communiste, au monde musulman, aux peuples du Sud ou aux « Empires d'Asie » le livre développe des thèmes plus universels : l'attente de la réaction de l'autre et même de l'évolution en soi-même de la curiosité ou de la peur, l'opposition des points de vue sur l'avenir en fonction de l'âge non seulement des individus mais de tout un peuple, les conditions d'un équilibre dans un rapport de forces et les conditions de rupture de cet équilibre, enfin la place toujours ambiguë de la fascination amoureuse dans un rapport essentiellement « politique » et le sens, dans ce contexte d'une « trahison ».

UNE DESTINATION IGNORÉE

Il y a un grand charme à quitter au petit matin une ville familière pour une destination ignorée. Rien ne bougeait encore dans les rues engourdies[1] d'Orsenna, les grands éventails des palmes s'épanouissaient plus larges au-dessus des murs aveugles ; l'heure sonnant à la cathédrale éveillait une vibration sourde et attentive dans les vieilles façades. Nous glissions au long de rues connues, et déjà étranges de tout ce que leur direction semblait choisir pour moi si fermement dans un lointain encore indéfini. Cet adieu m'était léger : j'étais tout à goûter l'air acide et le plaisir de deux yeux dispos, détachés déjà au milieu de toute cette somnolence[2] confuse : nous partions à l'heure réglementaire. Les jardins des faubourgs défilèrent sans agrément ; un air glacial stagnait[3] sur les campagnes humides, je me pelotonnai[4] au fond de la voiture et me mis à inventorier[5] avec curiosité un grand portefeuille de cuir que j'avais retiré la veille de la Chancellerie en prêtant serment. Je tenais là, dans mes mains, une marque concrète de ma nouvelle importance, j'étais trop jeune encore pour ne pas trouver à la soupeser[6] un plaisir presque enfantin. Il contenait diverses pièces officielles relatives à ma nomination, – assez nombreuses, ce qui me rendit bonne humeur, – des instructions concernant les devoirs de ma charge et la conduite à suivre dans le poste que j'allais occuper ; je décidai de les lire à tête reposée. La dernière pièce était une forte enveloppe jaune scellée[7] aux armes de la Seigneurie ; la suscription, manuscrite et soigneuse, arrêta soudain mon regard : « A ouvrir seulement après réception de l'Instruction spéciale d'Urgence. » C'était les ordres secrets ; je me redressai imperceptiblement et balayai l'horizon d'un regard déterminé. Un souvenir, teinté à la fois d'absurde et de mystère, remontait lentement jusqu'à moi, qui m'avait aiguillonné sourdement depuis qu'on me destinait à ce poste perdu des Syrtes : sur la frontière que j'allais rejoindre, Orsenna était en guerre. Ce qui ôtait de la gravité à la chose, c'est qu'elle était en guerre depuis trois cents ans.

On sait peu de chose dans la Seigneurie sur le Farghestan, qui fait face aux territoires d'Orsenna par delà la mer des Syrtes. Les invasions qui l'ont balayé de façon presque continue depuis les temps antiques – en dernier lieu l'invasion mongole – font de sa population un sable mouvant, où chaque vague à peine formée s'est vue recouverte et effacée par une autre, de sa civilisation une mosaïque barbare, où le raffinement extrême de l'Orient côtoie la sauvagerie des nomades. Sur cette base mal raffermie, la vie politique s'est développée à la manière de pulsations aussi brutales que déconcertantes : tantôt le pays, en proie aux dissensions, s'affaisse sur lui-même et semble prêt à s'émietter en clans féodaux opposés par des haines de race mortelles – tantôt une vague mystique, née dans le creux de ses déserts, fond ensemble toutes les passions pour faire un moment du Farghestan une torche aux mains d'un conquérant ambitieux. On ne sait guère plus, à Orsenna, du Farghestan – et on ne souhaite guère en savoir davantage – sinon que les deux pays – on l'apprend sur les bancs de l'école – sont en état officiel d'hostilité. Il y a maintenant trois siècles en effet, – à une époque où la navigation n'avait pas encore déserté les Syrtes, – les pirateries continuelles des Farghiens au long de ses côtes, déclenchèrent de la part d'Orsenna une expédition de représailles[8], qui parut devant la côte ennemie et bombarda ses ports sans ménagements. Plusieurs escarmouches[9] s'ensuivirent, puis les hostilités, qui n'engageaient de part et d'autre aucun intérêt majeur, languirent[10] et s'éteignirent d'elles-mêmes tout à fait. Des guerres de clans paralysèrent pour de longues années la navigation dans les ports farghiens ; de son côté, celle d'Orsenna entrait lentement en léthargie[11] : ses vaisseaux désertèrent un à un une mer secondaire où le trafic tarissait insensiblement. La mer des Syrtes devint ainsi, par degrés, une vraie mer morte que personne ne songea plus à traverser : ses ports ensablés n'accueillirent plus que des bâtiments côtiers du plus petit tonnage : Orsenna, aujourd'hui, passait pour ne plus entretenir dans une base ruinée que quelques avisos[12] du caractère le moins agressif, dont l'unique fonction est de faire à la belle saison la police de la pêche sur les bancs d'éponges. Mais, dans cet engourdissement général, l'envie de terminer légalement le conflit manqua en même temps que celle de le prolonger par les armes ; tout ruinés qu'ils étaient et privés de leurs forces, Orsenna et le Farghestan restaient deux pays fiers, jaloux d'un long passé de gloire, et d'autant moins disposés l'un et l'autre à faire litière de leur bon droit[13] qu'il en coûtait peu désormais de le soutenir. Aussi réticents l'un que l'autre à faire la première ouverture d'un règlement pacifique, ils se murèrent[14] tous deux dans une bouderie pointilleuse et hautaine et s'appliquèrent désormais, d'un accord tacite, à écarter jalousement tout contact.

(Le Rivage des Syrtes, *pp. 11 à 14.*)

LA CHAMBRE DES CARTES

Un secret m'attachait à la forteresse, comme un enfant à quelque cachette découverte dans des ruines. Au début de l'après-midi, sous le soleil cuisant[15], le vide se faisait dans l'Amirauté avec l'heure de la sieste ; à travers les chardons[16], je longeais le fossé sans être vu jusqu'à la poterne[17]. Un long couloir voûté[18], des escaliers disjoints et humides, me conduisaient au réduit intérieur de la forteresse, – la fraîcheur de sépulcre tombait en nappe sur mes épaules, – j'entrais dans la chambre des cartes.

Dès que j'en avais pour la première fois, au cours de mes explorations dans ce dédale de cours et de casemates, poussé par simple curiosité la porte, je m'étais senti progressivement envahir par un sentiment que je ne saurais guère définir qu'en disant qu'il était de ceux qui désorientent (comme on dit que dévie l'aiguille de la boussole au passage de certaines steppes désespérément banales du centre de la Russie) cette aiguille d'aimant invisible qui nous garde de dévier du fil confortable de la vie, – qui nous désignent, en dehors de toute espèce de justification, un lieu *attirant,* un lieu où il convient sans plus de discussion de se tenir. Ce qui frappait d'abord dans cette longue salle basse et voûtée, au milieu du délabrement[19] poussiéreux de la forteresse démantelée[20], était un singulier aspect de propreté et d'ordre, – un ordre méticuleux et même maniaque, – un refus hautain de l'enlisement et de la déchéance, une apparence à la fois fastueuse et ruineuse de rester toute seule au port d'armes, un air surprenant qu'elle gardait sous le premier coup d'œil, au milieu de ce décombre[21], de demeurer obstinément *prête à servir.* En faisant grincer les gonds sur cette solitude surveillée, comme sur l'arroi[22] théâtral et intimidant d'un banquet de gala avant l'entrée des convives[23], je ne pouvais n'empêcher de ressentir chaque fois le léger choc qu'on éprouve à pousser à l'improviste la porte d'une pièce apparemment vide sur un visage soudain plus sinistre que celui d'un aveugle, absent, dissous, pétrifié[24] dans la tension absorbante du guet[25].

(...)

Si l'on faisait quelques pas vers le milieu de la pièce, l'œil était soudain fasciné, au milieu de ces couleurs ternes[26] d'encre et de poussière, par une large tache de sang frais éclaboussant le mur de droite : c'était un grand drapeau de soie rouge, tombant à plis rigides de toute sa longueur contre le mur : la bannière de Saint-Jude – l'emblème d'Orsenna – qui avait flotté à la poupe de la galère amirale lors des combats du Farghestan. Au devant, s'allongeait une estrade basse, garnie d'une table et d'une seule chaise, que le trophée semblait désigner comme le point de mire, le centre irradiant[27] de cette chambre tendue comme un piège. Le même recours magique qui nous porte, avant toute réflexion, à *essayer* un trône dans un palais désaffecté[28] qu'on visite, ou le fauteuil d'un juge dans une salle de tribunal vide, m'avait amené jusqu'à la chaise ; sur la table s'étalaient les cartes de la mer des Syrtes.
Je m'asseyais, toujours un peu troublé par cette estrade qui semblait appeler un auditoire, mais bientôt enchaîné là comme par un charme. Devant moi s'étendaient en nappe blanche les terres stériles des Syrtes, piquées des mouchetures[29] de leurs rares fermes isolées, bordées de la délicate guipure des flèches des lagunes. Parallèlement à la côte courait à quelque distance, sur la mer, une ligne pointillée noire : la limite de la zone des patrouilles.

Plus loin encore, une ligne continue d'un rouge vif : c'était celle qu'on avait depuis longtemps acceptée d'un accord tacite[30] pour ligne frontière, et que les instructions nautiques interdisaient de franchir en quelque cas que ce fût. Orsenna et le monde habitable finissaient à cette frontière d'alarme, plus aiguillonnante encore pour mon imagination de tout ce que son tracé comportait de curieusement abstrait ; à laisser glisser tant de fois mes yeux dans une espèce de *conviction* totale au long de ce fil rouge, comme un oiseau que stupéfie une ligne tracée devant lui sur le sol, il avait fini par s'imprégner pour moi d'un caractère de réalité bizarre : sans que je voulusse me l'avouer, j'étais prêt à douer de prodiges[31] concrets ce passage périlleux, à m'imaginer une crevasse dans la mer, un signe avertisseur, un passage de la *mer Rouge*. Très au delà, prodigieux d'éloignement derrière cet interdit magique, s'étendaient les espaces inconnus du Farghestan, serrés comme une terre sainte à l'ombre du volcan Tängri, ses ports de Rhages et de Trangées, et sa ceinture de villes dont les syllabes obsédantes nouaient en guirlandes[32] leurs anneaux à travers ma mémoire : Gerrha, Myrphée, Thargala, Urgasonte, Amicto, Salmanoé, Dyrceta.

(...)

Un soir, comme j'allais quitter la pièce après une visite plus longue qu'à l'accoutumée, un pas lourd sur les dalles me réveilla en sursaut et me jeta, avant toute réflexion, dans une attitude de curiosité étudiée dont la hâte ne pouvait plus me donner le change[33] sur le *flagrant délit* que je sentais peser sur ma présence dans la chambre. Le capitaine Marino entra sans me voir, son dos large complaisamment tourné vers moi pendant qu'il s'attardait à refermer la porte, avec ce sans-gêne né d'une longue intimité avec le vide qu'on voit aux veilleurs de nuit. Et j'eus en effet, l'espace d'un éclair, devant l'intime violence avec laquelle tout dans cette pièce l'expulsait, le même sentiment d'étrangeté absorbante qu'on ressent devant un veilleur de nuit boitant son chemin à travers un musée. Il fit quelques pas encore, de sa démarche lente et gauche de marin, leva sa lanterne, et m'aperçut. Nous nous regardâmes une seconde sans rien dire. Ce que je voyais naître sur ce visage lourd et fermé, plutôt que de la surprise, c'était une soudaine expression de tristesse qui l'éteignait tout entier, une singulière expression de tristesse avertie et sagace[34], comme on en voit aux vieillards à l'approche de leur dernière maladie, comme éclairée d'un rayon de mystérieuse connaissance. Il posa sa lanterne sur une table en détournant les yeux, et me dit d'une voix plus étouffée encore que ne le voulait la pénombre de la pièce :
– Tu travailles trop, Aldo. Viens donc dîner.
Et, balancés entre les grandes ombres que sa lanterne plaquait[35] sur les voûtes, nous regagnâmes la poterne avec malaise.

Cet incident minime devait me revenir à l'esprit avec une insistance telle qu'elle finit par me frapper. Allongé dans mon lit au cœur du silence de tombe, ce que je m'efforçais de rappeler à moi, c'était surtout cette expression de tristesse brusque fermant soudain le visage comme un volet, c'était aussi l'intonation singulièrement *significative* de cette voix qui me faisait encore dresser l'oreille, comme à une phrase lourde de sous-entendus. Pendant de longues heures, je devais faire glisser sur ma mémoire son murmure sans écho avant de me trouver un matin, avec la brusquerie de l'éblouissement, face à face avec sa signification trop évidente : Marino connaissait mes fréquentes visites à la chambre des cartes, et il les désapprouvait secrètement.

(Le Rivage des Syrtes, *pp. 29 à 34.*)

L'INCONNU D'UNE NUIT TIÈDE

La nuit était devenue très noire. Debout près de moi sur la passerelle, le regard de Marino se rivait[36] à l'avant du bateau. Le corps disparaissait sous les reflets miroitants du ciré sombre. Le visage s'était étrangement isolé, les traits tout aiguisés dans la tension du guet. Il n'attendait rien, je le savais, de cette banale croisière nocturne, mais Marino ne faisait jamais les choses à moitié. Le *Redoutable,* sur cette mer rassurante, avançait paré[37] pour une rencontre, son équipage alerté, ses canons approvisionnés. Si dérisoire[38] qu'il pût être, devant la réalité tendue de ce petit monde militaire en marche à travers la nuit aveugle, et que j'avais si légèrement découplé[39], je me sentais incertain et troublé. Je ressentais quelque chose du remords tardif et de la panique de l'apprenti sorcier à l'instant où, tout doucement d'abord et à son incrédule et profond étonnement, les choses malmenées dans leur dignité pesante se mettent tout à coup à *bouger ;* dans le déhanchement maugréant[40] de bête réveillée du navire, j'avançais en proie à un léger étourdissement et au sentiment exaltant d'un déclic magique. J'avais fait sortir en mer le *Redoutable,* des dizaines d'yeux bien ouverts relayaient mon regard incertain sur la mer. À travers la nuit opaque, un réseau assourdi de voix avares répercutait par intervalles des commandements secs – ces voix brèves et prenantes, à reflets de destin, qui montent de la gorge de l'homme dans toute machine lancée vers un horizon aventureux. Une efficacité surveillée, tendue, alertée, se retrouvait, se rassemblait autour de nous à travers le noir ; je la sentais nouer ses rênes[41] dans mes mains, crépiter avec des intervalles exacts d'une machine en ordre de marche. Le regard même de Marino, ce regard rassis et froidement lucide, s'enfiévrait légèrement, comme aux premiers effluves[42] de l'atmosphère subtilement magnétisée de l'*action.* Ce branle-bas militaire, dans son ambiguïté de jeu qui pouvait d'un instant à l'autre devenir sérieux, apportait à son tour consistance et réalité à la douteuse apparition de la veille, mettait en marche un engrenage[43] subtil : je m'attendais presque à voir ressurgir[44] devant moi la silhouette énigmatique[45] ; je fouillais l'ombre d'un regard de minute en minute plus absorbé ; une fois ou deux, à un reflet plus clair jouant sur les vagues, je retins ma main prête à agripper nerveusement le bras de Marino. Me trompais-je ? C'eût été en ce moment le signe d'entente qu'on adresse à un complice. Le vieux sang des corsaires[47] parlait haut chez Marino ; je le sentais, à mes côtés, soudain presque aussi nerveux que moi. Nous étions à cet instant deux chasseurs lancés à travers la nuit, tout le bateau sous nos pieds tressaillant[48] comme à une bourrasque[49] d'une brusque fièvre d'aventure.
– Une belle nuit, Aldo, qu'en dis-tu ?
Il y avait dans sa voix un tremblement réprimé qui le livrait, soudain, au sein de son élément, en dépit de lui-même inexplicablement *à son affaire.* Je sentis qu'il m'en voudrait demain d'un épanchement chez lui si extraordinaire. Mais ce soir rapprochait en nous deux ennemis très intimes ; par

163

ce bateau lancé qui vibrait sous nos pieds, nous communiquions dans les profondeurs.
– Une belle nuit. La meilleure que j'aie encore passée dans les Syrtes.
Dans la demi-obscurité de la passerelle, il se produisit alors une chose très solennelle : sans que le regard se détournât, la main de Marino chercha mon bras et s'y posa une seconde. Je sentis mon cœur se gonfler comme à une extraordinaire permission, comme un homme devant qui une porte s'ouvre à laquelle il n'aurait pas même osé frapper.
– Vous n'aimez guère sortir le *Redoutable,* pourtant.
– Pas trop souvent, Aldo. Pas trop. Le moins possible... Il me semble que je ne gagne pas mon traitement... Il me semble que je prends des vacances.

La lune se leva sur une mer absolument calme, dans une nuit si transparente qu'on entendait, des fourrés[50] de roseaux de la côte, gagner de proche en proche le sourd caquettement d'alarme des oiseaux de marais alertés dans les joncs[51] par notre sillage[52]. La côte que nous longions se hérissait[53] en muraille noire contre la lune des lances immobiles de ses roseaux. Silencieuse comme un rôdeur de nuit, la coque plate du *Redoutable* se glissait dans ces passes peu profondes avec une sûreté qui trahissait le coup d'œil infaillible de son capitaine. Derrière le liseré sombre, les terres désertes des Syrtes à l'infini reflétaient la majesté d'un champ d'étoiles. Il était bon ce soir d'être en mer avec Marino, fortifiant de s'enfoncer avec lui sans fin dans l'inconnu de cette nuit tiède.

(Le Rivage des Syrtes, pp. 56 à 59.)

VANESSA

Le soleil brillait sur la lagune lorsque nous quittâmes le palais : c'était une journée de beau temps promise. Le vent pénétrait comme une main, voluptueusement, dans mes vêtements libres ; avant de quitter le palais, Vanessa m'avait obligé de passer comme elle une veste et un pantalon de marin.
– Il vaut mieux qu'on ne te reconnaisse pas sur le bateau. Tu verras pourquoi. D'ailleurs, c'est plus commode, ajouta-t-elle en détournant les yeux de mes pieds nus, d'une voix de gorge un peu contractée.
De sentir dans ces habits mes membres libres comme ceux de Vanessa me fiançait à elle, nous rapprochait comme un vêtement de nuit. Je sentais le vent glisser sur sa peau et sur la mienne, nous unir comme un souffle même sur ma bouche. Assis sagement l'un près de l'autre, nous nous regardions en souriant, sans rien dire, heureux de cette escapade d'écoliers, des bourrades[54] de ce vent qui la décoiffait. Mon nouvel accoutrement[55] était prétexte à de petites privautés qui me laissaient oppressé et glaçaient mes paroles sur mes lèvres, tant j'avais peur soudain de me trahir à ma gorge contractée ; je sentais la caresse légère de ses doigts sur mon cou comme une brûlure, et, à un coup de roulis[56] brusque, son pied se posa sur le mien, et elle me

ceintura de ses bras tièdes, en riant d'un rire un peu précipité ; j'étais hors d'état de rien dire, mais je pressai ce pied nu, tout glacé sur les planches humides, son bras s'attarda une seconde autour de moi, et je sentis l'odeur d'enfance et de forêt de ses cheveux. En cet instant, je ne la désirais même plus, je ne sentais plus rien que le vent fortifiant qui nous giflait de claquements d'ailes rudes, et qu'une tendresse ouvrant ses mille bras dans une nuit confiante, sûre de les refermer sur leur mesure même de douce chaleur. La barque se glissait maintenant dans la passe des lagunes et nous conduisait vers la pleine mer. En cet instant, rien ne pouvait plus m'étonner – fût-ce d'entreprendre la traversée de Vezzano sur cette barque minuscule –, je me tournai vers Vanessa et je lui adressai une mimique[57] si résolue et en même temps si comiquement interrogative qu'elle éclata de rire – ce même rire qu'elle avait eu, la première nuit, au bord du quai.
– Vezzano est un peu loin, tu sais, Aldo. Notre vaisseau de haut bord est avancé.

(...)

Le nom troublant de Vezzano bruissait en moi comme un bruit de cloche qui passe dans le vent sur un désert ou sur la neige ; il était notre rendez-vous et notre alliance, il me semblait qu'à son appel les planches légères où nous étions couchés volaient sur les vagues, et que l'horizon devant notre étrave[58] s'orientait et se creusait mystérieusement.
Lorsque ses falaises très blanches sortirent du miroitement des lointains de mer, Vezzano parut soudain curieusement proche. C'était une sorte d'iceberg rocheux, rongé de toutes parts et coupé en grands pans[59] effondrés[60] avivés[61] par les vagues. Le rocher jaillissait à pic de la mer, presque irréel dans l'étincellement de sa cuirasse blanche, léger sur l'horizon comme un voilier sous ses tours de toile, n'eût été la mince lisière[62] gazonnée qui couvrait la plate-forme, et coulait çà et là dans l'étroite coupure zigzaguante des ravins.

(...)

Le bateau vint mouiller[63] sous le vent de ces falaises raides, qui faisaient planer sur la mer une accalmie et une fraîcheur de cave ; on mit un canot à la mer ; Vanessa me fit signe de descendre avec elle seule.

(...)

Nous sautâmes à terre sur une grève de galets. Il faisait très sombre dans cette coupure ouverte dans les entrailles mêmes de la roche, un crépuscule transparent et liquide que filtrait le bruit du ruisseau. La rumeur des vagues n'y parvenait plus que comme un froissement étouffé. À travers la coupure ouverte au-dessus de nous, le ciel très pur virait au bleu sombre ; dans l'enfilade du ravin où s'engouffrait le jour, un arbre isolé, très haut au-dessus de nos têtes, découpait sa silhouette toute trempée de soleil et semblait nous faire signe vers les hauteurs. L'intimité silencieuse et la pénombre de cette gorge étaient si inattendues que nous demeurâmes un moment sans rien dire, embarrassés et souriant l'un à l'autre comme des enfants qui se glissent dans une cave défendue. Et si brusquement complice était le secret renfermé de cette crypte close que Vanessa, saisie d'une angoisse involontaire devant le déclic de ce piège qui se refermait, fit en trébuchant sur les galets quelques pas incertains comme pour fuir ; je percevais son souffle défait et trop rapide, mais, surgissant derrière elle, et tout battant d'un sang brutal à l'aveu de cette faiblesse qui me transperçait délicieusement, je passai mon bras sous le sien et renversai durement sa tête sur mon épaule, et en une seconde elle sembla s'éparpiller[64] et s'alourdir, ne fut plus qu'une pesanteur brûlante et molle, dénouée et toute renversée sur ma bouche.

Nous dûmes passer de longues heures dans ce puits d'oubli et de sommeil.

(...)

J'avais porté Vanessa au bord du ruisseau, qui laissait entre lui et la roche l'espace d'une étroite banquette où passait une herbe profonde et noire ; la main posée sur un de ses seins, je la sentais auprès de moi paisible et toute rassemblée dans une obscure croissance de forces ; ce sein doucement soulevé sur cette profonde odeur de terre m'apportait comme la nouvelle fortifiante de ce *bon sommeil* qui est le présage[65] des profondes guérisons ; alors l'excès de ma tendresse pour elle se réveillait : mes baisers emportés pleuvaient de toutes parts sur ce corps défait, comme une grêle[66] ; je mordais ses cheveux mêlés à l'herbe à même le sol. Vanessa s'éveillait à demi, et, les yeux fermés dans l'excès de sa lassitude, souriait seulement de sa bouche entrouverte ; sa main tâtonnait[67] vers moi, et à peine m'avait-elle trouvé qu'engourdie de certitude confiante, avec un soupir d'aise, elle sombrait de nouveau dans le sommeil.

Le soleil cependant avait dû s'abaisser sensiblement, car les parois de la gorge étaient devenues grises, et seule une des lèvres de la roche qui nous surplombait flambait à son sommet d'un étroit liséré[68] de lumière ; le bruit des vagues paraissait s'assoupir, et quelques étoiles à peine réelles, pareilles à ce brasillement fugace[69] qui s'éveille aux lumières dans certaines pierreries, clignèrent faiblement sur le bleu pâli du ciel. Le froid montait de l'herbe humide ; j'aidai Vanessa à se relever, je pressai contre moi ce poids fléchissant et tiède rendu à mes mains pleines, longuement, interminablement.

– Revenons-nous au bateau ? lui dis-je d'une voix ensommeillée. Il doit se faire tard, déjà.

– Non. Viens.

Toute ranimée maintenant, fiévreuse, tournant vers moi en une seconde ces yeux d'ailleurs que je reconnaissais si bien, elle me montrait le haut de la ravine[70].

– ... Le bateau ne nous attend qu'à la nuit tombée. Pourquoi penses-tu que je t'aie amené ici ? me lança-t-elle, avec cette hauteur coupante qui me blessait et m'exaltait à la fois, parce que j'avais l'impression d'être rudoyé[71] par une reine, mais presque aussitôt elle baissa les yeux et posa sa main sur mon épaule doucement.

– Il faut au moins que nous explorions notre royaume. Pense, Aldo, nous sommes tout seuls sur une île. Et tu veux déjà t'en aller.

Nous escaladâmes non sans peine la cheminée de pierres croulantes qu'était le lit du petit ruisseau. Vanessa s'accrochait à moi sur ces galets glissants, et bientôt ses pieds nus s'ensanglantèrent. Je me sentais brusquement dégrisé[72] ; le jour déjà sombre me paraissait d'un mauvais présage, et cette île mal famée vaguement suspecte ; je proposai de nouveau à Vanessa de revenir, mais elle me répondit de sa voix brève :

– Nous nous reposerons là-haut.

Peu à peu le ravin s'élargissait et s'aplanissait ; nous sortions de la gorge, et nous marchions maintenant sans bruit sur un gazon ras[73], dans le creux d'un court vallon qui se raccordait insensiblement au haut plateau de l'île. À l'air libre, il faisait encore grand jour ; en émergeant[74] à la lumière de ces hauteurs encore chaudes, nous respirions délicieusement.   (...)

Arrivée au sommet de la colline, elle s'arrêta. L'île finissait devant nous par des précipices abrupts ; le vent de ce côté la fouettait furieusement, et on entendait du bas des falaises monter les coups de bélier continus des vagues. Mais Vanessa ne s'en souciait guère, et sans doute ne se souvenait-elle même plus que je fusse là. Elle s'était assise sur une roche éclatée et fixait les yeux sur l'horizon : on eût dit que sur ce récif[75] écarté soudain elle prenait une veille[76], pareille à ces silhouettes endeuillées[77] qui, du haut d'un promontoire[78], guettent interminablement le retour d'une voile.

Mes yeux suivaient malgré moi la direction de son regard. Une clarté assez vive s'attardait sur le ressaut de colline qui crevait le manteau de brumes. En face de nous, l'horizon de mer bordait une bande plus pâle et étonnamment transparente dans le crépuscule avancé, pareille à une de ces échappées ensoleillées qui se creusent au ras de l'eau sous le dôme des vapeurs et annoncent la fin d'un orage. Mes yeux parcoururent cet horizon désert et s'arrêtèrent un instant aux contours d'un très petit nuage blanc en forme de cône[79], qui semblait flotter au ras de l'horizon dans la lumière diminuée, et dont l'isolement insolite dans cette soirée claire et la forme lourde s'associèrent aussitôt dans mon esprit de façon confuse à l'idée d'une menace lointaine et à l'appréhension d'un orage montant sur la mer. Un froid brusque maintenant s'abattait sur l'île, le vent fraîchissait, à l'approche de la nuit les oiseaux de mer avaient cessé de crier ; j'avais hâte soudain de quitter cette île chagrine et sauvage, évacuée comme un navire qui coule. Je touchai sèchement l'épaule de Vanessa.
– Il se fait tard. Viens. Rentrons.
– Non, pas encore. Tu as vu ? me dit-elle en tournant vers moi ses yeux grands ouverts dans le noir.
D'un seul coup, comme une eau lentement saturée[80], le ciel de jour avait viré au ciel lunaire ; l'horizon devenait une muraille laiteuse et opaque qui tournait au violet au-dessus de la mer encore faiblement miroitante. Traversé d'un pressentiment brusque, je reportai alors mes yeux vers le singulier nuage. Et, tout à coup, je vis.

Une montagne sortait de la mer, maintenant distinctement visible sur le fond assombri du ciel. Un cône blanc et neigeux, flottant comme un lever de lune au-dessus d'un léger voile mauve qui le décollait de l'horizon, pareil, dans son isolement et sa pureté de neige, et dans le jaillissement de sa symétrie parfaite, à ces phares diamantés qui se lèvent au seuil des mers glaciales. Son lever d'astre sur l'horizon ne parlait pas de la terre, mais plutôt d'un soleil de minuit, de la révolution d'une orbite calme qui l'eût ramené à l'heure dite des profondeurs lavées à l'affleurement[81] fatidique[82] de la mer. Il était là. Sa lumière froide rayonnait comme une source de silence, comme une virginité déserte et étoilée.
– C'est le Tängri, dit Vanessa sans tourner la tête.

(*Le Rivage des Syrtes, pp. 142 à 151.*)

« NOUS VENIONS DE POUSSER UNE DE CES PORTES QU'ON FRANCHIT EN RÊVE »

Je m'assis de nouveau devant la table, et, soigneusement, méticuleusement, je me mis à relever quelques distances sur les cartes marines. Si routinier, si automatique que je m'appliquasse à rendre ce travail, j'étais confondu pourtant de trouver les distances que je mesurais si médiocres, comme si les rivages de cette mer fermée fussent accourus en demi-cercle au-devant de notre proue[83], soudain presque à portée de la main, et il me sembla comprendre d'un coup, à me remémorer mes rêveries de la salle des cartes, comment le sommeil d'Orsenna et la prise détendue de sa main avaient fini par noyer ses frontières les plus proches dans des brumes lointaines : il y a une échelle des actes qui contracte brutalement devant l'œil résolu les espaces distendus par le songe. Le Farghestan avait dressé devant moi des brisants de rêve, *l'au-delà* fabuleux d'une mer interdite ; il était maintenant une frange accore[84] de côte rocheuse, à deux journées de mer d'Orsenna. La dernière tentation, la tentation sans remède, prenait corps dans ce fantôme saisissable, dans cette proie endormie sous les doigts déjà ouverts.

Quand le souvenir me ramène – en soulevant pour un moment le voile de cauchemar qui monte pour moi du rougeoiement de ma patrie détruite – à cette veille où tant de choses ont tenu en suspens, la fascination s'exerce encore de l'étonnante, de l'enivrante *vitesse mentale* qui semblait à ce moment pour moi brûler les secondes et les minutes, et la conviction toujours singulière pour un moment m'est rendue que la grâce m'a été dispensée – ou plutôt sa caricature grimaçante – de pénétrer le secret des instants qui révèlent à eux-mêmes les grands inspirés.

(...)

Le bateau filait bon train sur une mer apaisée ; la brume s'enlevait en flocons[85] et promettait une journée de beau temps. Il me semblait que nous venions de pousser une de ces portes qu'on franchit en rêve. Le sentiment suffocant[86] d'une allégresse perdue depuis l'enfance s'emparait de moi ; l'horizon, devant nous, se déchirait en gloire ; comme pris dans le fil d'un fleuve sans bords, il me semblait que maintenant tout entier j'étais *remis* – une liberté, une simplicité miraculeuse lavaient le monde ; je voyais le matin naître pour la première fois.
– J'étais sûr que tu allais faire une bêtise, dit Fabrizio en fermant sa main sur mon épaule quand – les minutes s'abîmant après les minutes comme les brasses[87] d'une sonde[88] – il n'y eut plus de doute que la Chose maintenant avait eu lieu... A Dieu vat ! ajouta-t-il avec une espèce d'enthousiasme. Je n'aurais pas voulu manquer ça.
Les heures de la matinée passèrent vite. Vers dix heures, la tête ensommeillée de Beppo pointa nonchalamment du panneau d'avant. Son regard

ahuri parcourut longuement l'horizon vide, puis s'arrêta sur nous avec une expression enfantine de désarroi et de curiosité chagrine, et il me sembla qu'il allait parler, mais la tête eut soudain le rencoignement[89] nocturne d'une bête de terrier[90] éblouie par le jour et la nouvelle coula silencieusement dans les profondeurs. Fabrizio se replongea d'un air absorbé dans la lecture des cartes. La passerelle ensommeillée se réchauffait doucement dans le soleil. Une douzaine de têtes silencieuses ourlaient[90] maintenant le panneau d'avant, les yeux écarquillés sur leur vision, dans une immobilité intense.

Les calculs de Fabrizio rejoignaient les miens : si le *Redoutable* soutenait son allure, nous devions être en vue du Tängri aux dernières heures de la soirée. L'excitation de Fabrizio croissait de minute en minute. Les ordres pleuvaient. Il hissa une vigie dans le mât d'avant. Sa lorgnette ne quittait plus le bord de l'horizon.

– Rien n'est trompeur comme une mer vide, répondait-il d'un ton suffisant à mes plaisanteries. Et ici, il vaut mieux voir avant d'être vu. Il faut tout de même penser aux conséquences.

– Tu y penses ? répondis-je en m'amusant à le provoquer du regard.

Il eut un rire de jeunesse à grandes dents blanches, un peu carnassier[92], un rire de veille d'armes, et nous descendîmes déjeuner.

Nous passâmes l'après-midi dans une espèce de demi-folie. La fébrilité[93] anormale de Fabrizio était celle d'un Robinson dans son île démarrée[94], à la tête soudain d'une poignée de Vendredis. Marino, l'Amirauté, reculaient dans les brumes. Pour un peu, il eût hissé le drapeau noir ; ses galopades à travers le navire, les hennissements[95] de sa voix jubilante[96] qui à chaque instant balayaient le pont étaient ceux d'un jeune poulain[97] qui s'ébroue[98] dans un pré. Tout l'équipage, à cette voix, manœuvrait avec une célérité[99] bizarre et presque inquiétante : du pont à la mâture se répondait en chœur la vibration de voix fortes et allègres, et fusaient[100] des encouragements malicieux et des cris de bonne humeur ; il se faisait par tout le navire, chargé d'électricité, un crépitement d'énergie anarchique qui tenait de la mutinerie de pénitencier et de la manœuvre d'abordage, et ce pétillement montait à la tête comme celui d'un vin, faisait voler notre sillage sur les vagues, vibrer le navire jusqu'à la quille[101] d'une jubilation sans contenu. Un chaudron bouillonnait soudain au-dessous de moi, sans qu'on eût besoin de le prévenir qu'on venait de soulever le couvercle.

Mais cette animation fiévreuse ne passait pas jusqu'à moi, ou plutôt elle bourdonnait à distance, comme une rumeur orageuse au-dessus de laquelle je me sentais flotter très haut, dans une extase calme. Il me semblait que soudain le pouvoir m'eût été donné de *passer outre,* de me glisser dans un monde rechargé d'ivresse et de tremblement. Ce monde était le même, et cette plaine d'eaux désertes où le regard se perdait la plus désespérément semblable qui fût partout à elle-même. Mais maintenant une grâce silencieuse resplendissait sur lui. Le sentiment intime qui retendait le fil de ma vie depuis l'enfance avait été celui d'un égarement de plus en plus profond ; à partir de la grande route d'enfance où la vie entière se serrait autour de moi comme un faisceau[102] tiède, il me semblait qu'insensiblement j'avais *perdu le contact,* bifurqué[103] au fil des jours vers des routes de plus en plus solitaires, où parfois une seconde, désorienté, je suspendais mon pas pour ne surprendre plus que l'écho avare et délabré d'une rue nocturne qui se vide. J'avais cheminé en absence, fourvoyé[104] dans une campagne de plus en plus morne, loin de la Rumeur essentielle dont la clameur[105] ininterrompue de grand fleuve grondait en cataracte derrière l'horizon. Et maintenant le sentiment inexplicable de la *bonne route* faisait fleurir autour de moi le désert salé – comme aux approches d'une ville couchée encore dans la nuit derrière l'extrême horizon, de toutes parts des lueurs errantes croisaient leurs antennes – l'horizon tremblé de chaleur s'illuminait du clignement de signaux de reconnaissance – une route royale s'ouvrait sur la mer pavée de rayons comme un tapis de sacre – et, aussi inaccessible à notre sens intime qu'à l'œil l'autre face de la lune, il me semblait que la promesse et la révélation m'étaient faites d'un autre pôle où les chemins confluent[106] au lieu de diverger[107], et d'un regard efficace de l'esprit affronté à notre regard sensible pour qui le globe même de la terre est comme un œil. La beauté fugace du visage de Vanessa se recomposait de la buée de chaleur qui montait des eaux calmes – le jour aveuglant de la mer s'embrasait au foyer retrouvé de milliers de regards où j'avais tenu – un rendez-vous m'était donné dans ce désert aventureux par chacune des voix *d'ailleurs* dont le timbre un jour avait fait le silence dans mon oreille, et dont le murmure se mêlait en moi maintenant comme celui d'une foule massée derrière une porte.

L'après-midi déclinait déjà ; la légère gaze[108] blanche qui embue le ciel dans les journées chaudes des Syrtes retombait et se dissipait, rendant à l'air une transparence merveilleuse. La lumière plus frisante[109] lustrait une mer de soie aux lentes ondulations molles ; une accalmie enchantée paraissait traîner sur les eaux comme une écharpe, paver notre route à travers les vagues. Le navire s'avançait dans le cœur du soir sur la mer pavoisée[110] comme pour une de ses grandes fêtes, minuscule et dissous dans la réverbération[111] immense de l'étendue, évanoui presque dans le signal insolite, le présage indéchiffrable de cette fumée qui montait de la mer après tant d'années – une longue plume flexible et molle qui défaisait paresseusement dans l'air ses volutes[112] orageuses.
– Je vais faire réduire les feux, me dit Fabrizio soucieux : c'est une provocation que ce panache[113]. Mieux vaut d'ailleurs rester à bonne distance de là-bas jusqu'à la nuit, si...
Son regard m'interrogea clairement. La solennité fantomatique de cette fin de jour agissait sur lui, le dégrisait, et, pour la première fois, je sentis dans sa voix une espèce de recueillement grave.
– Oui, lui répondis-je d'une voix ferme. J'y vais.
– Regarde ! me dit-il en me serrant le bras brusquement, d'une voix blanche et presque étouffée.

Une fumée montait devant nous sur l'horizon, distinctement visible sur le ciel qui s'assombrissait déjà vers l'est. Une fumée singulière et immobile, qui semblait collée sur le ciel d'Orient, pareille à sa base à un fil étiré et mince, très droit, qui s'épaississait en prenant de l'altitude et se cassait brusquement en une sorte de corolle[114] plate et fuligineuse[115], palpitant mollement sur l'air et insensiblement rebordée par le vent. Cette fumée engluée et tenace ne parlait guère d'un navire ; elle ressemblait parfois au filet exténué qui monte très haut dans un soir calme au-dessus d'un feu expirant, et pourtant on la pressentait singulièrement vivace ; il émanait de sa forme je ne sais quelle impression maléfique, comme de l'ombelle[116] retournée au-dessus d'un cône renversé qui s'effile, que l'on voit à certains champignons vénéneux[117]. Et, comme eux, elle semblait avoir poussé, avoir pris possession de l'horizon avec une rapidité singulière ; soudain elle avait été *là ;* son immobilité même, décevante sur la grisaille du soir, avait dû longtemps la dérober au regard[118]. Tout à coup, en fixant avec attention le point de l'horizon où s'enracinait la fumée, il me sembla discerner au-dessus du liséré de brume qui se reformait un double et imperceptible cil d'ombre, que je reconnus au soudain bondissement de mon cœur.

– C'est le Tängri... là !... criai-je presque à Fabrizio avec une émotion si brusque que j'enfonçai mes doigts dans son épaule.

Il jeta un coup d'œil fébrile sur la carte, puis fixa l'horizon à son tour avec une expression de curiosité incrédule.

– Oui, fit-il après un moment de silence, d'une voix qui revenait lentement de sa stupéfaction, comme s'il n'eût pas osé se rendre. C'est le Tängri. Mais qu'est-ce que c'est que cette fumée ?

Il y avait dans sa voix le même malaise que je sentais faire vibrer en moi sourdement une note d'alarme. Oui, pour tout ce qu'elle pouvait avoir de naturel et de banalement explicable, il était désorientant de voir, sur le volcan si longtemps éteint, monter en ce moment cette fumée inattendue. Son panache qui ondulait maintenant dans la brise fraîchissante en s'y diluant semblait assombrir plus que la nuit le ciel d'orage, maléficier cette mer inconnue ; plus qu'à quelque éruption nouvelle après tant d'autres, il faisait songer aux pluies de sang, à la sueur des statues, à un signal noir monté à cette hampe[119] géante à la veille d'une peste ou d'un déluge.

– Il est éteint, pourtant, se murmurait Fabrizio à lui-même, comme devant une énigme qui le dépassait. Toute sa gaîté était tombée d'un coup. Le vent qui se levait avec le soir siffla jusqu'à nous une première bouffée faible ; soudain, sur la passerelle, il fit froid. Une dernière nuée d'oiseaux de mer fuyant vers l'ouest passa au-dessus de nous en criant ; le ciel déserté s'enténébrait[120] déjà autour de la fumée mystérieuse.

– N'allons pas plus loin, me dit Fabrizio, en me saisissant le poignet d'un geste brusque. Je n'aime pas ce volcan qui se met en frais pour notre visite... Tu sais où nous sommes ? ajouta-t-il d'une voix apeurée en me tendant la carte. Le doigt qui se posa dessus était bien au-delà déjà de la ligne rouge ; derrière cette sinistre avant-garde, comme une vague silencieuse, de toutes parts les côtes du Farghestan accouraient à nous.

Je le regardai dans les yeux, et un instant je sentis mon cœur hésiter. À travers la voix de Fabrizio soudain pleine d'ombre, les présages dressés au seuil de cette mauvaise nuit résonnaient comme un avertissement plus grave ; la fièvre de l'après-midi retombée me laissait incertain, le cœur lourd. Il me semblait qu'un voile s'était déchiré ; la reculade de Fabrizio me laissait face à face avec la folie nue de cette aventure.

– ... Qu'est-ce que va dire ?

– ... Marino, n'est-ce pas ? achevai-je d'une voix trop douce. Tout à coup je sentis monter en moi une colère froide. Fabrizio venait de *toucher à la hache,* et je compris soudain, avec quelle ruse acharnée, sans trêve[121], ce nom, je n'avais fait que le conjurer[122] toute la nuit.

– ... C'est ennuyeux, mon petit, sifflai-je entre mes dents, qu'on s'abrite toujours derrière le nom de Marino quand on a peur.

Maintenant, je l'avais renié ; maintenant seulement tout était dit, la route libre, la nuit ouverte. Fabrizio comprit tout, et il se passa une chose singulière : il lâcha un instant la barre, et tout à coup, comme s'il eût été seul, il se signa, ainsi qu'on détourne un blasphème[123].

– Marino n'a pas peur... murmura-t-il d'une voix qui pâlissait.

– Route à l'est ! À toute vitesse, au contraire, hurlai-je à l'oreille de Fabrizio dans le vent qui se levait. La nuit nous couvre. Avant le jour, en forçant les feux, nous serons hors de vue... Mais on eût dit que ma voix se perdait en route ou que tous ses réflexes se fussent ralentis ; il ressemblait à un homme qui marche dans le demi-sommeil.

– Tu sais ce que tu fais, Aldo, me souffla-t-il d'une voix enfantine où se mêlaient l'effroi[124] et la tendresse... Mais maintenant c'est une autre affaire, ajouta-t-il en se levant d'un air résolu. Il faut que j'aille donner quelques ordres.

Dans la nuit tombante, l'équipage prit les postes de combat. Les visages qui passaient devant moi dans la lueur vacillante[125] d'une lanterne sourde s'efforçaient à une dignité gauche devant le cérémonial inhabituel. Fabrizio les appelait un à un et leur assignait leur tâche d'une voix posée ; un pareil exercice sur le *Redoutable* remontait dans la nuit des temps : pour la contenance à prendre[126], les souvenirs manquaient.

– Tu crois que c'est du sérieux, Beppo ? murmura au-dessous de moi une silhouette perplexe.

– Ne t'occupe pas, coupa une voix narquoise[127]. Finie la garde aux écuries, on va voir en face.

– Et pas trop tôt qu'on s'en occupe. Paraît qu'on se remue trop, là-bas. La mer est à tout le monde, qu'ils ont dit à la Seigneurie. Le vieux *Redoutable* va aller aussi un peu prendre l'air.

Il y eut un murmure d'approbation pénétrée.

– Mais non, tu ouvres d'abord la culasse, paysan ! grommela distinctement quelqu'un sur l'avant au milieu des rires étouffés.

Le silence se reforma.

– Tu as vu comment ils ont allumé leur pipe, conclut une voix lointaine. Ça va chauffer.

Fabrizio reprit place auprès de moi sur la passerelle. Il sifflotait comme pour se donner du cœur dans le noir, mais chez cet être insouciant et si jeune je devinai une nouvelle saute de vent : il commandait le *Redoutable* devant un danger possible, et l'ardeur et la bonne humeur des hommes l'avaient ragaillardi.

– Je réponds d'eux, me dit-il, on va ouvrir l'œil. La nuit sera très noire, heureusement, reprit-il en se rassurant peu à peu : cela limite les risques. Et puis – c'est notre meilleure chance – ils ont dû perdre un peu l'habitude d'être curieux.

Depuis longtemps la fumée avait fondu dans le ciel noir. De gros nuages d'orage montaient sur l'horizon en volutes lourdes, fondus au ras de la mer dans un reste de faux jour livide[128].

– Et maintenant, dis-moi, Aldo, reprit-il d'une voix hésitante, ce n'est peut-être pas mon affaire, mais qu'est-ce que tu veux voir là-bas de si près ?

J'ouvris la bouche comme pour répondre, mais la voix s'arrêta en route et je me mis à sourire distraitement dans le noir. Si près de moi, mon frère, il n'y avait pas de mots pour lui dire ce que Marino, ou une femme amoureuse, eussent compris dans un regard. Ce que je voulais n'avait de nom dans aucune langue. Être plus près. Ne pas rester séparé. Me consumer à cette lumière. Toucher.

– Rien, lui dis-je. Une simple reconnaissance.

Le bateau fonçait maintenant tous feux éteints dans la nuit épaisse. Les nuages qui gagnaient très haut dans le ciel cachaient la lune. Fabrizio ne s'était pas trompé ; la chance était pour nous. Ma pensée volait en avant du navire forcené qui trouait cette paroi d'encre ; il me semblait sentir la cime effacée maintenant grandir devant nous à toute vitesse derrière cette obscurité suspecte, et, par un mouvement dont je n'étais pas maître, mes mains

nerveuses à chaque instant esquissaient[129] le geste de se porter en avant, comme un homme qui tâte vers un mur dans l'obscurité.
– Deux heures de route, encore, me dit Fabrizio d'une voix ensommeillée... Dommage de manquer le coup d'œil, car il y a pleine lune...

(...)

Vers une heure du matin, le calme se fit brusquement : nous étions sous le vent du volcan. Une moiteur[130] lourde et stagnante nous enveloppa, le navire glissa sans bruit sur une mer d'huile ; dans ce silence oppressant qui semblait jeter une ombre au cœur de la nuit même, la masse énorme venait à nous plus écrasante qu'en plein jour.
– Veille bien ! s'éleva la voix tendue de Fabrizio dans l'ombre trop calme.
La navire réduisit sa vitesse, le bouillonnement plus clair de l'étrave s'apaisa ; tout à coup, une bouffée d'air tiède et très lente déplissa sur nous une odeur à la fois fauve et miellée, comme une senteur d'oasis diluée dans l'air calciné[131] du désert. La nuit devenait insensiblement plus claire, – au-dessus de nous les masses de nuages semblaient se désagréger rapidement, – quelques étoiles brillèrent, infiniment lointaines et pures, dans leurs déchirures très noires que la lune frangeait maintenant d'un halo laiteux.
– Aldo ! appela Fabrizio à voix basse.
Je le rejoignis sur la passerelle.
– ... L'orage se dissipe, chuchota-t-il en me montrant le ciel déjà plus clair. Si la lune se dégage, d'un instant à l'autre, il va faire clair comme en plein jour. Tu as senti les orangers ? me dit-il en haussant la tête. Nous sommes presque à toucher la terre... Tu veux aller plus loin ?
Je coupai court d'un bref signe de tête. En ce moment, la gorge sèche, comme devant un corps désiré qui dépouille un à un ses voiles dans l'ombre, collé de tous mes nerfs à mon attente affamée, je ne pouvais même plus parler.
– Bien ! conclut Fabrizio d'une voix délivrée et où on eût dit que passait malgré lui une sorte d'allégresse. C'est une tentative de suicide, et je devais t'avertir. Que Dieu nous protège...
Il fit réduire encore la vitesse et, posément, méticuleusement, vérifia une dernière fois quelques calculs. Je le regardais de temps en temps de côté : le front plissé par l'attention et l'importance, il tirait la langue comme les très jeunes garçons. Une extraordinaire enfance semblait sourdre sur ses traits de toutes les meurtrissures creusées par la fatigue et l'insomnie, et un sentiment exalté de victoire m'envahit soudain ; ce visage que j'emportais dans mon songe vivait comme il n'avait jamais vécu.
– Tu voudrais retourner maintenant, Fabrizio ? dis-je en fixant l'avant du navire et en posant doucement la main sur son bras.
– Je ne sais plus, fit-il avec un rire de gorge où passait un excès d'agitation nerveuse... Tu es le diable ! ajouta-t-il en détournant les yeux, et, sans relever la tête je savais comment il souriait.

(...)

Tout à coup, la nuit parut s'entrouvrir sur une lueur ; devant l'étrave, les nuages s'écartèrent à toute vitesse comme un rideau de théâtre.
– Le volcan ! Le volcan ! hurlèrent d'une seule voix trente gorges étranglées, dans le cri qui s'élève d'une collision[132] ou d'une embuscade[133].
Devant nous, à la toucher, semblait-il au mouvement de recul de la tête qui se renversait vers sa cime effrayante, une apparition montait de la mer comme un mur. La lune brillait maintenant dans tout son éclat. Sur la droite, la forêt de lumières de Rhages frangeait d'un scintillement immobile

l'eau dormante. Devant nous, pareil au paquebot illuminé qui mâte son arrière à la verticale[134] avant de sombrer, se suspendait au-dessus de la mer vers des hauteurs de rêve un morceau de planète soulevé comme un couvercle, une banlieue verticale, criblée, étagée, piquetée jusqu'à une dispersion et une fixité d'étoile de buissons de feux et de girandoles[135] de lumière.

Comme les feux d'une façade qui se fût reflétée paisiblement, mais jusqu'à hauteur de nuage, sur la chaussée luisante, et si près, semblait-il, si distinctes dans l'air lavé qu'on croyait sentir l'odeur des jardins nocturnes et la fraîcheur vernissée de leurs routes humides, les lumières des avenues, des villas, des palais, des carrefours, enfin, plus clairsemés[136], les feux des bourgades vertigineuses[137] accrochées à leur pente de lave, montaient dans la nuit criblée par paliers, par falaises, par balcons sur la mer doucement phosphorescente, jusqu'à une ligne horizontale de brumes flottantes qui jaunissait et brouillait les dernières lueurs, et parfois en laissait reparaître une, plus haute encore et presque improbable, comme reparaît dans le champ de la lunette un alpiniste un moment caché par un épaulement[138] du glacier.

(...)

– Le Tängri ! dit doucement Fabrizio pâle comme la cire, en enfonçant ses ongles dans mon poignet, comme devant une de ces puissances très rares dont le nom est prière, et qu'il est permis seulement de reconnaître et de nommer.
– Droit dessus ! Plus près ! lui murmurai-je à l'oreille d'une voix qui résonna étrangement gutturale[139] et dure.
Mais Fabrizio ne songeait pas à virer de bord. Il était trop tard maintenant – plus tard que tout. Un charme nous plaquait déjà à cette montagne aimantée. Une attente extraordinaire, illuminée, la certitude qu'allait tomber le *dernier voile* suspendait ces minutes hagardes. De tous nos nerfs tendus, la flèche noire du navire volait vers le géant illuminé.
– À toute vitesse ! hurla Fabrizio hors de lui.

Le navire vibra de toutes ses tôles – la proue qui montait sur l'horizon à chaque minute silhouettée en noir déjà sur les lumières proches, la côte accourait à nous, grandissait immobile comme un navire qu'on éperonne. Non, plus rien ne pouvait nous atteindre – la chance était pour nous, la mer vide ; pas une lumière ne bougeait devant Rhages qui paraissait endormie.

Le rideau de lumière qui éblouissait le rivage nous protégeait, dissolvait dans la nuit notre ombre noire. Une minute, une minute encore où tiennent des siècles, voir et toucher sa faim, soudés à ce bondissement final de train rapide, se fondre dans cette approche éblouissante, se brûler à cette lumière sortie de la mer.
Soudain, à notre droite, du côté de Rhages, le rivage vibra du cillement[140] précipité de plusieurs éclairs de chaleur. Un froissement lourd et musical déchira l'air au-dessus du navire, et, réveillant le tonnerre caverneux des vallées de montagne, on entendit se répercuter[141] trois coups de canon.

(Le Rivage des Syrtes, pp. 199 à 217. Éd. José Corti, 1951.)*

* Tout le chapitre Une croisière, *dont sont tirés ces extraits est lu par Julien Gracq sur une cassette disponible aux éditions « Des Femmes » sous le titre* Antoinette Fouque présente Julien Gracq, *coll. « Écrire, entendre », Paris, 1985.*

POUR MIEUX COMPRENDRE

1 engourdi : se dit d'un membre du corps humain lorsqu'il est privé de sensibilité et qu'on n'arrive pas à le bouger. Ici les rues engourdies signifient qu'il ne s'y passe rien, qu'il n'y a pas de mouvement.

2 la somnolence : état à mi-chemin du sommeil et de l'état d'éveil.

3 stagner : rester longtemps sur place sans mouvement.

4 se pelotonner : se replier sur soi-même comme si on était une *pelote* de laine, une boule.

5 inventorier : faire l'inventaire, dresser la liste, voir une à une les choses.

6 soupeser quelque chose : le prendre dans sa main pour en évaluer le poids et ici, la valeur.

7 scellé : fermé avec un sceau c'est-à-dire une marque officielle gravée dans la cire.

8 une expédition de représailles : une attaque pour se venger d'une autre attaque.

9 une escarmouche : petite bataille sans grande importance.

10 languir : manquer d'énergie, d'activité. Ici : s'éteindre.

11 la léthargie : sommeil profond et prolongé pendant lequel les principales fonctions vitales sont arrêtées ou donnent l'impression d'être arrêtées.

12 un aviso : petit bâtiment de guerre qui servait à l'origine à porter des messages d'où son nom proche du verbe *aviser*. Vient de l'espagnol « barca de aviso ».

13 faire litière de son bon droit : ne plus en tenir compte, l'oublier volontairement. La *litière* est la paille et les feuilles sèches sur lesquelles se couchent les animaux.

14 se murer : s'enfermer comme si on s'entourait d'un mur.

15 cuisant : tellement fort qu'on pourrait y cuire des aliments.

16 un chardon : plante épineuse, dure et ...piquante.

17 une poterne : petite porte, souvent cachée, dans le mur d'une forteresse ou de fortifications.

18 voûté : au-dessus duquel il y a une voûte c'est-à-dire un plafond avec des arcs et des courbes appuyées sur les murs.

19 le délabrement : état de ce qui est, au propre ou au figuré, en ruine ou vieux au point de tomber en ruine.

20 démantelé : démoli, détruit, ou ayant perdu sa solidité.

21 un décombre : une ruine.

22 un arroi : mot vieilli signifiant équipage, préparatifs, décor.

23 un convive : invité à un repas.

24 pétrifié : immobilisé, devenu aussi immobile qu'une pierre.

25 le guet : la surveillance exercée par un gardien, un soldat, un chasseur à partir d'un point fixe et abrité.

26 terne : sans éclat, sans brillance, sans vivacité.

27 irradier : rayonner, envoyer des ondes, une chaleur.

28 désaffecté : qui n'est plus en usage.

29 une moucheture : une petite tache. Comme si elle avait été faite par les pieds d'une *mouche*.

30 tacite : sans paroles.

31 un prodige : un pouvoir extraordinaire.

32 une guirlande : *All. :* Girlande – *Ang. :* garland – *Esp. :* guirlanda – *ital. :* ghirlanda.

33 donner le change à quelqu'un : le tromper en essayant de lui faire prendre une chose pour une autre.

34 sagace : clairvoyant, fin, sachant déjà par intuition ce qui va se passer.

35 plaquer quelque chose sur quelque chose : le mettre brutalement sur quelque chose.

36 se river : se fixer.

37 paré : préparé (avec en plus l'idée de *parure,* c'est-à-dire de ce qu'on met pour paraître beau).

38 dérisoire : *All. :* lächerlich – *Ang. :* derisory – *Esp. :* irrisorio – *Ital. :* derisòrio.

39 découpler : dans le vocabulaire des chasseurs, détacher du point où l'on est habituellement attaché.

40 maugréer : protester avec des paroles incompréhensibles qui ressemblent plus à un bruit continu qu'à des phrases.

41 une rêne : lanière servant à diriger un animal sur lequel ou derrière lequel on est assis.

42 un effluve : vapeur, odeur, émanation.

43 un engrenage : *All. :* Getriebe – *Ang. :* gearing – *Esp. :* engranaje – *Ital. :* ingranaggio.

44 ressurgir : reparaître brusquement.

45 énigmatique : mystérieux, posant une *énigme* qu'il faut deviner – à celui qui regarde.

46 fouiller : chercher attentivement partout.

47 un corsaire : au XVIIe le capitaine d'un bateau de guerre qui se battait pour son propre compte contre les pirates mais avec l'autorisation du roi. Ensuite le mot est devenu synonyme de pirate, aventurier, bandit de haute mer.

48 tressaillir : trembler.

49 une bourrasque : bref et brutal coup de vent sur la mer.

50 un fourré : un massif, un ensemble dense, épais de plantes et de petits arbres. Un buisson.

51 un jonc : plante à longues tiges droites et flexibles poussant dans les marais.

52 un sillage : la trace qu'un bateau laisse derrière lui à la surface de l'eau.

53 se hérisser : se soulever comme se lèvent les piquants d'un *hérisson* (petit animal au corps recouvert de piquants qui sont lisses en temps normal mais se lèvent quand il se sent en danger).

54 une bourrade : un petit coup.

55 un accoutrement : un ensemble de vêtements, la manière dont on est habillé.

56 le roulis : balancement du bateau de gauche à droite (de babord à tribord).

57 une mimique : une expression silencieuse et significative du visage et du reste du corps par gestes, mouvements.

58 l'étrave : la partie la plus avancée à l'avant d'un bateau.

59 un pan : un morceau, une partie.

60 effondré : tombé.

61 avivé : rendu plus vif, plus aigu, plus coupant.

62 une lisière : une bande étroite qui marque une frontière, le passage d'un type d'espace à un autre.

63 mouiller : pour un bateau, jeter l'ancre, s'arrêter et s'attacher à un point donné.

64 s'éparpiller : se répandre dans tous les sens. Ici avoir des mouvements désordonnés, se laisser aller en plusieurs points de son corps.

65 un présage : un signe qui annonce quelque chose.

66 la grêle : pluie formée de grains de glace.

67 tâtonner : tâter, toucher plusieurs fois quelque chose proche de soi pour se diriger ou retrouver quelque chose dans l'obscurité.

68 un liséré : une bande qui fait bordure, un ruban étroit qui généralement fait un contraste avec une surface dont il suit, dont il borde la frontière, la limite.

69 un brasillement fugace : une étincelle, la lumière d'un feu qui dure très peu de temps (fugace).

70 **une ravine :** lit, entre des parois éle-vées de montagnes, d'un ruisseau ou d'un torrent.

71 **rudoyer quelqu'un :** le traiter avec brusquerie, sèchement, sans égards.

72 **dégrisé :** ayant perdu son ivresse, ici, son ivresse et ses illusions, son ex-citation morale et physique.

73 **ras :** coupé très court.

74 **émerger :** devenir visible en venant d'en bas.

75 **un récif :** *All. :* Riff – *Ang. :* reef – *Esp. :* arrecife – *Ital. :* frangènte, scòglio.

76 **prendre une veille :** prendre un tour de garde.

77 **endeuillé :** vêtu de noir comme s'il était en deuil c'est-à-dire dans l'état de qui a eu un mort parmi ses proches.

78 **un promontoire :** une pointe ro-cheuse élevée avançant dans la mer.

79 **un cône :**

80 **une eau lentement saturée :** *All. :* gesättigte – *Ang. :* saturated – *Esp. :* saturada – *Ital. :* sàtura.

81 **l'affleurement :** le contact.

82 **fatidique :** dans lequel on voit l'inter-vention du *destin.*

83 **la proue :** l'avant du bateau.

84 **accore :** dans le langage de la ma-rine, se dit près des côtes, des écueils – sorte de rochers – qui plongent verticalement dans une mer très pro-fonde.

85 **un flocon :** *All. :* Floche – *Ang. :* flake – *Esp. :* copo – *Ital. :* fiòcco.

86 **suffocant :** qui coupe le souffle, la respiration.

87 **les brasses :** les mouvements circu-laires.

88 **une sonde :** *All. :* Senkblei, Sonde – *Ang. :* lead line, sounding line – *Esp. :* sonda – *Ital. :* sonda, scandàglio.

89 **un recoignement :** un mouvement par lequel on se replie sur soi comme si on se remettait ou si on se blottissait la tête *dans un coin.*

90 **une bête de terrier :** une bête qui a l'habitude de creuser des galeries sous la terre.

91 **ourler :** décorer comme un ourlet (bordure d'une étoffe) entoure une étoffe.

92 **un rire carnassier :** un rire où on montre bien ses dents de bon man-geur de viande (carnassier).

93 **la fébrilité :** la nervosité, l'excitation.

94 **une île démarrée :** détachée, partie sur la mer. Une île bateau...

95 **un hennissement :** cri du cheval.

96 **jubilant :** qui extériorise son plaisir, sa vive réjouissance (sa *jubilation*).

97 **un poulain :** un jeune cheval.

98 **s'ébrouer :** se dit du cheval qui souffle bruyamment en secouant la tête. Par extension, s'agiter dans tous les sens, se secouer.

99 **une célérité :** une vitesse, une rapi-dité de réaction.

100 **fuser :** partir de tous les côtés.

101 **la quille d'un bateau :** *All. :* Kiel – *Ang. :* keel – *Esp. :* quilla – *Ital. :* chiglia.

102 **un faisceau :** *All. :* Bündel – *Ang. :* bundle – *Esp. :* haz – *Ital. :* fàscio, sprazzo.

103 **bifurquer :** tourner, changer de di-rection.

104 **fourvoyé :** perdu.

105 **une clameur :** un bruit, un écho.

106 **confluer :** se rejoindre, aller vers le même point.

107 **diverger :** se séparer, aller vers des points éloignés.

108 **la gaze :** tissu très fin et presque transparent.

109 **frisant :** se dit de la lumière d'un rayon qui effleure faiblement une surface, rasant.

110 pavoisé : recouvert de signes de victoire et de fête.

111 une réverbération : forte réflexion de la lumière sur l'eau, la neige.

112 une volute : une forme en spirale. Ici une fumée qui monte en spirale.

113 un panache : *All. :* Federbusch, Haarschmuck – *Ang. :* plume, panache – *Esp. :* penacho – *Ital. :* pennàcchio.

114 une corolle : *All. :* Blütenkrone – *Ang. :* corolla – *Esp. :* corola – *Ital. :* coròlla.

115 fuligineux : qui a la couleur noire de la suie, la fumée du charbon.

116 une ombelle : *All. :* Dolde, Blütendolde – *Ang. :* umbel – *Esp. :* umbela – *Ital. :* ombrèlla.

117 vénéneux : qui contient du *venin,* du poison.

118 dérober au regard : cacher.

119 une hampe : long manche en bois auquel est fixé le fer d'une arme, un drapeau. Ici c'est le corps entier du volcan.

120 s'enténébrer : devenir noir comme *les ténèbres,* la nuit.

121 sans trêve : sans repos, sans répit.

122 conjurer quelque chose : essayer de l'éloigner, de l'éviter, de ne pas y penser.

123 un blasphème : un mot qui viole ce qui est sacré.

124 l'effroi : très grande *frayeur,* peur.

125 vacillant : tremblant, instable.

126 prendre une contenance : prendre une attitude.

127 narquois : moqueur, ironique.

128 livide : pâle, sans couleur.

129 esquisser un geste : le commencer.

130 une moiteur : une humidité.

131 calciné : brûlé, brûlant.

132 une collision : le choc de deux engins.

133 une embuscade : un piège tendu à un ennemi qui croit le terrain libre alors qu'il est entouré.

134 qui mâte son arrière à la verticale : dont l'arrière monte jusqu'à être comme un mât, vertical à la surface de la mer.

135 une girandole : *All. :* Feverrad – *Ang. :* girandole – *Esp. :* giràndula – *Ital. :* giràndola.

136 clairsemé : dispersé, distant l'un de l'autre.

137 vertigineux : très haut, à une hauteur qui donne le *vertige.*

138 un épaulement du glacier : un endroit où il avance comme si c'était une *épaule.*

139 guttural : venant de la *gorge.*

140 un cillement : un mouvement qui ressemble à des *cils* – au-dessus de l'œil – qui se soulèvent et se rabaissent.

141 se répercuter : résonner, sonner en écho.

─────────── *QUESTIONS* ───────────

1   Qu'est-ce qui selon vous attire Aldo dans la chambre des cartes ?

2   « On eût dit que la cité heureuse qui avait essaimé de toutes parts sur la mer (...) appelait maintenant les mauvaises nouvelles comme une vibration plus exquise de toutes ses fibres » écrit Gracq (p. 159). Cherchez dans les extraits du roman des passages où l'on sent ce goût pour les mauvaises nouvelles.

3   Aldo est à la fois « l'instrument de l'histoire » et, comme il est écrit dans *L'inconnu d'une nuit tiède,* un « apprenti sorcier » (c'est-à-dire quelqu'un qui provoque par son jeu, sa curiosité, les catastrophes). Quelles sont les traces dans les extraits de ces deux situations ? Pensez-vous personnellement qu'Aldo soit « un jouet entre les mains des éléments » ou « un déclencheur d'événements » ?

4   Vanessa est un personnage très ambigu, un personnage double, voire triple... « Vanessa (...) était cette nuit où je n'entrais pas » écrit Gracq (p. 164) et il lui fait dire « ... il y a des bêtes qui digèrent jusqu'aux pierres qu'on leur jette (...). Et moi aussi je me sentais digérée. Inoffensive (...). C'est terrible, cette égalité dans la mangeaille. (...) Il y a des yeux ici qui se posent sur vous, Aldo, mais, tu comprends, cela ne va pas plus loin, il n'y a pas de regard. Oh ! Oui, regarder. Être regardée. Mais de tous ses yeux. Mais pour de bon. Être en présence... ».
Essayez de faire son portrait physique et psychologique et d'expliquer son rôle et sa fonction dans le roman.

5   « L'Autre », le Farghestan, se manifeste depuis le début par une série de signes plus ou moins clairs, plus ou moins évidents. C'est d'autant plus net dans les descriptions. Relevez quelques-uns de ces signes.

6   L'attente est le ressort principal de ce roman. A quoi le remarque-t-on ?

7   Les trois coups de canon qui terminent le dernier extrait font un peu penser à cette phrase de *l'Étranger* d'Albert Camus : « Et c'était comme quatre coups brefs que je frappais sur la porte du malheur. » La comparaison est d'autant plus justifiée qu'au lendemain de son « acte » Aldo dit « après cette nuit follement vécue, mon acte s'était séparé de moi à jamais » (p. 223). Comment comprenez-vous ce rapport à la responsabilité à la lumière de cette autre affirmation de Gracq : « L'assoupissement sans âge d'Orsenna, en décourageant avec une si longue patience le sens même de la responsabilité et le besoin de la prévision, avait modelé ces enfants vieillis dans une tutelle omnipotente et sénile, pour qui rien ne pouvait arriver réellement, ni quoi que ce soit tirer à conséquence. »

MARGUERITE YOURCENAR

– ... votre nom d'écrivain ?

– C'était un jeu entre mon père et moi (...) nous nous sommes amusés à faire des anagrammes du nom de Crayencour, et après une soirée agréable, déplaçant les mots, les lettres sur une feuille de papier, nous sommes tombés sur Yourcenar. J'aime beaucoup l'Y, c'est une très belle lettre (...) cela signifie toutes espèces de choses, scandinaves ou celtiques, comme la croisée des chemins, ou un arbre, car c'est surtout un arbre aux bras ouverts...

– Vous n'avez pas pensé à changer de prénom ?

– Non, parce que le prénom, c'est très moi. Je ne sais pourquoi ; on s'imagine mal avec un autre prénom. Peut-être parce qu'on l'a plus souvent entendu, enfant. Après tout, un nom de famille on ne l'écrit guère jusqu'à ce qu'on soit arrivé à l'âge des chèques et des papiers officiels.
Marguerite me plaisait assez ; c'est un nom de fleur, et à travers le grec, qui l'a emprunté au vieil iranien, cela veut dire « perle ». C'est un prénom mystique. Mais il m'a surtout été donné comme je l'ai dit dans Souvenirs pieux, *parce que la vieille gouvernante allemande de ma mère s'appelait Gretchen, Marguerite. Je le dois donc à cette vieille femme très vertueuse et assez insupportable, ce nom-là. C'est un nom qui me plaît parce qu'il n'est d'aucune époque et d'aucune classe. C'était un nom de reine, c'est aussi un nom de paysanne.*

(...)

– *Est-ce votre père qui a pris la décision de ne pas vous envoyer à l'école ?*

– *Personne ne l'a prise. (...) Les enfants élevés à la maison, à l'époque, cela n'avait rien de rare. J'ai eu bien sûr une série de gouvernantes, mais celles-là ne comptaient pas beaucoup, je peux même dire qu'elles ne comptaient pas du tout. Elles m'apprenaient l'arithmétique, l'histoire de France, mais j'avais l'impression de l'apprendre mieux moi-même, ce qui était vrai...*

– *Vous lisiez beaucoup ?*

– *Ah ! beaucoup. À l'époque, il y avait déjà des petits livres de poche à 10 centimes (d'alors) – je dois encore en avoir un que j'ai gardé depuis l'âge de huit ans, ce sont* Les Oiseaux *d'Aristophane – acheté dans la station de métro « Concorde ». Je les lisais avec passion.*

– *Quel âge aviez-vous ?*

– *Dans les huit ou neuf ans. Évidemment, je ne comprenais pas l'affabulation, l'intrigue, mais ce n'est pas important, je trouvais que c'était beau, que ces gens-là étaient de grandes personnes, intéressantes à considérer. J'aimais* Phèdre *par exemple.*

– Phèdre *de Racine à huit ans ?*

– *Oui, je trouvais cela beau. Maintenant, qui était exactement Thésée, qui était Hippolyte, cela n'avait peut-être pas beaucoup d'importance. C'était beau, cela chantait. (...) Notre époque ignore et nie trop le génie de l'enfance.*

– *Et les langues anciennes, vous les avez abordées à quel âge ?*

– *Le latin vers dix ans, le grec vers douze ans. C'est mon père qui me les a apprises, et ensuite j'ai eu des professeurs qui venaient à la maison. Mais c'est lui tout de même qui a commencé.*

Ces dialogues sont extraits de Les Yeux ouverts *un recueil passionnant d'entretiens avec l'auteur « poursui-*

vis au long des années, rassemblés et organisés » par le
critique littéraire Matthieu Galey *(Le Livre de Poche
n° 5577, 1980).*

*Marguerite Yourcenar a été fortement marquée par son
père qui « était de ces Français lettrés, directs, aventureux, incroyablement impulsifs et indépendants, tout de
premier mouvement, se cabrant contre toute intrusion,
contre tout ce qui pouvait s'imposer du dehors, et, ce
qui est presque impensable de nos jours, totalement
insoucieux du lendemain (...) peut-être l'homme le plus
libre que j'aie connu » (p. 23/24) dont elle s'est sentie
l'égale à partir de treize ans, qui lui a « donné le premier
le goût de l'exactitude et de la vérité » car « il aimait
qu'on sache exactement ce qu'on savait », « qu'on ju-
geât lentement un livre », « qu'on se mette exactement
à la place des personnages, qu'on n'y mélangeât pas ses
propres sentiments », enfin qui « ne la contredisait jamais » car son « désir d'aller de l'avant » l'avait
convaincu que la seule manière de converser était de
« laisser tomber les oppositions et avancer sur les lignes
où l'on est d'accord ».*

Il lui lit Chateaubriand et Le Trésor des humbles *de
Maeterlinck. Ils ont lu ensemble à haute voix Ibsen dès
sa « petite adolescence ».*

*« C'était un jour de déménagement et mon père m'avait
laissée seule dans sa chambre pendant qu'il s'occupait
à fermer les malles. Il m'avait donné le premier livre
qu'il avait trouvé sur la table : un roman d'une femme
oubliée (...) Renée Montlaur (...) elle avait écrit des
romans évangéliques ou bibliques. Les livres de ce genre
n'ont jamais fait mes délices, mais je me rappelle que
celui-là se passait en Égypte, vers l'époque du Christ. Je
savais à peine où était l'Égypte, et j'ai oublié l'intrigue,
mais il y avait un passage sur lequel je suis tombée, où
les personnages montaient en barque sur le Nil, au soleil
couchant. Grande impression : un coup de soleil sur le
Nil, à l'âge de six ou sept ans. Impression qui n'a pas
été perdue, bien qu'elle ait mis longtemps pour devenir
un moment du voyage d'Hadrien en Égypte. » (p. 45)*

A partir de 15 ans, elle lit tout Barrès puis ce seront encore Ibsen, Nietzsche, Gide et Tolstoï, plus tard Proust et Selma Lagerlöf. Elle n'a jamais beaucoup aimé Péguy et Claudel et ne découvrira Baudelaire qu'assez tard.

Qu'il s'agisse d'épisodes de l'antiquité gréco-latine ou orientale, du dialogue avec l'œuvre de poètes mal ancrés dans une patrie ordinaire comme le gréco-alexandrin Constantin Cavafy, des contradictions de l'homosexualité – omniprésente dans son œuvre – ou encore de la tentation érotico-mystique, l'œuvre de Marguerite Yourcenar ronge les évidences, vide les consensus de leur substance. On a pu reprocher à son style sa « préciosité », voire sa « lourdeur ». C'est vrai pour qui lirait ses textes comme on lit un article de journal ou de magazine. Le travail d'orfèvre de son style ne tolère pas le lecteur pressé et ne lui livre rien de sa richesse.

Comme le disciple Ling il faut savoir se soumettre absolument et sans la moindre réserve aux détours d'une parole dont la précision, le rythme, les nuances, introduisent simultanément à la magie et à la vérité. C'est le sens de la nouvelle que nous avons choisie et qu'il vous faudrait lire à vos élèves comme on dit une histoire merveilleuse à un enfant à la fois très éveillé et très fatigué qui s'apprête à entrer dans une nuit riche de rêves. Il faut la lire d'une traite, sans défense. Pour que le moment où l'on bascule du réel au fantastique reste fondu dans la trame du récit. Indiscernable. Et que le fantastique se répande sur tous les mots comme cette mer qui monte et submerge tout doucement le Fils du Ciel et sa cour uniquement d'avoir été peinte.

Marguerite Yourcenar a traduit Constantin Cavafy, Henry James et Virginia Woolf. Mémoires d'Hadrien *s'est vendu à plus d'un million d'exemplaires et l'*Œuvre au noir *a été traduit en dix-sept langues.*

Si Les Fainéants dans la vallée fertile *est probablement le roman le plus original de l'auteur et peut-être l'un des plus originaux de la littérature universelle sur le thème de la paresse assumée,* La Violence et la Dérision *pose de façon aiguë et avec une actualité étonnante le problème de la violence politique. Écrit à la grande époque de ces idéologies bien décidées à remettre de l'ordre dans un monde ruiné par la démence de la Seconde Guerre mondiale, il reste lucide et manifeste une grande méfiance vis-à-vis de tout ce qui fait violence au rythme personnel de l'homme et à son sens de l'humour. On peut être scandalisé par une telle absence dans toute l'œuvre de Cossery de la notion de* vérité *ou même de celle de* droit. *En effet, contrairement à ceux qui, de bonne foi ou par calcul, placent ces notions au cœur de leur lutte pour la libération de l'homme, il estime que, la nature humaine étant ce qu'elle est, ces notions ne peuvent qu'être détournées et devenir des instruments supplémentaires d'oppression.*

A une époque où fleurissent des terrorismes de toutes sortes, aussi peu soucieux des moyens qu'ils utilisent que du nombre d'êtres humains sacrifiés sur l'autel d'une Vérité dont on a fini par admettre qu'elle ne pouvait être que particulière, l'œuvre de Cossery est un geste de sympathie et un acte de solidarité envers l'homme ordinaire, confronté tous les jours avec des désirs et des besoins qu'il n'a pas choisis et obligé de résoudre des problèmes d'existence et de subsistance sur lesquels on ne lui a jamais vraiment demandé son avis.

La Violence et la Dérision *montre aussi qu'il y a souvent au moins autant de mépris pour l'être humain ordinaire chez ceux qui veulent réformer le monde par la force au nom de la justice universelle que chez ceux qui, étant au pouvoir, ne respectent pas cette justice.*

Enfin ce livre, comme les autres œuvres de l'auteur, n'a rien d'abstrait. Les descriptions rendent, avec une précision parfois supérieure à celle des meilleurs écrivains égyptiens de langue arabe, un cadre, des situations, et des types humains qui font revivre à chaque lecture une partie de l'Égypte qui n'a rien perdu de son actualité.

GEORGES PEREC

S'il fallait absolument faire une comparaison avec la peinture on pourrait qualifier Georges Perec d'hyperréaliste. Personne avant lui n'avait, dans le domaine français, donné une telle importance à la présence des objets réels et à l'imaginaire réaliste qui s'y associe. Peu d'écrivains sont aussi résolument matérialistes au meilleur sens du terme c'est-à-dire conscients, indépendamment des mécaniques plus ou moins stéréotypées des différentes idéologies, de la place énorme qu'occupent les objets dans la vie affective, intellectuelle et spirituelle des hommes. Une place que nos sociétés dites de consommation ne pouvaient qu'élargir et dont elles ne pouvaient qu'exacerber les conséquences. Les Choses, son premier roman et le livre qui, en obtenant le Prix Renaudot (1965), l'a fait connaître, illustre le mieux cet aspect de l'art de Perec. Ce n'est pas, comme on continue à le dire trop souvent une critique de la société de consommation. L'année même de la parution de son livre Perec affirmait dans les Lettres françaises :
« ... il y a, je pense, entre les choses du monde moderne et le bonheur, un rapport obligé. Une certaine richesse de notre civilisation rend un type de bonheur possible : on peut parler, en ce sens, comme d'un bonheur d'Orly, des moquettes profondes, d'une figure actuelle du bonheur qui fait, je crois, que pour être heureux, il faut être absolument moderne. Ceux qui se sont imaginé que je condamnais la société de consommation n'ont vraiment rien compris à mon livre. Mais ce bonheur demeure un possible ; car, dans notre société capitaliste, c'est : choses promises ne sont pas choses dues. »
Perec a été sociologue avant d'être écrivain et a occupé jusqu'en 1979 un poste de documentaliste en neurophysiologie au C.N.R.S. « Toute la sociologie de Lefebvre et de Baudrillard est sous-jacente dans Les Choses *» écrit Claude-Henri Rocquet dans le Dictionnaire de Littérature française contemporaine.*
Dans tous ses ouvrages il est obsédé par la manière avec laquelle tout un chacun s'approprie le temps et l'espace

186

*et par le caractère complexe, très culturel et très peu
naturel de cette appropriation qui est l'une des conditions essentielles de notre survie quotidienne. À propos
d'un autre livre de Perec* Espèces d'espaces *(1974, Ga-
lilée) Perec, cité par C.-H. Rocquet, déclare :*
« Le problème n'est pas d'inventer l'espace, encore moins
de le réinventer (trop de gens bien intentionnés sont là
aujourd'hui pour penser notre environnement...) mais
de l'interroger, ou, plus simplement encore, de le lire :
car ce que nous appelons quotidienneté n'est pas évidence, mais opacité : une forme de cécité, une manière
d'anesthésie. » *Quelques années avant sa mort, surve-
nue le 3 mars 1982, Perec a publié le livre – est-ce un
roman ? – que la plupart des jeunes et un grand nombre
des critiques et écrivains de sa génération qui parta-
geaient sa forme de sensibilité considèrent comme son
chef d'œuvre :* La Vie mode d'emploi. *Patrick Thévenon
résume probablement le sentiment général lorsqu'il écrit
dans l'Express :*
« En quelque six cents pages, fruits de neuf années de
travail, Perec opère le ratissage délibéré, systématique,
hallucinant, du champ romanesque contemporain. Son
livre est, sans doute, à la littérature ce que le Robert est
à la lexicographie. »
La Vie mode d'emploi *a obtenu le prix Médicis (1978).
Le livre, placé sous le signe d'une phrase tirée du* Michel
Strogoff *de Jules Verne :* « Regarde de tous tes yeux,
regarde », *commence par des considérations sur la nature, la fabrication, l'usage et les significations d'un
jeu : le puzzle. Ce préambule suggère le meilleur mode
d'emploi du livre où des fils ténus mais solides relient
un nombre, probablement inégalé à ce jour dans la
littérature française, de descriptions, récits, renseignements,* « documents authentiques », *etc. redoutable-
ment hétéroclites... (Un* « roman simulation » *à finalité
pédagogique s'inspirant de* La Vie mode d'emploi *et de*
Espèces d'espaces *a été réalisé au B.E.L.C. – 9, rue
Lhomond 75005 PARIS – par Francis Debyser).
Dès 1967, Perec travaille avec Raymond Queneau et les
écrivains de l'OULIPO (OUvroir de LIttérature POten-
tielle) et publie des œuvres marquées par des contraintes
formelles de plus en plus fortes :* Un homme qui dort
*est écrit entièrement à la deuxième personne du singu-
lier (Denoël, 1967), dans* La Disparition *(Denoël, 1969)
c'est le* « e » *muet qui a disparu, dans* Les Revenentes
(Julliard, 1972) la seule voyelle est le « e » *muet... En
fait il n'est pas une seule de ses œuvres postérieures à
1967 qui n'obéisse à des contraintes de composition très
strictes mais elles ne sont pas toujours faciles à repérer.*

La Dentellière *de Pascal Laîné s'ouvre sur cette citation de Musil : « Un être qui ne peut ni parler ni être exprimé, qui disparaît sans voix dans la masse humaine, petit griffonnage sur les tables de l'Histoire, un être pareil à un flocon de neige égaré en plein été, est-il réalité ou rêve, est-il bon ou mauvais, précieux ou sans valeur ? ». Et effectivement, le livre est d'abord une tentative à la fois lucide et angoissante de répondre à cette question essentielle parce que pour beaucoup il est impossible d'avoir été amoureux et de ne plus l'être sans en avoir été hanté.*

*Le public et la critique, pour une fois d'accord, ne s'y sont pas trompés et même si la jeunesse de l'auteur a suscité des jalousies prométhéennes – au demeurant tout à fait compréhensibles – Pascal Laîné a été vite et bien « reconnu ». Il l'a été malgré les tabous secrétés par l'égalitarisme ravageur d'une idéologie républicaine souvent plus démagogique que démocratique. La Den-*tellière *montre ce que les différences culturelles et sociales ont d'impitoyable et ce que les différences entre les sexes peuvent avoir d'insurmontable. Mais elle montre aussi la force, dans notre monde moderne, d'une certaine indifférence à l'inexprimé de la vie intime de tout un chacun. Jérôme Garcin écrit justement : « Dans cette œuvre romanesque brève, mais d'une rare subtilité et d'une appréciable discrétion, un thème majeur apparaît : celui de la communication et, bien évidemment, des difficultés qu'elle présuppose » (Dictionnaire de Littérature française contemporaine).*

« Dans une langue feutrée qui joue de simplicité, voire de banalité, Pascal Laîné pose avec une infinie justesse les plus délicates questions de notre société. » L'alternance des passages à la première personne et de ceux où un narrateur classique s'exprime à la troisième personne, parfois à propos du même événement, multiplient les « voix » et les « points de vue » et introduisent cette polyphonie qui permet de convoquer dans un même texte des discours socialement et psychologiquement très typés et très différents.

Il a l'art de « suggérer des pans entiers de personnalité et d'existence à l'aide de micro-observations » (Dictionnaire de Littérature française, Bordas).

En dehors de La Dentellière *on peut repérer chez lui deux manières. Celle qui apparaîtra dans des romans comme* L'Eau du miroir *(1979) et* Terre des ombres *(1982) où s'expriment « le mal de vivre, la blessure due à l'absence du père et la hantise de l'enracinement impossible » et celle qu'on découvre dans* Tendres Cousines *(1979) et* Jeanne du bon plaisir ou les Hasards de la fidélité *(1984) qui poursuit la tradition du « marivaudage libertin façon XVIIIe s. ».*

Mais dans les deux un point commun, manifeste dans La Dentellière *: son écriture « plate, blanche, ascétique qui cultive tous les charmes de la litote » (Dictionnaire de Littérature française, Bordas).*

LOUIS-RENÉ DES FORÊTS

Louis-René Des Forêts a beaucoup de lecteurs inconditionnels. La première édition des Mendiants *était épuisée depuis longtemps lorsque l'auteur a décidé de la rééditer dans une « version définitive ». Le* Bavard *aussi s'est bien vendu et a vite fait le tour des lecteurs qui comptent comme de ceux, plus anonymes, qui font durer la réputation d'un écrivain, et il a fallu le rééditer plusieurs fois.*

Des Forêts est bien connu des critiques, de ces fous de littérature de la génération de l'après-guerre qui voyaient encore dans les différentes formes d'expression artistique un enjeu majeur pour la culture et la civilisation de l'avenir, et de quelques jeunes qui aiment lire et espèrent un jour être lus... Mais il n'est pas connu du grand public et il y a à cela beaucoup de raisons.

*Attachée à la musique, à la peinture, au paysage inté-
rieur et à ce que le poète anglais Gerard Manley Hop-
kins (1844-1889) baptisa l'« instress » – qualités ou
pouvoirs ou tensions intrinsèques – son œuvre tourne
résolument le dos au cinéma et, encore plus, à la repro-
duction de l'effet subliminaire du défilement des images
caractéristique de la TV. Ceci alors que la mise en scène
de ce qui est pensé et senti, la mise en scène permanente
de la vie quotidienne, pour reprendre la célèbre expression de Goffman, l'intéresse au plus haut point. Mais il
n'arrête pas d'en démonter les mécanismes et de dévoi-
ler avec une lucide férocité le caractère à la fois fascinant et profondément destructeur. Or il n'a jamais été
très facile d'attirer les foules en démontant l'homme/
acteur et son inévitable complice l'homme/spectateur.
Les zones frontières du mensonge et de la vérité, de
l'illusion et du réel sont à tel point des zones d'incertitude absolue qu'elles en deviennent vite inhabitables et
que l'argument, « l'histoire », apparemment anodins des
œuvres de Des Forêts acquièrent vite dans ce contexte
un pouvoir démesuré de transgression. L'innocence de
ses personnages – souvent des êtres officiellement irres-
ponsables : enfants, adolescents, acteurs, grands ma-
lades – n'est là que pour souligner la férocité infinie des
êtres et des choses.*

*Mais il y a aussi, insidieuse, une douceur qui rend
décisive la féroce lucidité de l'œuvre et ceci aussi bien
dans les thèmes que dans la forme. Ainsi, matérialisa-
tion directe non seulement d'un paradis par définition
éternellement perdu mais aussi de toute la contre-vio-
lence du monde, la musique est omniprésente dans
l'œuvre. Que ce soit un chœur d'enfants qui a passé les
murs d'un cloître dans* Le Bavard, *une chanson fredon-
née sur le pont d'un bateau de contrebande la nuit de
l'action dans* Les Mendiants, *l'histoire extraordinaire
de la fulgurante ascension et de la tout aussi brutale
disgrâce d'un chanteur d'Opéra dans une des nouvelles
de* La Chambre des enfants *ou encore tout simplement
dans le rythme et les assonances du style même de
l'auteur à travers toute son œuvre.*

*En février 1963, du 10 au 20 très exactement Giono tient un « journal de tournage » d'*Un roi sans divertissement. *Cette fois, soucieux de ne pas rééditer ses mésaventures avec Marcel Pagnol avec qui il a fini par être en procès tellement il se sentait trahi, il surveille la métamorphose de son œuvre de près. Sa principale inquiétude : « les effets de la couleur ». Et en effet, une tache – et dans cette histoire Dieu sait qu'il y en a – des traces dans la neige, le poids derrière l'épaule du regard d'une morte, la forêt qui tourne au noir à la tombée du jour, le texte de Giono est peut-être le plus* physique *de la littérature française. Non pas dans le sens organique et fonctionnel de celui de Rabelais mais dans celui de ce qui reste dans l'imagination de ce que l'on a touché, senti, vu, entendu ou goûté. Chacun des textes de Giono montre le poids formidable qui subsiste dans la nature aussi bien qu'à la surface des objets et de tout ce qui est réputé sans volonté de tout ce qui un jour, une seule fois, a blessé, a pénétré un être vivant. Mais si la disparition du monde, la désintégration de l'univers est la compensation minimale pour qui a été blessé chaque détail du monde peut être un cadeau d'une valeur infinie lorsque enfin le désir se décide à sourdre.*

Dans ce roman Langlois s'acharne par ruse ou intelligence à casser ce cycle infernal. Le devoir de réfléchir mais aussi la fatigue dont on ne peut plus se reposer vont essayer de cerner les forces primitives, de se plier totalement aux forces de la nature mais pour les piéger. Mais Langlois semble avoir tué la joie en même temps que le mal et bien avant qu'il ne se transforme effectivement en « débris » il aura dû tuer en lui beaucoup plus qu'il n'est supportable. L'oie égorgée en prélude à l'acte final n'est pas un signe, c'est un symbole culturel trois fois ambigu. Cette œuvre est l'une des plus « ouvertes » que nous connaissions.

On a dit de Giono que c'était un nouveau Stendhal mais Stendhal n'a jamais supporté de vivre en dehors d'une ville et d'un réseau furieusement socialisé et ses personnages loin d'être traversés par des pulsions cosmiques ou métaphysiques sont on ne peut plus « interventionistes » et « volontaristes ». Le volontarisme de Langlois n'a vraiment pas grand-chose à voir avec celui de Julien Sorel ou de Fabrice del Dongo. Enfin Giono découvre l'Italie dans le dernier quart de sa vie alors que l'Italie mondaine, l'Italie rêvée ou visitée à la manière d'un éditeur de guides de voyage a façonné la sensibilité de Stendhal très tôt.

En 1953 Roger Nimier se demandait si Giono n'était pas « le plus grand romancier de ce temps ». La même année Jean Giono a reçu le Grand Prix de Monaco pour l'ensemble de son œuvre, l'année suivante il a été élu à l'Académie Goncourt à la place laissée libre par Colette. Il admirait il est vrai beaucoup Stendhal mais son œuvre préférée, celle tout au moins qu'il cite le plus souvent quand on lui pose la question est Les Paysans *(1902-1909) de l'écrivain polonais Wtadystaw Reymont (1867-1925, Prix Nobel en 1924). Il aime également beaucoup Dostoïevsky, Joyce, Claudel, Synge, Faulkner et Claudel, Henry Miller et Machiavel... Classera ses goûts qui pourra ! Pour notre part nous le verrions bien, comme son ami, le compositeur Darius Milhaud, lui aussi « Français de Provence », se réclamer d'une « Méditerranée s'étendant de Jérusalem à Buenos Aires avec Aix-en-Provence comme capitale » si le poids de son public nord-américain n'avait été tel au lendemain de la drôle de guerre qu'il avait avoué s'efforcer d'écrire un français qui ne se dénature pas trop dans sa traduction anglaise...*

N° d'Éditeur : CL 44947 - I (N.o. VII) AT — Dépôt légal : février 1988
Imprimé en France par Pollina, 85400 Luçon - N° 9834